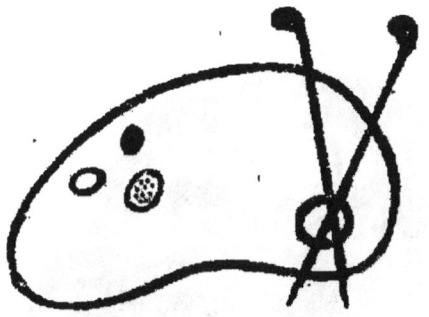

Original en couleur
NF Z 43-120-8

HECTOR FLEISCHMANN

Marie-Antoinette
LIBERTINE

BIBLIOTHÈQUE DES CURIEUX — PARIS

MARIE-ANTOINETTE LIBERTINE

DU MÊME AUTEUR

Les Horizons hantés (Pages sur la Révolution) . . . . *Épuisé*
L'Épopée du Sacre, avec une préface de M. Henry Houssaye, de l'Académie française . . . . 1 vol.
Napoléon et la Franc-Maçonnerie . . . . *Épuisé*
La Guillotine en 1793, d'après des documents inédits . . . . *Épuisé*
Une Maîtresse de Napoléon (Mlle George, de la Comédie-Française), d'après des documents nouveaux, et avec une préface de M. Jules Claretie, de l'Académie française . . . . . . 1 vol.
Discours civiques de Danton . . . . 1 vol.
Dessous de Princesses et Maréchales d'Empire . . . . 1 vol.
Les Femmes et la Terreur . . . . 1 vol.
Les Filles publiques sous la Terreur, d'après les rapports inédits de la police secrète . . . . 1 vol.
Le Musée secret de l'Histoire . . . . *Épuisé*
Charlotte Robespierre et ses Mémoires, édition critique accompagnée de documents inédits tirés des Archives nationales . . . . 1 vol.
Rachel intime, d'après ses lettres d'amour . . . . 1 vol.
Lettres d'amour inédites de Talma à la princesse Pauline Bonaparte (en collaboration avec Pierre Bart) . . . . . . 1 vol.
Les Demoiselles d'amour du Palais-Royal, avec la réimpression de dix pamphlets galants de l'époque . . . . 1 vol.

L'ACCUSATEUR PUBLIC DE LA TERREUR

I. — Les Coulisses du Tribunal révolutionnaire (Fouquier-Tinville intime) . . . . 1 vol.
II. — Réquisitoires de Fouquier-Tinville, suivis des trois mémoires justificatifs de l'accusateur public . . . . . . 1 vol.
(La série sera complète en quatre volumes.)

L'EMPEREUR ET LES IMPÉRATRICES

I. — Napoléon adultère . . . . 1 vol.
II. — Joséphine infidèle . . . . 1 vol.
III. — Marie-Louise libertine . . . . 1 vol.
(La série est complète en trois volumes.)

LES LYS ET LA HACHE

I. — Les Pamphlets libertins contre Marie-Antoinette . *Épuisé*
II. — Madame de Polignac et la Cour galante de Marie-Antoinette . . . . 1 vol.
III. — Les Maîtresses de Marie-Antoinette . . . . *Épuisé*
IV. — Marie-Antoinette libertine . . . . 1 vol.
V. — La Bibliothèque galante du Boudoir de Marie-Antoinette (en préparation) . . . . 1 vol.
(La série sera complète en cinq volumes.)

LES HÉROS ET L'AMOUR

I. — Robespierre et les Femmes . . . . 1 vol.
II. — Le Roi de Rome et les Femmes . . . . 1 vol.
(La série sera complète en dix volumes.)

LES NAPOLÉONIDES

I. — Pauline Bonaparte et ses Amants . . . . 1 vol.
(La série sera complète en dix volumes.)

MARIE ANTOINETTE
D'après la gravure-pastel de J.-F. GAUTIER DAGOTY.

CHRONIQUES LIBERTINES

Hector FLEISCHMANN

Marie-Antoinette libertine

BIBLIOGRAPHIE CRITIQUE ET ANALYTIQUE DES
PAMPHLETS POLITIQUES, GALANTS ET OBSCÈNES
CONTRE LA REINE

Précédée de la réimpression intégrale de
QUATRE LIBELLES RARISSIMES
ET D'UNE HISTOIRE DES PAMPHLÉTAIRES
DU RÈGNE DE LOUIS XVI

Ouvrage orné de nombreuses gravures, d'autographes, de caricatures, dans le texte et hors texte

PARIS
BIBLIOTHÈQUE DES CURIEUX
4, RUE DE FURSTENBERG, 4

MCMXI

= Il a été tiré de cet ouvrage =
5 exemplaires sur papier Japon
============ (1 à 5) ============
10 exemplaires sur papier d'Arches
============ (6 à 15) ============

Nº
Exemplaire hors commerce

Droits de reproduction et de traduction réservés pour tous pays, y compris la Suède, la Norvège et le Danemarck. — S'adresser pour traiter à la Bibliothèque des Curieux, 4, rue de Furstenberg,
============ Paris ============

MARIE-ANTOINETTE
ÉCRIVANT SES MÉMOIRES PRIVÉS ET LIBERTINS
(Frontispice d'un pamphlet contre la Reine)

INTRODUCTION

Voici donc, derechef, un livre scandaleux.

*Il paraît, si j'en crois quelques claquepatins qui travaillent dans les autographes et les parchemins, que le scandale est la seule chose que je recherche quand j'ai l'honneur de signer un livre. Il paraît aussi, à en croire de ci-devants prestolets, que ce genre de succès m'est particulier. Il paraît encore que j'en suis l'innovateur. Et l'*Amateur d'autographes, *par exemple, où vaticine le chaste M. Raoul Bonnet, et la* Revue historique (1) *de la Révolution française, où opère le prude, austère et honnête M. Charles Vellay, me promulguent, de leur autorité privée, le Christophe Colomb de la pornographie. Car je suis un pornographe, Dieu merci, comme Flaubert, condamné, le 8 février 1858, pour* outrage aux bonnes mœurs, et de compagnie avec Honoré de Balzac, à qui l'on doit la formule de l'avant-propos de la Comédie humaine : « Quand on veut tuer quelqu'un, on le taxe d'immoralité. »

Ce vaudeville de benoîte hypocrisie se joue avec un trop facile succès, pour que je n'y apporte point ma note. Je veux bien être condamné par ces juges chastes et confits dans une vénérable et poussiéreuse virginité, mais je n'entends point me laisser juger en silence.

On me permettra peut-être de penser avec Montaigne que « la sagesse a ses excès et n'a pas moins besoin de modération que la folie ». Et j'autorise, pour les besoins de la cause, qu'un instant on me croie fol.

Pornographe ? Voire. Qu'est-ce donc que la pornographie ? Un maître dans la question, M. Georges Fonsegrive, avoue bien humblement qu'il l'ignore et ne sait point où elle commence et où elle finit (1). Je pourrais de cet aveu me contenter et renvoyer mes critiques, que ce soit M. Raoul Bonnet, à ses bésicles fumés, que ce soit M. Charles Vellay, à son bréviaire. Mais ce serait, à la vérité, trop allègrement m'en tirer. J'éprouve le besoin d'un examen de conscience public, devant ces lecteurs dont l'attention règle mes devoirs. Et je retourne à M. Georges Fonsegrive, maître ès sciences anti-pornographiques. Je le relis, et sous la plume où j'ai relevé un aveu d'ignorance, je retrouve cette définition : « Une œuvre pourra être qualifiée du nom de pornogra-

---

(1) Georges Fonsegrive, *Les frontières de la pornographie*, dans la *Revue hebdomadaire*, 1908, p. 234.

phique selon le milieu auquel elle sera adressée (1). »
J'ai peur de trop bien comprendre, et la définition
que voilà bien examinée, je conclus que Justine, de
feu M. de Sade, par exemple, est pornographique
quand elle s'adresse à MM. Raoul Bonnet et Charles
Vellay, et ne demeure qu'une monstruosité pathologique, une curiosité psychologique, quand elle
s'adresse au commun des mortels collectionneurs,
chercheurs, historiens. Va-t-on crier au paradoxe?
Je prie qu'on n'en fasse rien, et, pour preuve de la
justesse de mon affirmation, j'en appelle à un écrivain, à un sociologue, qu'on ne reniera pas. C'est
M. Deherne qui écrit : « Aujourd'hui, les statues
grecques sont obscènes. J'en ai fait l'expérience dans
un milieu ouvrier, où j'ai pu observer des enfants,
des jeunes femmes et des jeunes hommes défilant
devant un moulage du Discobole (2). » D'où il faut
conclure que le Discobole, s'adressant au populaire, est
obscène. Ce « populaire » existe parmi les écrivains.
Il s'en trouve, on l'a vu, pour s'offusquer et s'offenser des pièces auxquelles on en appelle pour étudier
la pathologie d'un personnage historique. « Cachez
ce document que je ne saurais lire ! » gémit le virgi-
nal M. Raoul Bonnet en se cachant l'œil derrière un
autographe de M. Feuillet de Conches. Oserai-je
insinuer que ce n'est pas pour cette catégorie de
Bouvard et de Pécuchet que j'écris?

Qu'est donc ce qu'on condamne, — sans la lire

---

(1) Georges Fonsegrive, *Les frontières de la pornographie*, dans la *Revue hebdomadaire*, 1908, p. 233.
(2) M. Deherme, *La Coopération des Idées*, 1ᵉʳ juin 1908, p. 325. — Georges Fonsegrive, *Les frontières de la pornographie*, dans la *Revue hebdomadaire*, 1908, p. 231.

— *sous le titre d' « histoire pornographique ? » Est-ce le livre, dont l'auteur, au grand jour, sachant ce qu'il risque et les responsabilités qu'il encourt, revendique la paternité ? Est-ce le livre, signé d'un nom qui s'avoue, qui étale, scientifiquement, les pièces du procès qu'il plaide, ces pièces fussent-elles du cabinet secret et jusqu'alors condamnées au huis clos d'une pudibonderie jésuitique ? Est-ce le livre où tous les témoins ont eu le droit de parler, tous les acteurs celui de déposer, librement ? Ce livre, qu'a-t-il de commun avec la brochure ordurière qui se vend sous le manteau, et, comme le dit certain libelle, « se trouve le plus souvent dans la poche de ceux qui s'en indignent » ? Je crois à la mauvaise foi, ayant eu maille à partir avec celle de quelques godelureaux de lettres, mais je doute qu'il s'en trouve une pour oser assimiler l'écrivain d'un tel livre à un quelconque marchand de cartes transparentes.*

« Nous avons le plus grand souci des libertés légitimes de l'art », disait fort bien M. Georges Lecomte, alors président de la Société des gens de lettres, au congrès contre la pornographie de mai 1908. Mais je demanderai si l'histoire n'a point quelque chose de commun avec l'art et si l'on doit lui refuser la liberté réclamée pour le roman ou l'œuvre de pure imagination ? Si le romancier, pour rendre vivants et vraisemblables les personnages de sa fantaisie, est autorisé à en appeler aux documents de la pathologie et de la névropathie, quelle raison pour refuser ce droit à l'historien qui a, lui, à expliquer des actes souvent incompréhensibles de personnages bien authentiques ? Si le roman moderne est une manière de clinique où se dissèquent

les tares morales de notre société, me refusera-t-on le droit d'étudier sur la planche de l'amphithéâtre de l'histoire les maladies honteuses des individus que je prétends expliquer ?

Le passé n'est pas un jardin bien propre, tiré au cordeau, ratissé avec soin, taillé à souhait, paré pour l'agrément des yeux, c'est aussi une forêt sauvage et profonde, où s'il est des clairières bleues et fraîches, il est aussi des coins d'ombre, des mares pourrissantes où plongent les vénéneuses racines de monstrueuses plantes inconnues, à peine devinées. Cela ne se détruit pas d'un coup de serpe, cela ne se détruit pas parce qu'on le nie et qu'on refuse à la forêt ses coulisses d'ombre étrange et ses mares croupies. L'histoire n'a pas que ses apologies ; elle possède aussi ses coins ténébreux où la racine de la haine plonge au bourbier du pamphlet. L'apologie ne raye pas le libelle. Et s'il me plaît à moi de faire un peu de lumière sur cette boue ? S'il me plaît d'en tirer les obscurs personnages que le silence ne suffit pas à renier ? Car c'est cela ma « pornographie ». Voilà ma gale. L'ombre m'intrigue ; j'en veux connaître les reptiles. Il ferait beau voir un anatomiste ignorer le serpent dans l'herbe et le crapaud dans le roseau plaintif parce que le ciel est plein de battements d'ailes !

Mais, à démontrer ces pauvres et indigentes vérités à certains qui se cachent derrière de beaux petits documents bien honnêtes, comme Tartufe se cachait sous la table d'Orgon, ai-je pu perdre trois pages ? Je cède à l'apostrophe du poète :

Que sert d'assassiner de l'ombre et de la cendre ?

* *

Je ne recommence point ici les trois volumes que déjà je consacrai à l'étude du cas pathologique de Marie-Antoinette et de son entourage (1). *Je n'y apporte qu'une contribution à un point légèrement esquissé, à peine abordé : celui des pamphlétaires, de leur rôle, de leur procédé de diffamation. On verra par là que je ne pense point, comme M. Mathurin de Lescure, que* « *la punition du pamphlétaire, la seule qu'il puisse sentir, c'est le mépris de l'oubli* (2). » *Ces gens qui propagèrent la légende scandaleuse de Marie-Antoinette libertine, j'ai voulu montrer comment la monarchie leur facilita la tâche déshonorante, comment, même, elle les y poussa. Les précédents volumes ont montré l'accusée devant les accusations. Voici maintenant les accusateurs et leurs œuvres. Peut-être des historiens, à la manière de l'ineffable et déconcertant M. Mathurin de Lescure, me reprocheront-ils, une fois de plus, d'avoir abordé un pareil sujet et de ne pas l'avoir laissé, pour parler comme eux, au* « *mépris de l'oubli* ». *Mais que MM. les apologistes commencent ! Que par des condamnations sommaires, faciles et étourdies*

---

(1) *Les pamphlets libertins contre Marie-Antoinette*, d'après des documents nouveaux et les pamphlets tirés de l'Enfer de la Bibliothèque nationale; Paris, s. d. [1909], in-18. — *Madame de Polignac et la Cour galante de Marie-Antoinette*, d'après les libelles obscènes; Paris, MDCCCX, in-8°. — *Les maîtresses de Marie-Antoinette*; Paris, s. d. [1910], in-18°.

(2) M. [Mathurin] de Lescure, *La vraie Marie-Antoinette; étude historique, politique et morale, suivie du recueil réuni pour la première fois de toutes les lettres de la reine connues jusqu'à ce jour, dont plusieurs inédites, et de divers documents*; deuxième édition; Paris, 1863, in-8°, p. 182.

ils ne nous forcent point à reprendre le débat à son origine et de prouver, par leurs témoins à eux, que la reine ne fut peut-être pas cette innocente immaculée sur laquelle ils pleurent d'intarissables livres à la mode d'Anaïs Ségalas, cette ouvrière en sensibilité. Mais avec un historien acerbe et désillusionné, je reconnais, moi aussi, que « c'est plaider, je le sais, une cause perdue d'avance (1) ». Je plaide, cependant, quitte à attendre le jugement, ne me résignant pas encore à accepter les arrêts rédigés à l'avance dans les feuilles bien pensantes et les gazettes d'un beau monde à qui je conteste le droit de les dicter.

C'est l'étude attentive de la vie de Marie-Antoinette, des faits et gestes de ses familiers, des agissements publics et clandestins de son entourage qui m'amène à écrire ce livre. On le conçoit aisément, un tel travail ne s'improvise pas, et il n'est possible qu'à un claquepatin, venu de Fécamp ou de Saint-Flour, de Normandie ou d'Auvergne, écrivant en patois de Caudebec ou dans l'idiome d'une patrie de sodomistes et de plagiaires, d'improviser sans recherches et sans études un recueil sur les mœurs secrètes, — secrètes, oui, — de Marie-Antoinette. Le public, qui m'a fait une si indulgente confiance depuis la parution de mon premier livre, a le droit d'attendre moins d'étourderie et plus de conscience de moi. Cette œuvre minutieuse lui est livrée avec des garanties et des engagements de probité historique auxquels je ne me dérobe point. Je copie mal, je plagie moins bien encore. Ce n'est donc point à

---

(1) G. Tridon, membre de la Commune de Paris de 1871, *La Commune de Paris de 1793; les Hébertistes;* France et Belgique; 1871, in-8°, p. 33.

un anonyme dépouillé, au coin d'un tome oublié, que devra aller ce qu'on pourra recueillir de ce livre. Bon ou mauvais, utile ou méchant, il est à moi. Il y a de ces « pornographies » qui font plus vif le sentiment de la paternité. J'en suis navré pour mes Bouvard et fâché pour mes Pécuchet : mais j'avoue mes enfants.

*
* *

Je m'y attends : une fois encore on m'accusera d'avoir insulté à une mémoire glorieuse et malheureuse. Je n'y peux mais, et sachant le reproche de commande, tout en façade, il me chaut peu. Qu'ai-je à servir les insolents fantômes de la vie de Marie-Antoinette et à envier à leurs mains coupables les lauriers profanés de sa gloire? Si mon effort tâche à faire condamner la reine, ne rend-il point ainsi à la femme un hommage d'autant plus méritoire? Coupable, certes, mais coupable par tout ce qui l'a entouré, poussé à l'équivoque, traîné à de louches promiscuités. En étalant ces fautes, en dénombrant ces erreurs, en comptant ces crimes, j'en répartis les responsabilités : aux Polignac comme aux autres, à tous les lâches, à tous les fourbes, à tous les escrocs, à tous les assassins de la reine, de son honneur, de sa popularité, qui, au premier coup de fusil, s'en furent goûter les loisirs rassurés de l'émigration. Et j'ai le droit, moi, de saluer cette femme qui meurt, cette femme dont toutes vos apologies, vos pleurnicheries, vos divagations sentimentales, font une héroïne stupide et angélique. Vous lui voulez des ailes dans votre paradis de sornettes bélantes et d'apocryphes naïfs! Vous lui dorez une belle auréole comme on en trouve aux environs de Saint-Sulpice! Et un cœur de pourpre vive troué du glaive de sa passion! Et les mains jointes et les yeux au ciel... Mais dans la cave moisie de Saint-Denis, frappez donc sur la planche pourrie de son cercueil! Vous y entendrez résonner ses ossements desséchés et brûlés de sa périssable image, qui, de Dieu pardonnée, n'a plus qu'à attendre le jugement de l'éternité et la pitié des hommes.

H. F.

Mai 1911.

PREMIÈRE PARTIE

Les Pamphlets, la Police et leurs Romans comiques

I

L'INTROUVABLE PAMPHLET

Sur quoi se basent les premières attaques contre Marie-Antoinette. — *Le Lever de l'aurore* et les noëls des *Mémoires secrets*. — Conduite de la reine à l'époque de leur publication. — Analyse d'un pamphlet contre Marie-Thérèse et sa fille. — Beaumarchais le dénonce. — Il s'offre à le racheter. — Circonstances extraordinaires de cette affaire. — Le juif Angelucci. — Les brigands. — Marie-Thérèse n'est pas dupe de ce roman de l'escroc. — Beaumarchais arrêté. — En le relâchant on lui donne 25,000 francs. — Mensonges de Figaro. — Singulière mansuétude de Marie-Antoinette à l'égard de l'auteur du *Barbier de Séville*.

A quelle date a paru le premier pamphlet contre Marie-Antoinette? En quelle année a été porté le premier coup de l'outrage à celle qui, à sa venue d'Autriche, avait soumis la France au charme enfantin de ses grâces, celle à qui, dévotieusement, le genou en terre, les députations des villes prophétisaient : « Vous allez être l'ornement, la gloire et l'admiration de la plus brillante cour, l'espérance et l'appui du plus beau trône, le bonheur enfin de toute la France (1)? » Quand, sur cette jeune renommée encore virginale, sur ce beau lys élancé des parterres royaux aux parcs bourbonniens, la boue du premier libelle est-elle venue mettre sa tache de pourriture? De combien d'années a-t-il fallu pour flétrir dans sa fleur cette tendre espérance des peuples de France? Suivant Mme Campan, cette femme de chambre confite dans ses adorations périmées, bavarde quand il lui suffisait d'un mot, discrète quand on lui demande quelques détails authentiques (2), suivant Mme Campan, la première

(1) Compliment adressé à Mme la Dauphine par le R. P. Husson, cordelier de Nancy, le 10 mai 1770, à l'entrée de l'église des Cordeliers, à Nancy. — Baron Max de Sedlitz, *Marie-Antoinette à Nancy (10 mai 1770)*; Paris, 1906, in-8°, p. 16.

(2) A propos des faits passés sous silence par Mme Campan dans ses mémoires, dont le mérite me paraît bien exagéré, je trouve ce témoignage d'un contemporain, témoignage direct dont il n'est pas très facile de faire fi : « La délicatesse et la discrétion de Mme Campan ne sont pas seulement excusables, mais dignes d'éloges. La vérité pourtant en souffre et les mémoires de cette dame dissimulent des faits bien connus d'elle, mais qu'il n'aurait point été convenable à une femme de raconter. Elle était, en réalité, la confidente de Marie-Antoinette; les amours de celle-ci ne furent ni nombreuses, ni scandaleuses, ni d'une nature dégradée, mais ce furent *des amours*. Mme Campan, qui a vécu assez pour voir la Restauration, n'était point là-dessus aussi mystérieuse dans la conversation que dans ses écrits. Elle a avoué à des personnes qui me l'ont confessé qu'elle avait servi les relations du duc de Coigny avec la reine. Le duc, par timidité de caractère et froideur de tempérament, ne fut point fâché de renoncer de bonne heure à une intrigue aussi dangereuse. Mme Campan avouait encore un fait curieux, à savoir que Fersen était dans le boudoir ou la chambre à coucher de la reine, en *tête-à-tête* avec Sa Majesté, la fameuse nuit du 6 octobre. Il échappa à grand'peine au danger d'être découvert, grâce à un déguisement que Mme Campan lui procura. M. de Talleyrand, quoiqu'il lui répugnât en général de rapporter des anecdotes défavorables à la famille royale de France, m'a raconté deux fois ce dernier fait, en m'assurant qu'il le tenait de la bouche de Mme Campan. » *Souvenirs diplomatiques de lord Holland*, publiés par son fils, lord Henri-Édouard Holland, traduits de l'anglais par H. de Chonski; Paris, 1851, in-18, p. 14. — Pour avoir rapporté cette double anecdote, lord Holland est appelé, par M. Mathurin de Lescure, un « ennemi naturel (?) d'une reine autrichienne et française », et « un diplomate aussi maladroit que jaloux. » Maladroit, peut-être, et encore la chose dépend-elle du point de vue spécial où

attaque contre Marie-Antoinette remonte à l'année 1774. C'est alors qu'on voit paraître *Le Lever de l'aurore,* chanson satirique sur les promenades nocturnes de la reine, et dont le texte nous est malheureusement inconnu. Mais, tandis que ces couplets pénétraient dans le public, faisaient le tour de Versailles et de Trianon, surgissait un autre pamphlet, en prose celui-là, et dont l'existence n'a été révélée que par des historiens modernes. Comme sa publication clandestine s'entoure d'un véritable roman, il y a lieu de s'y arrêter plus longuement. Mais quelques observations préliminaires sont peut-être nécessaires à l'entendement de cette intrigue compliquée doublée d'une filouterie.

1774. A cette date Marie-Antoinette est depuis quatre années en France. Elle n'a point encore donné prise à ces attaques qui, si perfidement, exploitèrent ses fautes d'aujourd'hui, ses crimes de demain. De ce qu'on peut l'accuser, elle est certes bien innocente, et on se demande, par exemple, ce que les chansonniers imaginent à son propos quand ils se rendent coupables de ces noëls orduriers et obscènes que, dès 1781, on voit se passer de ruelle en ruelle, jusqu'à l'Œil-de-Bœuf? Ainsi les *Mémoires secrets*, dits de Bachaumont (1) observent à la date du 15 décembre 1781 :

on se place. Mais jaloux! Jaloux de qui? De Coigny, et de Fersen? Cf. M. de Lescure, *La vraie Marie-Antoinette...*, p. 20. — La conversation ci-dessus rapportée ne figure pas, évidemment, dans l'ouvrage du docteur Maigne, *Journal anecdotique de M*ᵐᵉ *Campan ou Souvenirs recueillis dans ses entretiens, suivi d'une correspondance inédite de M*ᵐᵉ *Campan avec son fils;* Paris, 1824, in-8°.

(1) La paternité des premiers volumes des *Mémoires secrets* est sérieusement contestée à Bachaumont dans Pidansat de Mairobert, *Les conversations du jour de l'an chez M*ᵐᵉ *du Deffand, il y a un siècle, précédée d'observations nouvelles sur les « Mémoires secrets » dits de Bachaumont, et sur « l'Espion anglais »* par A. P. Malassis; Paris, janvier 1877, in-18.

Depuis quelque temps on parle des couplets abominables sur la Cour, en forme de noëls, où l'on n'épargne pas, dit-on, les personnages les plus respectables et les plus augustes. On est à la recherche du poète effréné qui s'est permis les horribles calomnies dont ces couplets sont pleins (1).

Information complétée à quelques jours de là, le 20 décembre :

Les abominables noëls annoncés sont devenus à la fois l'entretien et l'exécration de tout Paris ; indépendamment des calomnies sacrilèges qu'ils contiennent, on ajoute que le faire même en est détestable, et qu'ils sont à la fois maussades, orduriers, dégoûtants (2).

Et alors, pourtant, Marie-Antoinette n'aura pas donné prise encore au ridicule, comme en décembre 1778, quand, enceinte, elle envoie un flacon de son urine à un charlatan nommé Printan, « lequel a décidé qu'elle portait un enfant mâle » (3). Elle ne sera point déjà compromise par cette folie des modes et des parures qui lui ont fait répudier toute étiquette (4), ou par ces familiarités avec des histrions et des chanteurs dont l'un, Garat, répondra à qui l'interrogera sur ses duos avec la reine, d'un ton impertinemment dédaigneux : « Ah ! oui, pauvre princesse... comme elle chantait faux (5) ! »

---

(1) *Mémoires secrets pour servir à l'histoire de la République des lettres en France depuis MDCCLXII jusqu'à nos jours, ou journal d'un observateur ;* Londres, MDCCLXXXII, in-18, t. XVIII, pp. 193-194.

(2) *Mémoires secrets...*, tome XVIII, p. 203.

(3) *Correspondance secrète sur Louis XVI, Marie-Antoinette, la cour et la ville, de 1772 à 1792, publiée d'après les manuscrits de la bibliothèque impériale de Saint Pétersbourg*, avec une préface et des notes par M. de Lescure ; Paris, 1866, in-8°, tome I, p. 251.

(4) *Mémoires de M⁽ᵐᵉ⁾ Elliott sur la Révolution Française*, traduits de l'anglais par le comte de Baillon, avec une appréciation critique par M. Sainte-Beuve, membre de l'Académie française ; Paris, 1861, in-18, pp. 35, 36.

(5) Louis Fusil, *Souvenirs d'une actrice ;* Bruxelles, 1841, in-18, tome I, p. 83.

A peine est-elle à l'aurore de son équivoque amitié pour la princesse de Lamballe, pauvre et aimable créature, sans esprit (1), et que, loin encore de l'équivoque faveur pour Mᵐᵉ de Polignac, l'agente et l'instrument d'une bande de filous et d'exploiteurs, qui poussera la reine aux actes les plus absurdes, aux faveurs les plus insolemment imprudentes ! Les jours ne sont point encore venus où, « à la tête de l'escadron volant des Princes du sang, un thyrse de folie à la main, la Viennoise mène la fête, la fête qui s'achèvera par les funérailles de la monarchie (2) ». Pas encore d'amers reproches sous la plume de Mercy-Argenteau, cet ambassadeur d'Autriche qui entretenait des chanteuses de l'Opéra (3). Dans ses rapports à Marie-Thérèse, il ne signalera que des défauts que l'âge peut amender. Pas d'imprudences. Pas de coups de tête. La reine est digne encore du trône. Et cependant, on l'attaque, et cependant, dans une obscure échoppe d'imprimeur, à la hâte, sur du mauvais papier, avec des caractères usés et écrasés, on tire la *Dissertation extraite d'un plus grand ouvrage, ou Avis*

---

(1) *Mémoires de la baronne d'Oberkirch*, publiés par le comte de Montbrison ; Paris, nouv. édit., in-18, tome II, p. 156.

(2) Ernest Tissot, *Marie-Antoinette jugée par une Allemande*, dans la *Revue Bleue*, 1ᵉʳ octobre 1910, p. 437.

(3) Il s'agit ici de Rosalie Levasseur, née de misérables parents, le 5 octobre 1709, à Valenciennes. J'ai déjà parlé d'elle dans *Les maîtresses de Marie-Antoinette...*, pp. 22, 23. Dans un volume bien oublié, je trouve sur elle de nouveaux détails qui renseignent sur sa fin : « Une superbe voix et un port distingué l'ont fait admettre à l'Opéra de Paris, où elle a rempli longtemps les premiers rôles ; en 1771, elle jouait les confidentes, Vénus, l'Amour ; en 1775, elle joua Pallas dans *Bellérophon*, rôle peu considérable, mais qui prouve ce que nous avons dit de son port. Elle s'est retirée en Allemagne pour vivre avec M. le comte de M***, qui lui a acheté une baronnie de 25,000 livres de rente ; on croit qu'elle est encore actuellement dans une des terres de ce seigneur, ou dans la baronnie dont nous venons de parler. » G. A. J. H. [Hécart], *Recherches historiques, bibliographiques, critiques et littéraires sur le théâtre de Valenciennes* ; Paris, 1816, in-8, pp. 60, 61.

important à la branche espagnole sur ses droits à la couronne de France, et qui peut être mesme très utile à toute la famille de Bourbon, surtout au roi Louis seize.

Le titre dénonce le caractère politique du libelle. Il n'a pas cette obscène effronterie des brochures de 1790 à 1793, et, modestement, derrière sa *Dissertation*, il dissimule les traits empoisonnés dont il crible la reine. Quand elle l'eut lu, la mère de Marie-Antoinette écrivit furieusement à son ambassadeur à Paris : « Jamais rien de plus atroce n'a paru et qui met dans mon cœur le plus vil mépris pour cette nation sans religion, mœurs et sentiments (1). » C'était un peu arbitrairement juger des sentiments de la France monarchique, surtout de la part de cette mère qui écrivait, au lendemain d'une malice de sa fille, à ce même ambassadeur : « Cela ne confirme que trop mes inquiétudes ; elle court à grands pas à sa ruine, trop heureuse encore si, en se perdant, elle conserve les vertus dues à son rang. » Mais sa saignante et cinglante opinion, peut-être la peut-on excuser par son instinct de mère, par tout ce qu'elle prévoyait dans l'avenir, par ce premier coup porté à la majesté royale. « Le premier libelle qui la dégrada aux yeux de ses sujets lui a peut-être ouvert le chemin du palais à l'échafaud (2), » dit une contemporaine. Quelle vision prophétique a peut-être silhouetté la guillotine de vendémiaire dans le filigrane du pamphlet si âprement jugé par Marie-Thérèse ?

---

(1) Marie-Thérèse à Mercy-Argenteau ; 28 août 1774. — *Correspondance secrète entre Marie-Thérèse et le comte de Mercy-Argenteau, avec les lettres de Marie-Thérèse et de Marie-Antoinette*, publiées avec une introduction et des notes par M. le chevalier Alfred d'Arneth, directeur des archives de la Maison impériale et de l'Etat d'Autriche, et de M. A. Geffroy, professeur à la Faculté des lettres de Paris ; Paris, 1874, in-8°, tome II, p. 224, pièce LVII.

(2) *Un séjour en France de 1792 à 1795 ; lettres d'un témoin de la Révolution française;* traduites par H. Taine, de l'Académie française ; Paris, 1908, in-18, p. 58.

Monsieur le Nouveau Maire

Recevez avec bonté le plus bel exemplaire de ma petite Drôlerie.

Je vous demande bien pardon, si je vous ai donné ma voix, mais c'est que j'aime mieux votre tranquilité que la vôtre.

Je vous Salue, vous respecte et vous aime.

Pierre Augustin Caron cy devant Beaumarchais

Un autographe de Beaumarchais.

En fait, qu'y reprochait l'auteur à Marie-Antoinette ? Après des considérations sur l'état de la monarchie française passée, après un tableau amer et vigoureux de la fin du règne de Louis XV, il abordait l'étude du règne de Louis XVI. Il montrait la reine convaincue de l'impossibilité physique du roi à la faire mère et animée du désir de garder le trône, en cas de la mort du prince. Pour ce faire, le libelliste assurait que rien ne coûterait « à cette femme ambitieuse et amie du plaisir ». Il adjurait donc les monarques appelés à prétendre à la succession de Louis XVI, et Louis XVI lui-même, de se mettre en garde contre les audacieuses et odieuses manœuvres de l'Autrichienne. « Souvenez-vous, conseillait-il au roi, qu'elle est Autrichienne, par conséquent ambitieuse. Souvenez-vous de quelle mère elle est née et que, en l'absence d'autres conseillers, celle-ci sera son meilleur auxiliaire dans de telles manœuvres (1). » On comprend, dès lors, une des raisons de l'irritation de Marie-Thérèse. Blessée dans son amour-propre et blessée dans sa chair, elle poussait un cri de haine et de colère doublement naturel.

Et pourtant, qu'était cela à côté de tout ce qui allait, un jour, être écrit contre Marie-Antoinette ? Mais, alors, de parmi les vivants Marie-Thérèse s'était effacée et l'Autriche, elle-même, allait se tourner contre cette archiduchesse née de son sang et l'abandonner, avec indifférence, au couperet qu'on levait pour elle dans un matin de l'an II (2). Mais si le libelle lui-même, en

(1) Paul Huot, conseiller à la cour impériale de Colmar, *Beaumarchais en Allemagne; révélations tirées des archives d'Autriche;* Paris, 1869, in-18, pp. 173, 174, 175.
(2) « Non seulement l'Autriche n'a rien fait pour sauver son archiduchesse, mais... elle a froidement calculé que la mort de la reine de France pourrait lui être profitable. Les documents qui surgissent aujourd'hui de toute part établissent les faits d'une façon indéniable. » Comte d'Hérisson, *Autour d'une révolution (1788-1799);* Paris, 1888, in-18, p. 35.

regard de ceux qui le devaient suivre, est assez insignifiant et ne peut être retenu qu'à cause de la date qu'il marque dans la légende scandaleuse de la reine, il n'en est point de même des circonstances dans lesquelles il fut révélé. C'est que, particulièrement curieuses, elles indiquent la facilité avec laquelle, par la terreur des libelles, on parvenait à duper le souverain et la police. Au reste, ces circonstances seront pareilles pour certaines autres affaires de pamphlets dont j'aurai à parler en détail, mais au premier voleur premier honneur.

La police royale, — M. Jean-Gualbert-Gabriel de Sartine étant lieutenant de police, — ignorait tout de la *Dissertation*, quand Beaumarchais s'en vint dénoncer son existence. Beaumarchais, au sortir de la retentissante et scandaleuse affaire Kormann, avait compris l'utilité des complaisances policières. Pour en éprouver la bonté et s'assurer les effets de cette protection, il avait pris le chemin le plus prompt : il s'était fait mouche. « Tout ce que le roi voudra savoir seul et promptement, écrivait-il à M. de Sartine, tout ce qu'il voudra faire vite et secrètement, me voilà. J'ai à son service une tête, un cœur, des bras, et point de langue. (1) » Il eût pu ajouter : et de l'imagination. C'est cette imagination, brillante assurément, mais quelque peu ennemie de la logique et de la vraisemblance, que nous allons voir à l'œuvre. A vrai dire, elle n'avait point toujours joué le plus brillant rôle dans les missions confiées à Figaro, témoin l'affaire du chevalier d'Eon, où M. Caron de Beaumarchais se montra fort au-dessous de ce qu'on pouvait attendre d'un quidam aussi plaisamment spirituel. Ces réserves faites, on peut penser, avec Pidansat de Mairobert, que c'était « un intri-

---

(1) Paul Huot, *Beaumarchais en Allemagne...*, p. 20.

gant, d'une tournure d'esprit et d'un caractère propre à le faire soupçonner de toutes les missions, excepté celles qui n'exigent que de la droiture et de l'honnêteté (1) ». *L'Espion anglais* le jugeait à sa valeur. Mais qu'eût-il dit de la nouvelle aventure dans laquelle, à la suite de la *Dissertation,* allait se lancer Figaro ?

Au mois de juin 1774, Beaumarchais apprend à M. de Sartine qu'un juif du nom d'Angelucci, réfugié à Londres sous celui de Hutkinson, est possesseur d'un libelle, dont l'auteur est inconnu, mais qu'on sait dirigé contre la reine. Et, généreusement, — l'Angleterre lui étant familière, — il s'offre à aller racheter le pamphlet. Comment Beaumarchais a-t-il eu connaissance de l'affaire ? Mystère ! Comment est-il parvenu à la faire admettre à Sartine, et, par Sartine, au roi ? Autre mystère. Le fait est que le 26 juin il s'embarque pour le Royaume-Uni. Pour le bien de sa mission, il a sollicité une approbation de Louis XVI, mais sans l'avoir reçue il prend le navire. Ce n'est que le mois suivant, dans la seconde moitié de juillet, qu'elle lui parvint :

Le sieur de Beaumarchais, chargé de mes ordres secrets, partira pour sa destination le plus tôt qu'il lui sera possible (2). *La discrétion et la vivacité qu'il mettra dans leur exécution sont la preuve la plus agréable qu'il puisse me donner de son zèle pour mon service.*

Marly, le 10 juillet 1774.

Louis.

---

(1) *L'Espion anglois ou Correspondance secrète entre milord All'eye et milord All'ear ;* nouvelle édition revue, corrigée et considérablement augmentée ; Londres, MDCCLXXXIV, in-18°, tome III, p. 23.

(2) M. Paul Huot, *Beaumarchais en Allemagne...,* p. 25, fait fort justement observer qu'à ce moment Beaumarchais était depuis quinze jours déjà parti pour cette destination.

Petit billet dont lyriquement Figaro remercie le roi. « Un amant, dit-il, porte à son col le portrait de sa maîtresse, un avare y attache ses clefs, un dévot son reliquaire ; moi j'ai fait faire une boîte d'or ovale, grande et plate, en forme de lentille, dans laquelle j'ai enfermé l'ordre de Votre Majesté, que j'ai suspendu avec une chaînette d'or à mon col, comme la chose la plus nécessaire à mon travail et la plus précieuse pour moi. » Plus tard, à Francfort, il fit mettre la boîte dans un sachet de soie, « parce que quand j'avais fort chaud, si le métal touchait subitement la peau, cela me saisissait un peu (1) ». Sa boîte d'or au cou, Figaro court, Figaro vole. C'est dans cet équipage qu'il rencontre le juif Angelucci. Ce mécréant avait deux éditions de la *Dissertation*, la première à Londres, la seconde à Amsterdam. Il en voulait un beau denier : 75,000 francs. Un messager honoré de la confiance royale, avec un autographe de son souverain au cou, ne marchande et ne discute pas. 75,000 francs ? A merveille. Les voici. Et Angelucci empoche.

L'édition de Londres détruite, il importe de faire disparaître celle d'Amsterdam. De concert, l'enfant d'Israël et le père de Figaro s'y rendent. L'autodafé s'accomplit, mais la légère spirale du feu ne s'est pas encore dissipée que, coup de foudre, Beaumarchais apprend qu'il est dupé. Enfer et damnation ! Ce maudit juif, un exemplaire de la *Dissertation* dans le pli de sa crasseuse houppelande, vient de décamper. Une chaise de poste, vite ! Mais où courir ? A Nuremberg, puisque c'est là que ce machiavélique Angelucci a projeté de faire réimprimer le libelle et d'offrir ainsi en vente une troi-

---

(1) Paul Huot, *Beaumarchais en Allemagne...*, pp. 25, 26, 40.

sième édition. Mais Figaro n'hésite pas. Vite à Nuremberg ! Et « malheur à l'abominable homme qui me force à faire trois ou quatre cents lieues de plus, quand je croyais m'aller reposer ! Si je le trouve en chemin, je le dépouille de ses papiers et je le tue, pour prix des chagrins et des peines qu'il me cause ! »

Fouette, postillon ! La chaise de poste roule. Ce damné juif va apprendre à connaître M. Caron de Beaumarchais ! On dévore la route, on brûle les étapes. « Si je le trouve en chemin !... » Que béni soit le hasard ! Voici Angelucci en chemin, ô merveille ! Sur un petit bidet brun moucheté de blanc sur le devant de la tête, il trotte par les champs. Pistolet au poing, Beaumarchais lui galope aux talons, le saisit à la botte, lui fait vider les étriers et lui arrache le pamphlet. Quant au reste, aux 75,000 francs si indûment escroqués... Bah ! M. Caron est bon prince : qu'Angelucci aille manger le fruit de sa fraude et de ses rapines ailleurs ! Le juif ne se le fait pas répéter et promptement gagne le large, ravi de s'en tirer si bien en point. C'est peut-être ce qu'attendaient deux brigands cachés dans la verdure proche. Incontinent, armés de couteaux, ils se précipitent sur Figaro. Mais un messager royal ne se laisse point égorger ainsi. De sa canne il pare les coups et assomme les malandrins. Là-dessus, deux autres brigands sortent de ce bois peuplé et le combat recommence. Heureusement que le postillon, inquiet de l'absence de son voyageur, s'approche. Les coquins décampent. Beaumarchais respire : « Mon premier soin, quand je me suis vu en sûreté et à portée de ma chaise, a été d'uriner bien vite. Une expérience bien des fois réitérée m'a appris qu'après une grande émotion, c'est un des plus sûrs calmants qu'on puisse employer. J'ai imbibé mon mouchoir d'urine et j'en ai lavé mes plaies. » Il ne lui en demeure qu'une balafre, « balafre, mes amis, qui ne laissera pas de nuire à mes succès aphrodisiaques (1). »

Ainsi fait, il court porter plainte, — où ? A la ville la plus proche ? A Neustadt ? Non : à Vienne, à quelques cents lieues de là. Le 20 août il y touche et, aussitôt, se hâte d'écrire à Marie-Thérèse une lettre étonnante, où il assure être venu « du fond occidental de l'Europe », courant jour et nuit, « pour venir communiquer à Votre Majesté des choses qui intéressent votre bonheur, votre repos, et qui, j'ose le dire, vous touchent jusqu'au fond du cœur. » Qu'est-ce donc que tout cela ? L'impératrice charge le comte Christian-Auguste de Seilern, gouverneur de la basse Autriche, conseiller pour les affaires privées, de s'en informer. Et l'enquête apprend quoi ? Que le sieur Beaumarchais est venu à Vienne pour falsifier le pamphlet d'Angelucci. Il prétend ne point causer au roi, son maître, un trop violent chagrin en lui soumettant le libelle du juif, tel qu'il l'a racheté. Il veut le faire réimprimer, adouci de ses diffamations, expurgé de ses calomnies, et il sollicite pour ce l'autorisation de l'impératrice. Voilà pourquoi il est venu « du fond occidental de l'Europe ». Ce conte paraît à Marie-Thérèse invraisemblable au point que, le 22 août, à neuf heures du soir, quelques estaffiers viennent tenir compagnie à Figaro. Hein ? Qu'est-ce à dire ? On le prie d'en rabattre de son caquet : il est prisonnier. Un conseiller de régence lui est dépêché pour l'interroger. C'est Joseph de Sonnenfels, fils d'un petit juif de Nikolsburg, nommé Perlin Lippmann, et qui a fait un beau chemin à la cour, grâce à l'apostasie de la religion de ses pères. Des interrogatoires, complétés par les enquêtes et des auditions de

---

(1) Paul Huot, *Beaumarchais en Allemagne...*, pp. 43, 45.

DÉPARTEMENT
DE POLICE
de Surveillance

MUNICIPALITÉ DE PARIS.

Le S.r La Vacquerie Concierge de la prison de l'Abbaye y recevra le S.r Caron de Beaumarchais et sera tenu de nous le Représenter, quand il en sera requis par nous, et donnera décharge de la personne du dit S.r Beaumarchais, au Citoyen Tillet, chargé de sa Conduite à la Mairie. Ce 23 août 1792, l'an 4.e de la Liberté, le 1.er de l'Égalité.

Les administrateurs au département de police et membres du comité de Surveillance et de Salut public

P. S. nous recommandons particulièrement M. de Beaumarchais à M. Delavacquerie, et pour lui donner plume, encre et papier, s'il le veut.

Ordre d'arrestation de Beaumarchais, en 1792.

témoins, apparaît peu à peu la vérité : Angelucci n'a jamais existé; l'attaque des brigands est une fable que dément le témoignage du postillon, enfin, le ministre Kaunitz accuse tout simplement Beaumarchais d'être l'auteur du libelle : « Der Fabricant dieses libelles sein durfte (1). » Mais le papier du roi?... l'autographe de la boîte d'or?... Est-il vrai? Est-il faux? C'est chose à examiner. Marie-Thérèse ne voit point encore clair dans l'imbroglio. « Je suis fâchée qu'on ait arrêté cet homme, mande-t-elle à son ambassadeur. J'avais cru qu'il fallait le traiter en misérable imposteur, le renvoyer en deux heures hors d'ici et même de nos pays, en lui marquant qu'on n'est point sa dupe et que, par charité, on agissait ainsi, ne voulant pas le perdre, comme il le méritait (2). » Cette lettre, un courrier l'emporte de Vienne, le 28 août, lequel arrive à Paris le 4 septembre. Sartine, chez lequel se rend aussitôt Mercy-Argenteau, confirme la mission de Beaumarchais et l'authenticité de l'ordre royal. La nouvelle, aussitôt apportée à Marie-Thérèse, dicte son devoir. De même que ses conseillers elle ne doute point de la fourberie de Beaumarchais, mais en tant que chargé de la confiance de son gendre, elle lui veut des égards. Beaumarchais, dans une prétendue lettre à Louis XVI, assure qu'elle lui fit offrir 1,000 ducats, mais « je les ai refusés sans orgueil, mais avec fermeté ». De l'argent, à lui! Jamais plus sanglant affront — à l'entendre, — ne l'avait cravaché, lui dont les verges reçues à la prison Saint-Lazare ne devaient point faire rougir que le front!

De l'or!... à lui!... Ah! sire!... « J'aurais pu regarder

---

(1) Paul Huot, *Beaumarchais en Allemagne...*, p. 169.
(2) Marie-Thérèse à Mercy-Argenteau; 28 août 1774. — D'Arneth, *Correspondance secrète...*, tome III, p. 225, pièce LVII.

comme une espèce de dédommagement flatteur de l'erreur où l'on était tombé à mon égard, ou un mot obligeant de l'impératrice, ou son portrait, ou telle autre chose honorable que j'aurais pu opposer au reproche qu'on me fait partout d'avoir été arrêté à Vienne comme un homme suspect; mais de l'argent, Sire! c'est le comble de l'humiliation pour moi, et je ne crois pas avoir mérité qu'on m'en fasse éprouver (1)! » Honnête Caron! Probe Figaro! Dommage que certaine lettre de Kaunitz à Mercy-Argenteau le vienne péremptoirement convaincre d'effronterie! « Ce drôle, dit le ministre de l'impératrice, auquel j'ai fait faire un présent de mille ducats [25,000 francs] parce que cela m'a paru digne de l'Impératrice, quoique, assurément, ce personnage ne vaille ni la peine ni l'argent qu'il nous a coûtés (2). » L'affaire finissait donc mieux que par des chansons. Lesté du petit cadeau dédaigneux de Marie-Thérèse, l'imposteur s'en vint régler ses comptes à Paris avec M. de Sartine. On lui versa 72,000 livres, soit 150,000 francs. Pour un pamphlet dont l'unique exemplaire connu demeurait à Vienne, c'était cher. M. de Sartine paya. N'était-ce pas le trésor royal qui réglait?

Louis XVI ne prit pas la chose au tragique. Le 12 septembre il informait de l'aventure la reine, laquelle, le lendemain, en parla à Mercy-Argenteau, lui reprochant d'avoir gardé la chose secrète pour elle. Mercy répondit en analysant le libelle à sa manière : « Jamais, dit-il, je n'avais trouvé la reine si disposée à m'écouter avec attention. » Marie-Antoinette parut surtout craindre une nouvelle édition de la brochure en France. « De pareilles

---

(1) Paul Huot, *Beaumarchais en Allemagne...*, pp. 213, 216, 217, 218.
(2) Le prince de Kaunitz à Mercy-Argenteau; 3 octobre 1674. — D'Arneth, *Correspondance secrète...*, tome II, pp. 235.

infamies, lui répondit l'ambassadeur, ne peuvent nuire qu'à leurs méprisables auteurs. » Sur quoi, il s'en fut au lever du roi, lequel appela Beaumarchais « un imprudent et un fol (1) ». Louis XVI parut s'en tenir à cet avis sommaire, car la reine dit, quelques semaines plus tard, dans une lettre à sa mère : « Il regarde cet homme comme un fou, malgré tout son esprit, et je crois qu'il a raison (2). »

Je crois qu'il a raison...

Le devait-elle croire longtemps, et sachant quels graves soupçons pesaient sur Beaumarchais comme auteur de l'écrit qui la diffamait, lui retirer cette protection amusée dont il devait ressentir les effets, en avril 1784, au lendemain de la première du *Mariage de Figaro*? Beaumarchais avait alors été écroué à Saint-Lazare, et grâce à la reine il avait vu les portes de la geôle s'ouvrir devant lui. Mais son acte en était-il absolvé? Comme reine, Marie-Antoinette le lui pouvait pardonner, mais comme femme? Au fond d'elle-même ne devait-elle pas porter la blessure saignante et vive de cette insulte à son honneur et à sa pudeur? Et cependant, moins d'un an après, en août 1775, elle jouait à Trianon, sur son petit théâtre privé, *Le Barbier de Séville*, et neuf ans plus tard elle sauvait l'auteur des griffes de la justice. Bonté d'âme, inconséquence, légèreté? Au choix. Mais ce geste de protection de la reine vaut d'être révélé ici, à l'heure où il

---

(1) Mercy-Argenteau à Marie-Thérèse; Paris, 28 septembre 1774. — D'Arneth, *Correspondance secrète...*, tome II, pp. 240, 241, pièce n° LXIII.

(2) Marie-Antoinette à Marie-Thérèse; 16 novembre 1774. — D'Arneth, *Correspondance secrète...*; tome II, p. 354, pièce n° LXXII. — *Maria-Theresa und Marie-Antoinette; ihr briefwechsel während der Jahre 1770-1780*, Herausgegeben von Alfred Ritter von Arneth; Paris, Vienne, 1865, in 8°, p. 125, pièce n° LIII.

s'adresse à celui qui, le premier, a osé outrager la reine de France et rendre les lys du trône solidaires de la honte dont il les accusait (1).

(1) M. d'Arneth doute que la *Dissertation* soit de Baumarchais lui-même. Cependant, dit-il, « s'il est impossible de le reconnaître dans ce mauvais pamphlet, il l'est aussi d'affirmer que cet écrit ne puisse être de lui ». Cf. d'Arneth, *Correspondance secrète...*, tome II, p. 223. — M. Paul Huot, par une suite de déductions judicieusement logiques, établit, au contraire, que ce libelle ne peut être l'œuvre que de Beaumarchais. Je me range à son avis.

LA SENTINELLE DU PALAIS DE VERSAILLES
REFUSE L'ENTRÉE A MARIE-ANTOINETTE ET AU COMTE D'ARTOIS
REVENANT D'UNE NOCTURNE ET GALANTE ESCAPADE

II

UN BRELAN DE COQUINS

Theveneau de Morande, greluchon, escroc, sodomiste. — Un maître-chanteur de taille. — Ses mésaventures judiciaires. — Exploits de Morande à Londres. — Ses libelles. — *Les Mémoires secrets d'une femme publique.* — Curieuse correspondance apocryphe sur ce pamphlet. — Beaumarchais règle l'affaire du rachat du manuscrit. — Reçu de coups de bâton donné par Theveneau. — Morande mouchard et journaliste. — Sa fin. — La Fitte, marquis de Pelleport. — *Le Diable dans un bénitier* et son histoire. — Le comte de Paradès. — Un mouchard escroc. — Part de ce trio déshonoré dans les écrits contre Marie-Antoinette. — Duperie du *Portefeuille d'un talon rouge.*

Au premier rang de la troupe des pamphlétaires figure un vétéran de la diffamation, un artiste de l'injure, un maître de l'outrage : le sieur Theveneau, « condamné, dit un de ses contemporains, à l'immortalité sous le nom du chevalier Morande (1) ». D'un fort honnête homme de père, notaire royal de profession, il était né, le 9 novembre 1741, à Arnay-le-Duc. Fort jeune il avait débuté dans la facile et lucrative carrière de l'escroquerie. C'est

---

(1) Pierre Manuel, l'un des administrateurs de 1789, *La police de Paris dévoilée*; Paris, Strasbourg, Londres; l'an second de la Liberté; in-8°, tome I, p. 265.

Manuel encore qui assure, des preuves plein les mains, qu'il « était voleur avant même qu'il eût l'âge d'être libertin (1) ». Quand cet âge fut venu, ce fut plus beau : Morande s'en alla vivre aux crochets des demoiselles « postillant » chez la Brissaut et la Gourdan, maquerelles célèbres de son heureuse époque. Les ressources que ces personnes lui abandonnaient volontairement ne lui suffisaient point toujours : il en escroquait fort habilement (2). Montres, mouchoirs, tabatières, menus bijoux, tout lui était bon. Ce lui valut d'avoir les mouches de M. de Sartine aux talons. Quand la police eut à s'occuper activement de ses déportements, elle découvrit d'édifiantes choses sur son compte! Le 5 mai 1768 l'inspecteur Marais, manière de Sherlock Holmès des mœurs (les mauvaises), et des filles galantes, mandait au lieutenant de police que Theveneau de Morande était « fort soupçonné d'être entiché du péché antiphysique et de servir de patient à ces vilains (3). » Ce détail paraît assez authentique, car quelques années plus tard un auteur, qui ignorait certainement le rapport secret de Marais, écrivait que Morande, arrivé à Londres sans souliers, « y gagna d'abord quelques guinées par des liaisons secrètes avec des richards usés qui ont renoncé aux femmes », lesquels « richards » il faisait chanter ensuite « en les

---

(1) Pierre Manuel, *La police de Paris dévoilée...*, tome I, p. 125.

(2) *Julie philosophe ou le bon patriote ; histoire à peu près véritable d'une citoyenne active qui a été tour à tour agente et victime dans les dernières révolutions de la Hollande, du Brabant et de la France ;* introduction, essai bibliographique par Guillaume Apollinaire; Paris, s. d. [1910], in-12, tome II, p. 8. — Ce curieux petit ouvrage fait partie des « romans libertins » de la collection *Le Coffret du bibliophile*, tiré à petit nombre par la Bibliothèque des Curieux.

(3) François Ravaisson, *Archives de la Bastille ;* Paris, 1881, in-8°, tome XII. — Paul Robiquet, *Theveneau de Morande ; étude sur le xviii° siècle ;* Paris, 1882, in-8°, p. 13.

menaçant d'une diffamation publique (1). » Ce trait est bien dans le caractère du personnage, lequel tirait mieux parti de son audacieuse ingéniosité que de ses charmes physiques. De fait, l'auteur du *Diable dans un*

Le cachet de Marie-Antoinette.

bénitier en fait un portrait sans touches flatteuses : « Une face large et plate dont tous les traits sont formés avec une graisse livide et flottante, des yeux couverts et hagards, exprimant la frayeur et la perfidie. Un nez

(1) *Le Diable dans un bénitier et la métamorphose du Gazettier cuirassé en mouche, ou tentative du sieur Receveur, inspecteur de la police de Paris, chevalier de Saint-Louis, pour établir à Londres une police à l'instar de celle de Paris; dédiée à monseigneur le marquis de Castries, ministre et secrétaire d'État au département de la marine, etc., etc., etc.; revu, corrigé et augmenté par M. l'abbé Aubert, censeur royal;* par Pierre Le Roux, ingénieur des grands chemins; à Paris, de l'imprimerie royale, avec approbation et privilège du Roi; s. d. [1784], in-8°, pp. 36, 37. — Il sera plus longuement question de ce curieux pamphlet plus loin. L'édition originale est de Londres, 1784, in-8°, 120 pp. Les *Mémoire secrets* en rendent compte les 11 et 14 octobre 1784, tome XXVI, pp. 236 et 244. L'auteur est le marquis de Pelleport dont il est parlé ci-après.

aplati, des nazeaux larges et ouverts qui semblaient respirer la luxure la plus effrontée (1). » Ses exploits à Paris, ses escroqueries, son père ruiné à demi par ses tours de coquin, tout cela le mena d'abord au Fort-l'Évêque, puis à la maison de détention d'Armentières. Il y joua à merveille le repentir et, aussitôt libéré, ne trouva rien mieux que d'écrire une ode injurieuse contre le ministre Saint-Florentin. Le résultat fut prompt : les exempts lui coururent aux chausses et Theveneau décampa à Liége, d'où il gagna Bruxelles, puis Ostende, où il s'embarqua pour l'Angleterre. Tout ceci se passait vers août 1769 (2). Le pavé de Londres ne lui offrait, outre la pédérastie, que de maigres ressources. C'est alors qu'il établit, « sans talent comme sans mœurs », dit le futur conventionnel Brissot, « un bureau de libelles (3) ». Il avait la plume acérée et facile. Quelqu'un qui l'employa à des besognes de chantage, Swinton, le directeur du *Courrier de l'Europe*, disait de lui : « Il tourne vivement un paragraphe (4). » Dans ce genre de tour il allait se montrer maître, quoique le comte de Lauraguais lui trouvât un style « écrit par un fiacre sur les mémoires de la cuisinière de la Gourdan (5) ». Theveneau débuta par le *Gazettier cuirassé*, pamphlet contre la cour de Louis XV, « une de ces productions tellement infâmes qu'on rougit

---

(1) *Le Diable dans un bénitier...*, p. 36.

(2) Paul Robiquet, *Theveneau de Morande...*, pp. 20, 21.

(3) *Réponse de Jacques-Pierre Brissot à tous les libellistes qui ont attaqué et attaquent sa vie passée*; Paris, 10 août 1791, in-8°, p. 41.

(4) J.-P. Brissot, *Mémoires (1759-1793)*; publiés avec une étude critique et notes par Cl. Perroud; Paris, s. d. [1910], in-8°, tome I, p. 37. — Ce volume fait partie de la *Collection des mémoires et documents relatifs aux* XVIIIe *et* XIXe *siècles*.

(5) *Réponse de Jacques-Pierre Brissot à tous les libellistes...*, p. 42.

presque d'en prononcer le titre (1) », s'indigne Brissot. A la vérité, c'est un recueil d'épigrammes mordantes et satiriques, lestes et vives, qui indigna surtout ceux-là contre lesquels elles étaient dirigées (2). Elles furent complétées par la *Gazette noire par un homme qui n'est pas blanc*, production plate et plagiaire, de beaucoup inférieure au premier libelle (3). Enfin, il annonçait les *Mémoires secrets d'une femme publique*, dont, en ces termes, on lui fait offrir le rachat à la principale intéressée, c'est-à-dire à la Du Barry :

MADAME,

Vivant dans un pays où les hommes n'ont point renoncé à la faculté de penser et où ils peuvent, sans aucun risque, l'exercer de la manière qui leur plaît le plus, je puis avec confiance vous avouer que je suis auteur d'une petite brochure qui a pour titre le *Gazettier cuirassé*. Si ce livre, qui vous est sûrement parvenu, a pu vous procurer quelques instants de plaisir, je ne puis que m'applaudir de l'avoir mis au jour : votre suffrage est un de ceux qui doivent le plus me flatter. Je suis sur le point de faire imprimer un autre ouvrage intitulé : *Mémoires secrets d'une femme publique, ou essais sur les aventures de Mme la comtesse Du Barry, depuis son berceau jusqu'au lit d'honneur*. J'imagine que, quand même je n'aurais pas ajouté la seconde partie de ce titre, vous vous seriez facilement reconnue à la première. Quoi qu'il en soit, j'ai cru devoir vous faire part de mon projet avant de l'exécuter, parce que, ayant montré en plusieurs occasions un goût décidé

---

(1) *Réponse de Jacques-Pierre Brissot à tous les libellistes...*, p. 41.

(2) *Le Gazettier cuirassé ou Anecdotes scandaleuses de la Cour de France*; imprimé à cent lieues de la Bastille à l'enseigne de la liberté; MDCCLXXI, in-8°.

(3) *La Gazette noire par un homme qui n'est pas blanc, ou Œuvres posthumes du Gazettier* (sic) *cuirassé*; imprimé à cent lieues de la Bastille, à trois cents lieues des Présides, à cinq cents lieues des Cordons, à mille lieues de la Sibérie; MDCCLXXXIV, in-8°.

pour les arts et les sciences, il serait possible que vous désirassiez posséder seule un manuscrit que j'ai tâché de rendre intéressant et qui pourrait vous paraître précieux. Cette fantaisie ne vous coûterait que 50,000 livres. Ce prix, qui vous paraîtra peut-être un peu fort, est cependant très modéré. Vous ne sauriez croire, madame, toutes les dépenses que j'ai été obligé de faire pour me procurer les matériaux dont j'ai eu besoin. Les dernières anecdotes de votre vie, surtout, m'ont coûté infiniment. J'ai été obligé de payer au poids de l'or les détails de vos passe-temps les plus secrets avec Sa Majesté très chrétienne, sur l'adresse avec laquelle vous savez éloigner ou tromper vos surveillants pour vous dédommager de l'épuisement du roi avec votre bon ami le duc d'Aiguillon, et, à son défaut, avec le petit Zamore, qui vous a servi à mettre en pratique le traité de l'Arétin et même à renchérir encore sur l'esprit inventif de cet Italien. Enfin, madame, soyez persuadée que cet ouvrage est très complet et qu'il a toutes les qualités nécessaires pour en assurer le débit. Si vous voulez en faire l'acquisition, je remettrai le manuscrit à celui qui me donnera de votre part la somme ci-dessus ; mais si votre projet n'est pas de faire cette emplette, permettez-moi au moins, madame, de le faire paraître sous vos auspices. Je serai alors certain de l'accueil favorable qu'il recevrait du public à qui vous avez appartenu. Je crois mériter que vous m'accordiez cette dernière grâce, en faveur du désir que j'ai de vous immortaliser et de l'attention scrupuleuse avec laquelle je me suis conformé à la plus exacte vérité.

Je suis, avec le plus profond respect, etc.

LE CHEVALIER DE MORANDE (1).

Cette lettre, évidemment, n'est point de notre coquin, mais qui ne songerait à l'en croire capable? Son procédé

---

(1) *Lettres de Mme la comtesse Du Barry, avec celles des princes, seigneurs, ministres et autres qui lui ont écrit et qu'on a pu recueillir; on y a joint une grande quantité de notes amusantes et instructives, propres à donner les éclaircissemens les plus curieux sur les causes des principaux événemens de la fin du règne de Louis XV;* Londres, MDCCLXXIX, in-8°, pp. 163, 164, 165, pièce n° CXXXI.

Au S. Randon de La Tour
Garderobbe de la Reine
70721.

150

1788.

Administrateur de mon Trésor Royal chargé du Département de la Caisse générale Mr ⸺ Joseph Durvey ⸺ payez comptant au S. Randon de La Tour l'un des Administrateurs de mon Trésor Royal chargé du payement des dépenses de ma Maison, de celle de la Reine a autres dépenses énoncées dans mon Edit du mois de Mars 1788, la somme de Soixante dix mille sept Cents Vingt une Livres pour être employée au payement du supplément des dépenses

ORDONNANCE ROYALE CONCERNANT LA GARDE-ROBE DE MARIE-ANTOINETTE, SIGNÉE DE LOUIS XVI.
(Collection d'autographes Hector Fleischmann.)

est saisi sur le vif et les paroles qu'on lui prête sont conformes à ses actes. Le même recueil, où je trouve cette lettre, la complète par deux billets, apocryphes aussi, mais qui constituent un ensemble. C'est d'abord la Du Barry qui renvoie la lettre de Morande au duc d'Aiguillon :

> Je viens, monsieur le duc, de recevoir de Londres une lettre infernale. Vous en jugerez : je la joins ici. Ne perdez pas un instant à employer tous les moyens possibles pour empêcher l'impression du libelle exécrable dont on nous menace. Vous y êtes autant intéressé que moi. Outre ce que l'auteur me marque dans sa lettre, je suis persuadée que, s'il a le moindre soupçon de votre liaison avec la vicomtesse Du Barry, il ne manquera pas d'en faire mention, comme d'un article qui n'est pas le moins intéressant de votre vie.
>
> Je suis, monsieur le duc, votre, etc.
>
> Comtesse Du Barry (1).

La réponse de d'Aiguillon est fort vraisemblable. Le procédé dont il parle fut, en effet, employé par la Cour de France et ne réussit point.

> J'avais engagé, ma chère comtesse, dit-il, l'ambassadeur d'Angleterre à écrire à sa cour au sujet de Morande, mais il m'a répondu que cela était inutile, et que le roi ne permettrait sûrement rien qui fût contraire aux droits de la nation anglaise. D'ailleurs, il m'a fort bien observé que cet homme ressemble à un chien affamé, qu'on ne peut apaiser qu'en lui jettant un os. Cependant je me suis déterminé à un parti un peu différent, et je viens de faire partir avec quelques aides de police un homme que je crois propre à remplir mes vues. Je désire qu'il réussisse. Je crois, ma chère comtesse, que depuis notre dernière explication, vous n'avez aucun reproche à me faire. Soyez persuadée que ce que vous appelez mes assiduités auprès de la jeune vicomtesse, se réduira toujours aux honnêtetés et aux prévenances que je dois au rang qu'elle occupe

---

(1) *Lettres de M*^{me} *la comtesse Du Barry...*, p. 165, pièce n° CXXXII.

ici, à l'alliance qu'elle vient de contracter et à la faveur dont le roi l'honore.

Je suis toujours, etc.

Duc d'Aiguillon (1).

L'envoi des hommes de police à Londres ne servit de rien : Theveneau leur emprunta quelques louis et fila entre leurs mains. Ils rentrèrent bredouilles à Paris. Ce fut Beaumarchais qui s'en fut régler les choses : moyennant 20,000 francs comptant et 4,000 francs de rente viagère, reversible sur la tête de la femme de Morande, garantie par le banquier Vanek, de Londres, il apporta à d'Aiguillon le manuscrit des *Mémoires secrets d'une femme publique* (2). Condamné au silence, il ne demeurait à Morande qu'une seule ressource pour tirer argent de son ingéniosité : entrer dans la police. Il y entra, et, par la suite, nous le verrons aider les mouches de Paris à traquer à Londres ses confrères, les fabricants de libelles.

De l'argent gagné à ce délicat métier notre homme tirait parti à merveille. L'héroïne d'un petit roman satirique raconte que « Morande était criblé de dettes, qu'il dupait tous ceux qu'il pouvait, qu'il était arrêté à chaque instant, mais que pour se tirer des mains des sergents, il usait des moyens suivants : il avait toujours un louis prêt dans sa poche ; aussitôt qu'on mettait la main sur lui, il tirait ce louis et le présentait aux sergents ; comme ceux-ci ne reçoivent que la moitié de cette somme pour arrêter un homme et que Morande leur payait le double, ils le laissaient aller » (3). Faciles mœurs d'une terre

---

(1) *Lettres de Mme la comtesse Du Barry...*, pp. 166, 167, pièce n° CXXXIII.

(2) Paul Huot, *Beaumarchais en Allemagne...*, p. 18. — *Lettres de Mme la comtesse Du Barry...*, pp. 166, 167.

(3) *Julie philosophe...*, tome II, pp. 10, 11.

classique de la liberté ! Mais de ces menus désagréments, inhérents à ses audacieuses entreprises, Theveneau ne se tirait point toujours par d'aussi faciles tours de passe-passe. « C'est un gredin, écrit le comte de Lauraguais dans son *Mémoire pour moi et par moi*, c'est un gredin qui s'avise de dire du bien de moi dans un libelle où il déchire ce que j'aime et ce que je respecte. » C'est ce même Louis de Bracas, comte de Lauraguais, qu'on fait si impertinemment dialoguer, avec Lauzun, sur les plus belles filles de la capitale, dans *L'Espion anglais* (1). Il avait la canne aussi leste que le mot et il le prouva en bâtonnant Morande d'importance, à la suite de quoi il lui fit signer, en bonne et due forme, un reçu des coups donnés. « Il pardonnait le crime, mais il ne pardonnait pas le mépris, » dit Brissot (2). En tout cas, il encaissa sans mot dire les coups de canne et se tint coi. Le gouvernement lui permit de revenir en France au début de la Révolution, l'embauchant pour mener des campagnes contre les journalistes patriotes, Brissot, notamment. Il opérait dans une gazette : *L'Argus patriote*. Mais à la monarchie chancelante, cette recrue tarée ne servit de rien. La Terreur venue, Morande se retira dans sa ville natale, à Arnay-le-Duc, honoré et estimé de par les belles rentes gagnées dans l'ordure et la boue à Londres. Un peu intrépidement le bibliophile Jacob le fait périr dans les massacres de septembre 1792 (3). Morande ne protesta que quatorze ans plus tard, en mourant paisiblement dans son lit, le 17 messidor an XIII (6 juillet 1805). Sa belle vie avait été bien remplie. Il avait droit au repos du Seigneur.

(1) *L'Espion anglois...*, tome II, pp. 96 et suiv.
(2) J.-P. Brissot, *Mémoires...*, édit. Cl. Perroud, tome I, p. 316.
(3) P.-L. Jacob, bibliophile, *Énigmes et découvertes bibliographiques*; Paris, 1886, in-18, p. 78.

*
**

A côté de lui, mais d'un moins vif éclat, brille Anne-Gédéon de la Fitte, marquis de Pelleport. Né à Stenay, en 1754, il avait passé par l'école militaire, mais, sans doute, sans y profiter des exemples d'honneur et des leçons de probité, car des deux régiments où il passa par la suite, il fut successivement renvoyé et, sur la demande de sa famille, enfermé quatre ou cinq fois. Réfugié en Angleterre, il y avait trouvé une femme et, s'il en faut croire d'aucuns, le marquisat dont il se parait. « Pelporre, écrit un historien de Morande, qui se faisait appeler Lafitte de Pelleporre, parce qu'il avait trouvé parmi les femmes de chambre de la reine d'Angleterre une vieille fille nommée Lafitte, à laquelle il avait persuadé qu'il était son parent (1). » Ce mariage ne lui apporta pas l'aisance. « Pelleport avait de l'esprit, observe Brissot, l'apparence de la bravoure, un goût effréné pour le plaisir, un mépris profond pour toute espèce de moralité. C'était une sorte d'Alcibiade qui se prêtait à tous les rôles qu'on voulait lui faire jouer (2). » Tel il était préparé à faire un libelliste de premier ordre. Ce ne tarda pas. Lié avec Morande, il se lança dans l'exploitation des scandales de la cour et dans la mise en œuvre de la légende scandaleuse naissante de Marie-Antoinette. Quand le ministère français eut envoyé en Angleterre des mouchards pour s'emparer des libellistes, Theveneau entré, comme on sait, dans l'ordre de la

---

(1) Paul Robiquet, *Theveneau de Morande...*, p. 59. — J'observe que ces détails sont en contradiction formelle avec ceux donnés sur la femme de Pelleport dans *La Bastille dévoilée ou Recueil de pièces authentiques pour servir à son histoire* ; 3ᵉ livraison ; Paris, 1789, in-8°, pp. 67 et suiv.

(2) J.-P. Brissot, *Mémoires...*, édit. Cl. Perroud ; tome I, p. 319.

S. M. LA REINE écrivant son testament.

LA DERNIÈRE HEURE DE MARIE-ANTOINETTE A LA CONCIERGERIE
(*Gravure populaire de la Restauration.*)

mouche, tenta de leur livrer Pelleport. Mais le gaillard était matois et averti. Il fut le metteur en œuvre du retentissant scandale qui obligea la police à repasser, menottes en poches, la Manche. Et, afin de se venger du traître Morande, il publia le *Diable dans un bénitier*, brochure où il racontait l'équipée de la police, le rôle de Theveneau, avec de menus détails bien édifiants et des anecdotes qui durent faire grincer des dents aux mouches.

A la rigueur, la police eût pardonné à Pelleport ses pamphlets contre la reine : elle ne lui pardonna pas *Le Diable dans un bénitier*. L'auteur ayant commis, en 1784, l'imprudence de passer en France fut saisi et enfermé, le 11 juillet, à la Bastille. Il y demeura quatre ans, jusqu'au 3 octobre 1788, date à laquelle on le libéra, avec obligation de résider à trente lieues de Paris (1). Il ne semble pas avoir observé bien rigoureusement cet ordre, car, le 14 juillet 1789, on le voit, à la place de Grève, tenter de tirer des mains du peuple un des officiers de la Bastille, le major de Losme. Il en demeura sur le carreau, roué de coups (2), mais échappa, toutefois, car il ne mourut qu'en 1810.

Voici, enfin, le dernier personnage du trio, celui qui est, généralement, accusé d'avoir fabriqué un des plus célèbres libelles contre la reine : *Le portefeuille d'un Talon*

---

(1) Ch. d'Héricault et Gustave Bord, *Documents pour servir à l'histoire de la Révolution française*; Paris, 1884, in-8°, tome I, p. 255.

(2) *La Bastille dévoilée...*, 3ᵉ livraison, pp. 71, 72. — Victor Fournel, *Les hommes du 14 juillet; Gardes-Françaises et vainqueurs de la Bastille*; Paris, 1890, in-18, p. 128.

rouge. Ce Victor-Claude-Antoine-Robert, dit le comte de Paradès, était d'une origine passablement obscure. « Les uns prétendent, disent les éditeurs de ses mémoires, que M. de Paradès descendait de la maison des Paradès en Espagne, d'autres qu'il était bâtard d'un comte de Paradès, grand d'Espagne, mort au service de la France; le plus grand nombre le fait naître d'un pâtissier de Falzbourg. Le lecteur en croira ce qu'il voudra (1). » Fort bien parlé. Le pâtissier en question s'appelait Richard, et tout porte à croire que c'était sa progéniture qui, sous ce titre resplendissant, était entrée dans la police. Car, tout comme Morande, le comte de Paradès était devenu mouche. On lui confia pour ses missions quelques fonds avec lesquels il eut l'indélicatesse de spéculer. Ce fut, sans doute, pour se refaire de ses pertes qu'il se fit espion au service de l'Angleterre. Le ministère trouva mauvais qu'il mangeât à deux râteliers, et, le 5 avril 1780, avec son secrétaire Bernard Richard, le fit écrouer à la Bastille (2). Cette arrestation, dont le soi-disant Paradès a fait un véritable roman policier (3), est fort simplement expliquée dans les *Mémoires secrets*, à la date du 9 avril suivant :

(1) *Avertissement des éditeurs*, p. III, *Mémoires secrets de Robert, comte de Paradès, écrits par lui au sortir de la Bastille pour servir à l'histoire de la dernière guerre*; s. l. [Paris], 1789, in-8°. — Ant.-Alex. Barbier, *Dictionnaire des ouvrages anonymes*; 3ᵉ édit.; Paris, 1882, in-8°, tome III, col. 252, dit ces mémoires fabriqués par un sieur Richard du Pin.

(2) Bernard Richard ne demeura que trois mois et huit jours à la Bastille. — Ch. d'Héricault et Gustave Bord, *Documents pour servir à l'histoire de la Révolution française...*, tome I, p. 125. — Sur Paradès, cf. *Histoire secrète des plus célèbres prisonniers de la Bastille, et particulièrement du comte de Paradès, chargé par le gouvernement d'une expédition secrète sur Plymouth, etc.*, de M. Linguet, etc., etc., etc.; Paris, 1790, in-8°.

(3) Voyez *Mémoires secrets de Robert, comte de Paradès...*, pp. 169 et suiv.

M. de Paradès a été, en effet, arrêté mardi dernier à Versailles par le prévôt de l'hôtel et conduit sous bonne escorte à la Bastille. On a trouvé chez lui pour 1,200,000 livres d'argent et d'effets. Il paraît que, non content du traitement considérable que lui faisoit la France, il étoit aussi espion des anglois : on a, dit-on, intercepté des dépêches, et l'on s'attend à le voir finir d'une façon sinistre. M. de Sartine est un peu honteux de toute sa confiance qu'il lui a donnée et peut-être pour éviter les rumeurs qui en rejailliroient contre ce ministre, tâchera-t-on d'étouffer cette aventure et de faire disparaître ce traître, lorsque le secret de l'État qu'il a, n'en sera plus un (1).

Cette détention mit donc fin, momentanément, aux traîtrises et aux galanteries de Paradès, qu'un pamphlet accuse de cocufier M. de Saint-Amand, maître chirurgien à l'Estrapade (2). Elle ne dura pas, à la vérité fort longtemps : à peine un an, un mois et dix jours. D'après ses éditeurs, ses mémoires, soumis à M. de Castries, ministre de la marine, le firent remettre en liberté (3). Cela ne s'accorde point tout à fait avec le titre, lequel les dits écrits « au sortir de la Bestille », donc au moment où il était déjà libre. Mais la contradiction vaut à peine qu'on s'y arrête. Le 15 mai 1781, l'aventurier recevait son exeat. On lui imposait un changement de nom et une résidence sur le territoire français, à moins de quarante lieues d'un port de mer (4) Peut-être à cet arrêt obtint-il des modifications, ou, comme Pelleport, le tint-il pour

(1) *Mémoires secrets...*, tome XV, pp. 114, 115. — Sur le même personnage voyez les renseignements donnés par les *Mémoires secrets*, tome XV, à la date du 11 avril, p. 119; 14 avril, p. 122; 21 avril, pp. 131, 132; 9 juillet, pp. 221, 222.
(2) *Nouvelle assemblée des notables cocus du royaume en présence des favoris de leurs épouses*; à Paris, de l'imprimerie de Sylphe, imprimeur de la Démocratie; l'an premier de la liberté; in-8°, p. 46.
(3) *Mémoires secrets de Robert, comte de Paradès...*, p. 1.
(4) Ch. d'Héricault et Gustave Bord, *Documents pour servir à l'histoire de la Révolution...*, tome I, p. 125.

non advenu, car il quitta la France, plongea, disparut. Le 5 avril 1785, les *Mémoires secrets* signalaient : « On a appris la mort du fameux comte de Paradès. On dit qu'elle est arrivée à l'île des Massacres, auprès de Saint-Domingue (1). » Et, deux jours après, le 7 avril : « On dit que tout son bien va passer à une sœur fort jolie, mariée à un officier suisse (2). » Et, à l'inconnu de sa tombe ignorée, au delà des tropiques, on abandonna ce cadavre piteux et déshonoré, dont la mémoire demeure de par la bave qui ourle le marbre de Marie-Antoinette.

*
* *

Quelle part ces trois personnages eurent-ils dans la fabrication des libelles contre la reine ? Pour Théveneau, il est assez difficile de se prononcer. Avant la mort de Louis XV, nous le savons déjà aux gages de la police. Sans doute, voir des policiers fabriquer les libelles qu'on les chargeait de rechercher fut chose commune à l'époque, et j'en donnerai par la suite des exemples. Mais, parmi eux, convient-il de ranger Morande ? De manquer à ses engagements pris, à une parole donnée, — je dis parole, faute d'autre terme, — on le peut croire, certes, bien capable et coupable. Cependant il m'apparaît qu'il ne mit pas la main à la besogne de la rédaction. Lié avec Pelleport, comme avec tous les autres libellistes, il a pu lui conseiller d'écrire tel ou tel pamphlet, quitte, ensuite, à le dénoncer au ministère et à s'offrir de le racheter et de le détruire. Quoi qu'il en soit, dans les missions policières dépêchées à Londres dans ce but, il a

---

(1) *Mémoires secrets*..., tome XXVIII, p. 238.
(2) *Mémoires secrets*..., tome XXVIII, p. 246.

joué un rôle louche et équivoque. Sa participation effective à ces ténébreuses et dégradantes besognes fait qu'il convient de le joindre à la bande vorace qui exploita, si brillamment, la terreur du gouvernement français.

Quant à Pelleport, point de doute. Il est certain, — et le témoignage de Brissot, fort précieux, est définitif à cet égard, — qu'il est l'auteur d'une *Vie d'Antoinette*, laquelle n'est peut-être pas autre chose que les *Passetemps d'Antoinette* dont il est parlé dans divers auteurs. Il passait, et à juste titre, pour le plus redoutable des pamphlétaires réfugiés à Londres, Morande, acheté et payé, étant hors de cause. Nous en avons un témoignage direct par le metteur en œuvre des documents réunis dans *La Bastille dévoilée*. « Les divers interrogatoires qu'on lui a fait subir, dit-il, pourraient tenir lieu de catalogue de tous les pamphlets qui ont paru depuis six ans. Il était soupçonné de les avoir tous composés ; il n'en est pas un sur lequel on ne lui fait quelques questions (1). » *Tous*, c'était beaucoup dire. En tout état de cause, convaincue ou non, la police jugea la prise bonne. Il est à remarquer qu'avec la capture de Pelleport, les expéditions de mouchards cessèrent en Angleterre. C'est qu'apparemment sa disparition du territoire britannique y était pour quelque chose.

Pour ce qui regarde Paradès, peut-on le considérer comme l'auteur du *Portefeuille d'un talon rouge*, que le titre dit sortir de son imprimerie ? Je crois devoir remarquer que ce titre est le seul fait sur lequel on se base pour en accuser Paradès. Est-ce suffisant ? Je ne l'imagine guère. Je ne révèle rien qui soit neuf en disant que les libellistes, à cette époque, prenaient les

(1) *La Bastille dévoilée...*, troisième livraison, p. 66.

plus étranges et les plus grandes libertés avec le bon renom et l'autorité du nom de leurs contemporains. Il importe donc de ne point trop se fier aux attributions du titre des pamphlets. *Le Diable dans un bénitier*, à en croire l'édition de Paris, ne vient-il point de l'imprimerie royale? Et, plus tard, telle brochure obscène contre Marie-Antoinette ne s'affirmera-t-elle pas tirée sur les presses de l'imprimerie de la reine? Ces raisons me portent à croire, comme déjà on l'a supposé, que le nom du comte de Paradès, sur le titre du *Porte-feuille d'un talon rouge*, paru au moment du scandale de son arrestation, ne fut placé là que comme appât à la curiosité publique. Si l'auteur anonyme a voulu par là piquer ses contemporains, il y a réussi à merveille. Et, par la même occasion, il a pu se flatter de duper d'importance la postérité, — et les bibliographes. Mais était-ce par une mystification de librairie que le fils du marchand de brioches de Phalsbourg caressait l'espoir de passer à la gloire? Question.

III

LES DAMNÉS DU LIBELLE

Les pamphlétaires réfugiés à Londres. — Leur vie obscure et misérable. — Un libraire spécialiste des libelles : Boissière. — Quelques-uns de ses fournisseurs. — Le moine Imbert de Boudeaux, auteur de la *Chronique scandaleuse*. — Son emprisonnement. — De même que son frère, il est de la police. — Une édition du *Portier des Chartreux* dans la chapelle du roi à Versailles. — Mayeur de Saint-Paul et *L'Autrichienne en goguette*. — Les libellistes princiers. — Les brochures composées dans les caves. — Brissot pamphlétaire. — Une accusation du bibliophile Jacob. — Sa réfutation. — Autour des *Essais historiques sur la vie de Marie-Antoinette*. — Les pamphlets populaires et pamphlets officiels sur la mort de la reine.

En nommant Theveneau de Morande, j'ai nommé l'aristocrate des pamphlétaires. Ce qui, à Londres, grouillait autour d'eux, dans les auberges louches, dans les hôtelleries équivoques, sur les trottoirs du Strand, vivant de chantage ou aux dépens des filles prises à leur babillage, c'était la tourbe, le bas-fond misérable et affamé tournant sa meule dans son obscur enfer. Cela se composait de Français réfugiés en Angleterre pour des désaccords avec la justice de leur pays, de filous évadés à temps, de militaires en rupture de régiment, de moines en rupture de couvent. Déclassés et prostitués prêts à toutes les besognes, pourvu qu'elles ne coûtassent que la peine de les imaginer, escrocs, fêtards, jouisseurs, cette écume vivait à l'abri des lois anglaises, terrorisant à distance les ministres de France impuissants. « O vous, infortunés, les apostrophe *Le Diable dans un bénitier*, infortunés, que des tyrans sous le nom de ministres ont forcés à fuir une patrie qui vous est toujours chère, sachez au moins, pour votre consolation, que la rage étouffe à Versailles les auteurs de vos maux, quand ils songent à la liberté dont vous jouissez en Angleterre !... Ils écument toutes les fois qu'ils pensent à vous et au mépris avec lequel vous contemplez leurs vains efforts (1). » De fait, les efforts de la police pour s'emparer de quelques-uns d'eux, notamment de Pelleport, témoignent des ordres donnés par les ministres pour étouffer ces voix discordantes qui enflaient aux quatre vents les fautes, les erreurs et les crimes des puissants du jour. Mais, dans l'ombre de Morande, encouragés et espionnés par lui, ils persistaient dans leurs « infernales machinations », ayant toujours quelque nouvel écrit scandaleux sur le chantier.

Entre eux, ils se délectaient et se félicitaient de leurs trouvailles. « Voici qui méritait bien la bastonnade ! » disait l'un en parlant de lui-même. Cela ne valait-il pas la corde ? répliquait l'autre (2). » En attendant, ce leur valait quelques écus chez le libraire Boissière, ordinaire éditeur de leurs productions ordurières. Ce Boissière, ancien laquais génevois, escroc au surplus, s'était établi à Londres marchand de pamphlets. « Il ne se vendait pas six exemplaires de ces libelles à Londres », dit Brissot (3). Et cependant, à les vendre, il fit fortune. Son procédé

---

(1) *Le Diable dans un bénitier..*, pp. 10, 11.
(2) J.-P. Brissot, *Mémoires...*, édit. Cl. Perroud ; tome I, p. 315.
(3) J.-P. Brissot, *Mémoires...*, édit. Cl. Perroud ; tome I, p. 318.

était sommaire et génial. Il faisait dénoncer ses brochures à Paris par les mouchards chargés de les racheter, et ces dignes mouches touchaient un respectable pour cent sur l'opération. On pouvait plus maladroitement faire ses affaires. Aussi Boissière se trouvait-il toujours prêt à acheter ce qu'on lui pouvait proposer.

*Ce n'est point en traçant des tableaux monstrueux,
Infâmes ou grossiers, vils ou luxurieux,
Qu'on peut briller un jour au temple de mémoire* (1)....

Ce n'était point du « temple de mémoire » que se souciaient les fournisseurs de Boissière ! Ils ne songeaient qu'aux « pounds » dont le compère libraire ne se montrait point trop chiche. Un des plus âpres au gain semble avoir été l'auteur de la *Chronique scandaleuse*, Guillaume Imbert de Boudeaux, ci-devant bénédictin de la congrégation de Saint-Maur. Manuel l'appelle le « moine-mouche », le dénonçant ainsi comme étant de la police (2). Il y ajoutait la spécialité des productions obscènes, ce qui lui fit faire trois séjours à la Bastille, du 17 novembre 1772 au 11 février 1774 ; du 7 janvier 1782 au 3 mars suivant ; du 20 janvier 1784 au 2 mars suivant (3). Il avait un frère, Jean-Baptiste Imbert de Villebon, négociant commissionnaire à Bruxelles, qui lui écoulait quelques-uns de ses libelles dans les Pays-Bas. Une lettre du lieutenant de police Lenoir à l'inspecteur Receveur nous montre que, tout comme le moine, le

---

(1) B.-B. Maison. *Fragment d'un essai sur les ouvrages contraires aux mœurs.* — *Almanach littéraire ou Étrennes d'Apollon, recueil de productions en vers ; faisant suite aux étrennes d'Apollon qu'a rédigés pendant vingt ans Daquin de Châteaulion ;* par C.-J.-B. Lucas Rochemont, membre de la Société des Belles-Lettres de Paris ; Paris, an IX-1801, in-18, p. 56.

(2) P. Manuel. *La police de Paris dévoilée...,* tome I, p. 274.

(3) Ch. d'Héricault et Gustave Bord. *Documents pour servir à l'histoire de la Révolution française...,* tome I, p. 253.

négociant était une mouche (1). C'est ainsi qu'il fit arrêter un sieur Antoine La Coste de Mézières, ancien officier au corps royal de l'artillerie au service de la France, auteur de libelles contre le roi, la reine et la famille royale, et auquel il avait promis « de lui procurer la vente de ces manuscrits à M. le comte de Maurepas (2). » Sur la duperie de son marchand, La Coste de Mézières s'en fut méditer à la Bastille du 28 décembre 1781 au 28 juillet 1782 (3). Il n'en était point encore sorti que, le 7 février 1782, son dénonciateur l'y rejoignait. Mais il est pour les mouches des grâces d'État : le 3 mars, Imbert de Villebon courait dedans les Flandres reprendre le libre exercice de son double métier de négociant-mouchard (4).

Les registres de la Bastille portent la mention d'autres pamphlétaires encore, tel Antoine-François Le Tellier, auteur d'un écrit contre la reine, enfermé du 18 décembre 1780 au 20 avril 1781, et exilé, après sa sortie, à Caen (5). La Révolution en fit un professeur au collège des Quatre-Nations, et la Terreur le trouva trop irrespectueux, en certain poème, envers Jean-Paul Marat. C'est pourquoi, le 6 messidor an II, elle le guillotina (6).

De même la vieille prison d'État recevait les détenteurs de libelles ou d'écrits obscènes. En 1789 on y écroua un sieur Jean La Casse, garçon de vaisselle du

---

(1) P. Manuel. *La police de Paris dévoilée...*, tome I, p. 272.

(2) *La Bastille dévoilée...*, troisième livraison, p. 40.

(3) Ch. d'Héricault et Gustave Bord. *Documents pour servir à l'histoire de la Révolution française...*, tome I, p. 254.

(4) Ch. d'Héricault et Gustave Bord. *Documents pour servir à l'histoire de la Révolution française...*, tome I, p. 286.

(5) Ch. d'Héricault et Gustave Bord. *Documents pour servir à l'histoire de la Révolution française...*, t. I, p. 286.

(6) H. Wallon, membre de l'Institut, *Histoire du tribunal révolutionnaire de Paris, avec le Journal de ses actes;* Paris, 1882, in-8°, t. IV, p. 297.

PAR PERMISSION DE MM. LES MAGISTRATS DE CETTE VILLE.

LES ENTREPRENEURS des REDOUTES ont l'honneur de vous prévenir, qu'en réjouissance de l'heureuse délivrance de la REINE, ils donneront aujourd'hui Dimanche 3 Janvier 1779,

BAL MASQUÉ;

Il commencera à neuf heures précises du soir : C'est à la nouvelle Salle des Spectacles, qui sera ornée de décorations & de sujets analogues à cette Fête.

On prendra 30 fols par Personne, & 12 fols aux secondes Loges pour la vue du Bal seulement, pourvû que l'on y vienne sans être masqué.

La Livrée n'entrera pas, même en payant.

A SAINT-QUENTIN. De l'Imprimerie de F. T. HAUTOY, Libraire & Imprimeur du ROI.

Carte d'un bal masqué donné en l'honneur de l'accouchement de Marie-Antoinette.

Grand Commun, coupable d'avoir emmagasiné dans la chapelle du roi, à Versailles, une édition entière du *Portier des Chartreux* (1). C'était bien mal choisir son entrepôt. La dame Louise Manichelle, dite La Marche, avait établi le sien au Palais-Royal. Mais le lieu n'excusa pas la qualité de sa marchandise. A la Bastille du 24 janvier au 30 mars 1775 (2).

Pour écrire, publier ou vendre, d'autres attendirent la chute de la Bastille. Moins de risques à courir alors ! Presque pas de police et plus de prison ! C'est le sort heureux de Mayeur Saint-Paul, l'auteur de l'*Autrichienne en goguette*. Cette paternité, généralement admise (3), ne lui est que rarement contestée (4). Le clampin était digne, au surplus, de la revendiquer. De son nom de baptême François-Marie Mayeur, né le 6 juin 1758, à Paris, il ne devint de Saint-Paul que chez Nicolet, où il débuta en 1779. Mais déjà, à l'Ambigu, à l'âge de douze ans, il avait commencé sa carrière. En 1770, il la fut continuer aux colonies françaises; en 1791, comme directeur du Vaudeville-Variétés, à Bordeaux; en 1795, comme acteur au théâtre de la Cité, à Paris; en 1798, en tournée à l'Ile-de-France; en 1801, comme directeur du théâtre de la Gaieté, à Paris; en 1808, comme directeur du théâtre

---

(1) *La Bastille dévoilée...* ; première livraison, p. 106.

(2) Ch. d'Héricault et Gustave Bord, *Documents pour servir à l'histoire de la Révolution française...*, t. I, p. 284.

(3) Notamment par Ant.-Alex. Barbier, *Dictionnaire des ouvrages anonymes...*, t. I, col. 323, et J.-M. Quérard, *Les supercheries littéraires dévoilées;* 2ᵉ édit.; Paris, MDCCCLXIX, in-8, t. II, 1ʳᵉ partie, col. 136.

(4) D'une manière absurde et abusive, l'*Autriche en goguette* est attribuée à Choderlos de Laclos dans la *Bibliographie des ouvrages relatifs à l'amour, aux femmes et au mariage, et des livres facétieux, pantagruéliques, scatologiques, satiriques*, etc., par le C. [comte] d'I...; quatrième édition entièrement refondue, augmentée et mise à jour par J. Lemonnyer; Lille, 1894-1900, in-8, t. I, col. 306.

des Célestins, à Lyon ; enfin, en 1811, comme régisseur du théâtre de Versailles et directeur du théâtre de Dunkerque. Ni ses rôles, ni son obscène *Autrichienne en goguette* ne l'enrichirent. Ruiné, il mourut à Paris, le 18 décembre 1818 (1).

Mais ce ne sont point là les seuls auteurs connus des libelles contre Marie-Antoinette. « Que le signal de ces attaques soit parti de certaines coteries de la cour même, il n'y a plus aujourd'hui de doute ni de contradiction sur ce point », écrit fort judicieusement M. Maurice Tourneux. Et il ajoute : « Mais dans quelles officines et par quelles mains se manipulaient ces poisons, il sera fort probablement toujours impossible de le dire (2). » Une de ces officines, celle de Londres, nous est tout au moins connue. De même certains noms nous sont parvenus, ceux cités plus haut en témoignent, ainsi que celui de ce milord Gordon, lequel fut enfermé à la prison de Newgate, pour avoir fabriqué une brochure contre la reine de France, et dont, en 1791, Meister se faisait montrer le cachot (3). Quant aux inspirations princières de certains de ces libelles, si elle apparaît clairement à la lumière de certains documents complémentaires, il est fort difficile de la saisir sur le fait, d'empoigner la main tachée encore de la boueuse encre d'imprimerie de ces presses clandestines. Que penser, par exemple, de ce passage des

---

(1) Cf. la notice sur lui en tête du *Désœuvré ou l'Espion du boulevard du Temple, chronique scandaleuse des petits théâtres du boulevard du Temple au XVIIIe siècle, avec notes et notes*, par un bibliophile ; Paris, MCMVIII, in-18.

(2) Maurice Tourneux, *Bibliographie de l'histoire de Paris pendant la Révolution française;* Paris, 1906, t. IV, notice préliminaire, p. XIII.

(3) Henri Meister, *Souvenirs de mon dernier voyage à Paris (1795);* publiés pour la Société d'histoire contemporaine par Paul Ustéri et Eugène Ritter; Paris, 1910, in-8°, p. 11.

Souvenirs de Jal, où l'impression d'un libelle, qui nous est inconnu, contre la reine, est dénoncée comme étant l'œuvre de « trois jeunes princes, rebutés, dit-on », par Marie-Antoinette (1)? Et, de même, quelle valeur ajouter à cette anecdote, infiniment suspecte, de M. de la Sicotière, qui nous est parvenue par l'entremise de M. de Lescure :

> Peu de temps avant la Révolution, un jeune homme qui avait travaillé comme imprimeur, mais que le manque d'ouvrage et la rigueur de sa famille laissaient momentanément sans ressources, était assis, seul et pleurant, sur un des bancs du Palais-Royal. Quelques individus l'entourent et s'informent adroitement de son chagrin, de son passé, de son savoir-faire. Apprenant qu'il était imprimeur, ils lui offrent de l'embaucher immédiatement moyennant un bon prix et l'emmènent dans une cave du Palais-Royal. Il y resta plusieurs jours, occupé à imprimer un pamphlet contre la reine. Ce jeune homme, nommé Durand de Vignaud, finit par occuper un poste dans les finances. Il est mort à Alençon. Nous tenons l'anecdote de M. Daulne, bibliothécaire de la ville, à qui il l'avait souvent racontée (2).

Évidemment, tout y est, le récit est complet : date, lieu, nom, mais

Ce bloc enfariné ne me dit rien qui vaille,

et cette histoire de cave secrète me paraît bien suspecte. Cette même cave, en effet, je la vois reparaître dans un bien extraordinaire récit du bibliophile Jacob, lequel la fait occuper cette fois par les presses de Marat. Et tout comme M. de la Sicotière, le bibliophile accuse le duc d'Orléans, Philippe-Égalité, d'avoir coopéré à cette infamie. Mais cette fois le pamphlet est désigné en toutes

---

(1) A. Jal, *Souvenirs d'un homme de lettres* [1795-1872]; Paris, MDCCCLXXVII, in-18, p. 33.
(2) M. de Lescure, *La vraie Marie-Antoinette...*, p. 207.

lettres, et c'est des *Essais historiques sur la vie de Marie-Antoinette* qu'il s'agit.

Ce pamphlet, avec le *Portefeuille d'un talon rouge*, est parmi les plus fameux de ceux publiés contre la reine. Datant incontestablement, comme l'a prouvé M. Maurice Tourneux (1), de 1781, puisqu'il y est parlé de la grossesse de la reine (2), on en trouve, en mai 1783, cinq cent trente-quatre exemplaires déposés à la Bastille, condamnés à la destruction (3). Mais, lacéré à Paris, il réapparaissait à Londres, voire en Allemagne, où on en trouve des éditions en 1789 (4). Son succès fut extraordinaire. « Ses éditions, contrefaçons et traductions sont pour le bibliographe une cause de soucis et d'ennuis, dit M. Tourneux, et se multiplient dans une proportion qui n'atteste que trop leur vogue (5). » On voit Marie-Antoinette elle-même vanter et louer cette production, — dans un pamphlet, il est vrai, — et s'écrier ravie : « Ils n'ont rien laissé à désirer : je les ai lus et relus avec transport ; le coloris en est naturel, la touche mâle et énergique, et sans doute il serait à désirer que cette description soit dans toutes les mains de toutes les jolies femmes ; ce serait un guide assuré pour parvenir et pour être accomplie (6). » Tant d'enthousiasme, une faveur si

---

(1) M. Tourneux, *Bibliographie de l'histoire de Paris pendant la Révolution française...*, tome IV, p. 90, n° 21051.

(2) La reine accoucha, le 22 octobre de cette année, du Dauphin mort à Versailles le 4 juin 1789.

(3) P. Manuel. *La Police de Paris dévoilée...*, tome I, p. 38.

(4) *Marie-Antonette* (sic) *von Œsterreich, Kœniginn von Frankreisch, ein biographischer bertuch ihres privatlebens, aus den Franzoestischen;* S. l., 1789, in-8°, 1 f. et 97 pp.

(5) M. Tourneux, *Bibliographie de l'histoire de Paris pendant la Révolution française...*, tome IV, notice préliminaire, pp. XIII, XIV.

(6) *Marie-Antoinette au diable ; Épître à son parrain*, dans la *Confession dernière et testament de Marie-Antoinette, veuve Capet, précédée de ses dernières réflexions, mis au jour par un sans-culotte;* Paris, l'an deuxième de la République; in-8°, p. 5.

Les amours de Charlot et Toinette,
Pièce dérobée à V....,
Scilicet ia Superis labor est, ea cura quietos
Sollicitat...... Virg. œneid.

à la Bastille 14. Juillet 1789.

Une Reine jeune et frianante,
Dont l'Époux très auguste étoit mauvais foutteur
Faisoit, de tems en tems, en femme très prudente,
Diversion à sa douleur.

Cimettant à profit la petite industrie
D'un esprit las d'attendre et d'un con mal foutu
Dans une douce rêverie

Son joli petit corps ramassé, nud, tout nud,
Tantôt sur le duvet d'une molle bergère,
Avec un certain doigt le portier de l'amour,
Se délassoit la nuit des ennuis du jour,
Et brûloit son encens pour le Dieu de Cythère,
Tantôt mourant d'ennui au milieu d'un beau jour
Elle se tremoussoit toute seule en sa couche.
Ses tétons palpitans, ses beaux yeux et sa bouche
Doucement haletante, entrouverte à demi,
Sembloit d'un fier foutteur inviter le défi.

« LES AMOURS DE CHARLOT ET TOINETTE ».
Pamphlet contre Marie-Antoinette et le Comte d'Artois.
(Collection d'autographes Hector Fleischmann.)

marquée, un succès si bien prouvé par les éditions, méritent qu'on s'arrête un court instant aux *Essais historiques*. Il convient, tout d'abord, de laisser parler ici le bibliophile Jacob, qui accuse sans plus le conventionnel Brissot d'être l'auteur du libelle. L'accusation entendue, il y aura quelques réserves à faire avant de prononcer le jugement. Le bibliographe écrit donc :

On n'a pas encore nommé l'auteur d'un livre célèbre publié au commencement de la Révolution et intitulé : *Essai historique sur la vie de Marie-Antoinette d'Autriche, reine de France, pour servir à l'histoire de cette princesse.* A Londres, 1789, in-8 de 79 pp. Ce libelle, qui eut alors un immense succès et qui fut réimprimé plusieurs fois clandestinement, a été recherché et anéanti avec soin par ordre de la cour ; les exemplaires qui ont échappé à cette destruction systématique ne sont pourtant ni rares ni chers. Quant à la seconde partie, plus rare que la première, elle pourrait bien ne pas être sortie de la même plume.

Dans l'introduction, l'éditeur, qui destinait cet essai historique « à porter le repentir et le remords dans l'âme d'une femme coupable », se défend de l'accusation de libelliste qu'on voudrait lui adresser, et déclare qu'il ne croit pas avoir dépassé les bornes de l'histoire ; il dit que cet ouvrage *anonyme* a été *trouvé* à la Bastille, après la prise de cette forteresse, le 14 juillet 1789, et que c'est vraisemblablement le même manuscrit qui fut racheté *à tout prix*, au moment où il allait être publié, et qui avait alors pour titre : *Les Passe-temps d'Antoinette.*

Un vieux bouquiniste, fort bien instruit des particularités secrètes de la Révolution, dans laquelle il avait joué un assez triste rôle (je l'ai connu en 1829, étalant ses livres sur le parapet du quai Malaquais, vis-à-vis de la rue des Saints-Pères), m'a plusieurs fois assuré que ce pamphlet, payé par le duc d'Orléans, était de Brissot, lequel fut mis à la Bastille pour l'avoir fait imprimer à Paris, chez Lerouge, sous la rubrique de Londres. Le bouquiniste me racontait qu'il avait coopéré lui-même à la saisie de l'édition, qu'on enleva du domicile de Brissot pour la transporter au greffe de la Bastille. M. Laurence, graveur au Palais-Royal, avait connaissance personnelle de ce fait, très important pour l'histoire littéraire et politique des causes de la Révolution. M. Laurence avait été attaché, en 1789, au cabinet particulier du lieutenant de police, et, par conséquent, il savait mieux que personne les motifs de la détention des prisonniers de la Bastille.

D'après cette indication, que mon bouquiniste appuyait de témoignages incontestables, nous avons, en effet, retrouvé le style déclamatoire et fleuri de l'avocat Brissot dans cette notice bourrée de calomnies, mais écrite avec esprit et agrément. M. de Montrol, dans les excellents *Mémoires de Brissot*, qu'il a rédigés avec les documents fournis par la famille, donne une autre cause au dernier emprisonnement de ce publiciste, qui ne se faisait pas faute de lancer un pamphlet de plus ou de moins; celui que nous signalons ne paraît pas avoir été connu du rédacteur des *Mémoires*.

Nous avons entre les mains deux éditions de cette brochure, toutes deux offrant le même nombre de pages, mais différentes d'impression pour le papier comme pour les caractères : dans l'une, mieux imprimée que l'autre, l'introduction est en italique, et les notes sont en petit texte. Ce sont surtout ces notes qui trahissent Brissot ; ses idées, ses haines, ses sentences, son anglicanisme, tout l'homme enfin, se montrent à chaque ligne. Mais on ne doit pas supposer que Brissot ait continué son ouvrage, auquel un misérable faiseur de romans obscènes (le marquis de Sade, dit-on), ajouta une seconde partie sous ce titre : *Essai historique sur la vie de Marie-Antoinette, reine de France et de Navarre, née archiduchesse d'Autriche, le 2 novembre 1755 ;* orné de son portrait et rédigé sur plusieurs manuscrits de sa main. *De l'an de la liberté française 1789, à Versailles, chez la Montansier, hôtel des Courtisanes.* Cette suite, dont il existe aussi plusieurs éditions, est peu commune.

On voit, par la liste des livres saisis qui étaient conservés au dépôt de la Bastille, sous le cachet de M. Lenoir, que cinq cent trente-quatre exemplaires de l'*Essai historique sur la vie de Marie-Antoinette* avaient été retirés de la circulation, où, sans doute, ils sont rentrés après la prise de la Bastille. On a prétendu que Marat était l'auteur du libelle, composé sous les auspices du duc d'Orléans, et que l'édition originale avait été fabriquée dans la cave où il imprimait en cachette son journal de l'*Ami du peuple* (1).

Quelques réserves faites, le vieux bouquiniste écarté, les presses de Marat sorties de cette cave du Palais-Royal et placées dans un autre lieu, on peut reconnaître que, contrairement à ses habitudes, le bibliophile Jacob ne s'est point trop écarté de la vérité. Il est exact que Brissot ait été arrêté, le 11 juillet 1784, et mis à la Bastille. Le 14 juillet il y fut interrogé par le lieutenant de police Lenoir. « Il m'apprit que j'étais accusé d'avoir composé des libelles à Londres contre la reine (2). » On voit bien que Brissot ne cache pas la cause de son incarcération. Mais le bibliophile Jacob n'a point poussé si loin. Dommage. Car dans une des justifications de Brissot il eût trouvé d'autres détails, qui, peut-être, eussent changé ses idées sur la culpabilité de l'avocat. « Lorsque j'étois à la Bastille, on me présenta un faux certificat arrivé de Londres, où le parjure [Morande] attestoit que j'étois l'auteur d'un libelle contre la reine. Cette pièce contenoit la preuve de sa fausseté ; elle sauta à mes yeux ; je la montrai à M. Lenoir... Grand Dieu ! lui dis-je, à quel danger l'innocence n'est-elle pas exposée dans vos mains ! Sans un anachronisme je perdrais la vie peut-être (3) ! » Le « parjure » dont il est question n'est autre que Morande. Ce trait s'accorde assez bien avec ce qu'écrit l'auteur de *Julie philosophe* : « Cet homme a un talent particulier pour sonder les cœurs ; ses regards perçants pénètrent tous les replis de votre âme ; il voit

---

(1) P.-L. Jacob, bibliophile. *Énigmes et découvertes bibliographiques...*, pp. 364, 365, 366.
(2) J.-P. Brissot, *Mémoires...*, édit. Cl. Perroud ; tome II, p. 7.
(3) *Réponse de Jacques-Pierre Brissot à tous les libellistes...*, p. 40.

tout d'un coup le parti qu'il peut tirer de vous, et comme son intérêt est son unique règle, que l'honneur n'est à ses yeux qu'une chimère, vous êtes assuré d'être sa dupe du moment qu'il en a formé le projet, car il a autant d'adresse pour en imposer et mettre à exécution ses perfides desseins qu'il est peu délicat sur les moyens à employer (1). » Mais Brissot, une troisième fois, s'est défendu d'être pour rien dans les *Essais historiques* ou tout autre libelle contre Marie-Antoinette. « Ma déclaration ne doit pas être suspecte en ce moment, dit-il, au moment où l'on ne voit pas d'un même œil que les ministres passés ces brochures qui leur donnaient le frisson. Eh bien! j'affirme sur ce qu'il y a de plus sacré que je n'ai jamais eu part, ni directement, ni indirectement, à aucun de ces écrits et que j'ai toujours eu en horreur surtout le genre des libelles privés (2). » Enfin, puisque le bibliophile Jacob a lu *La Police de Paris dévoilée*, de Manuel, comment n'a-t-il pas observé que Manuel accuse expressément un nommé Jacquet d'avoir fait imprimer les *Essais historiques* (3)? Une telle omission est bien regrettable dans une cause aussi délicate et difficile, et d'autant plus que Manuel est une autorité en la matière, ayant eu pour se prononcer les papiers de la police à sa disposition. Au reste, ce sieur Jacquet va nous apparaître sous un jour significatif, qui autorise à le croire le seul auteur, en collaboration avec Pelleport peut-être, de ce pamphlet qui pose encore à l'histoire son troublant point d'interrogation.

---

(1) *Julie philosophe...*, tome II, pp. 6, 7.

(2) *Réplique de J.-P. Brissot à Charles Théveneau Morande*; Paris, 30 avril 1791, in-8°, p. 25.

(3) P. Manuel, *La Police de Paris dévoilée...*, tome I, p. 38.

ACTE D'ACCUSATION.

ANTOINE QUENTIN, FOUQUIER-TINVILLE, Accusateur Public du Tribunal Criminel extraordinaire et révolutionnaire, établi à Paris par *Décret de la Convention Nationale du 10 mars 1793*, l'an deuxième de la République, sans aucun recours au Tribunal de Cassation, en vertu du pouvoir a lui donné par *l'Article deux d'un autre Décret de la Convention du cinq avril suivant*, portant que l'Accusateur Public dudit Tribunal est autorisé à faire arrêter, poursuivre et juger sur la dénonciation des autorités constituées ou des Citoyens ⸻

[manuscrit]

Ces notes ont montré quelques-uns des personnages du personnel de la diffamation. A considérer attentivement leurs actes, il paraît bien qu'ils n'aient point obéi à une consigne donnée, mais plutôt à leurs besoins. Par la menace d'un libelle, faire chanter le roi, la police ! Facile opération toujours couronnée d'un fructueux résultat, manière commode de tirer parti d'une plume inutile, opérations de chantage dans lesquelles, en ayant donné l'exemple, Théveneau de Morande était passé maître. De l'argent, beaucoup d'argent pour quelques misérables feuilles de papier noircies dans une taverne, entre un pot de bière et la pipe d'un marchand en goguette ! Agréable et dorée perspective ! De la haine contre la reine ? Point. De l'amour pour les écus du trésor, voilà tout. C'est pourquoi les pamphlets venus de Londres doivent avoir, dans l'étude de cette histoire secrète de Marie-Antoinette, une importance moins considérable que ceux-là éclos sur le pavé de Paris, à partir de 1789. Ceux-là, du moins, n'attendent plus d'être rachetés par la cour ; de ceux-là les obscurs auteurs ne font pas de brillantes opérations financières. Cela se vend un sol, et combien de sols ne faut-il point pour faire un écu, à peine un misérable repas chez les traiteurs du Palais-Royal ? Ces pamphlets de Paris, c'est là le seul cri véritable de la haine contre la reine, l'unique expression de fureur contre la souveraine qui a à disputer, aujourd'hui, sa pudeur et son honneur au peuple, à son peuple ; demain sa tête aux juges de la Terreur. Mais ici le fil conducteur nous manque pour démasquer les auteurs, pour dénoncer leur procédé. A travers la nuit où ils plongent, leur main s'allonge, se tend, s'ouvre, et lâche au vent la feuille humide et grise où s'étale le déshonneur de celle que plus rien de ce temps n'absolvera... sinon la mort.

Et même alors, le pamphlet deviendra en quelque sorte chose officielle. En des termes autrement âpres que ceux de Pelleport, on saluera cette tête qui tombe, cette femme qui meurt. Libelles que toutes les lettres, que toutes les félicitations qui célèbrent l'expiation de vendémiaire. « Nous avons appris la chute des têtes coupables et nous nous sommes écriés : « La République est sauvée ! » dira la Société populaire de Rozoy, en Seine-et-Marne, à la Convention. Et : « Elle n'est donc plus, cette féroce Autrichienne dont chaque heure d'existence fut marquée par un forfait ; cette tigresse altérée du sang des Français, qui épuisa tous les moyens pour le faire couler, cette autre Messaline dont le cœur corrompu renfermait le germe fécond de tous les crimes ; périsse à jamais sa mémoire exécrable (1) ! » Et ce seront les sans-culottes de la Société populaire de Garlin, près de Peau, (sic), dans les Basses-Pyrénées, qui écriront, à leurs députés, d'une plume furieuse et rude : « La panthère féroce qui dévorait les Français, le monstre femelle dont tous les pores suaient le sang le plus pur des sans-culottes, terrassée par l'Hercule de la Montagne, vient donc d'expier ses noirs forfaits ! Puisse la guillotine qui a tranché la chaîne ensanglantée de ses jours, cette chaîne dont chaque anneau était entaché de la rouille du crime, faire le tour du globe et graver sur le cou sacré de tous les traîtres et de tous les anthropophages qu'on appelle rois le sceau majestueux de l'égalité de la République universelle ! puisse la massue nationale assommer tous les traîtres, tous les Brisso-

---

(1) *Archives nationales*, série C II, carton 841. — *Revue rétrospective, recueil de pièces intéressantes et de citations curieuses* ; Paris, 1887, in-18, tome VI, p. 47.

tins (1) ! » Brissot !... ce Brissot contre lequel, accusateur, s'élève Morande... Et ce sera encore le citoyen Lapierre qui mandera « à cest frères républiquains » de la Société populaire de Carentan : « Maries-Antoinette la garces, a fait une aussi belle fin que le cochon à Godille, charcutier de chez nous ; elle a été à l'échafau avec une fermeté incroyable, tout le lon de la rues Saint-Honoré ; enfin, elle a traversé presque tout Paris en regardant le mondes avec mépris et dédain, mais partout où elle a passé, les vrais sans-culottes ne désesais pas de crier : *Vives la Républiques et à bas la tiranique !* La coquines a eue la fermeté d'aller jusqu'à l'échafau sans broncher, mais quand elle a veue la médecines à l'épreuve devant ses yeux, elle a tombé sans forces. Mais c'est égal on lui a donné des vallais de chambres et des garçons perruquiers pour lui faire sa toilette et quoique quel n'est pas de barbes, on lui a pas moins faites, et quoique les fames n'en aye pas, cela n'empêche pas qu'on les raze toujours (2). » Ah ! où sont-elles alors les anodines injures des libellistes de Londres, des obscurs gazetiers qui n'osaient point souhaiter l'horrifique trépas de la femme dont ils écrivaient avec impudence ?... Pauvres et misérables voix bien perdues alors dans les lointains effacés du passé, voix étouffées, dédaignées, oubliées, voix calom-

---

(1) M. de Lescure, *Les autographes en France et à l'étranger ; portraits, caractères, anecdotes, curiosités;* Paris, 1865, in-8°, p. 178. — M. Frédéric Massson ignorait, vraisemblablement, cette publication quand il a réimprimé cette lettre, d'après l'original de la collection Trémont (Bibliothèque nationale, manuscrits, nouvelles acquisitions françaises, n° 12,759, p. 201), dans la *Revue rétrospective...*, tome XVIII, 1893, p. 72.

(2) *Archives nationales*, série C II, carton 889. — *Revue rétrospective...*, tome VI, 1887, p. 46.

niatrices de naguère, que vous fûtes peu de chose et parûtes innocentes dans l'orage qui, des quatre coins de la France en explosion, attestait la vertu républicaine de l'ignominie de la condamnée maigre et blême, qu'attendait, sur sa couche de chaux vive, le noir charnier désert de la Madeleine!...

IV

LE ROMAN COMIQUE DE LA POLICE

Le ministère français et les réfugiés. — Rôle de la police. — Escroquerie de l'agent d'Anouilh. — L'inspecteur Reçeveur lui fait rendre gorge. — Importance du sieur Reçeveur. — Son passé. — L'expédition policière de mars 1783. — Tour que les libellistes jouent au policier. — Les comptes — et contes — fantastiques de Reçeveur. — Résultat de sa mission. — Dédain du ministère pour les libelles. — Surveillance qui est exercée sur les imprimés. — Les pamphlets et la police au début de la Révolution. — Une plainte contre le *Père Duchesne*. — Le dernier refuge des libelles : les maisons de prostitution. — L'Enfer de la Bibliothèque nationale. — Documents à ajouter aux renseignements de Parent-Duchâtelet.

Passons maintenant de l'autre côté de la barricade. Chez les pamphlétaires nous avons trouvé des misérables et des filous ; chez la police nous n'allons rencontrer que des coquins et des escrocs. Vis-à-vis des libellistes, l'infériorité des mouches était évidente. A Londres, les réfugiés se trouvaient à l'abri, sur un terrain connu, protégés par la loi, n'étant plus au temps où la Chambre Étoilée coupait les oreilles aux fabricants d'écrits calomnieux ou les cadenassait, chaînes aux poings, dans les culs de basse fosse de Newgate (1). La liberté anglaise les couvrait de son égide, et les policiers passés en Angleterre ne pouvaient en appeler qu'à la ruse pour mettre la patte au collet des moustiques harcelant les lions ministériels. Ce compliquait singulièrement leur tâche. Quoi ! organiser des chausse-trappes, des embuscades, faire le matois et le fin, alors que, fier, escorté du guet, avec les sergents à verge et tout l'appareil sinistrement pompeux de la justice du roi, on était accoutumé à opérer à Paris ? Et puis, ce n'allait pas sans dangers, sans risques de coups de bâton, ou sans avanies de la part du peuple anglais, si jaloux de cette liberté qui lui faisait son orgueil national, de cette hospitalité qu'il accordait d'autant plus large qu'elle l'honorait davantage.

Alors le ministère français conçut l'idée de faire voter, par le Parlement anglais, un « bill » contre les auteurs d'écrits incendiaires réfugiés dans le Royaume-Uni, soit en pesant sur le gouvernement britannique par l'offre d'un échange de conventions d'extradition, soit en corrompant les ministres ou certains membres influents du Parlement. C'était là se lancer un peu à l'aveuglette dans une périlleuse aventure, mais comment s'en étonner quand un lieutenant de police, comme Lenoir, disait tirer des renseignements sur l'Angleterre d'une « excellente source » ? Cette « excellente source » n'était autre qu'une fille publique ayant, quelques mois, traîné ses semelles à Londres (2) ! Ce fut donc une mission de corruption qui,

---

(1) P. Manuel, *La Police de Paris dévoilée...*, t. I, p. 137.

(2) « Je tombai de mon haut quand j'appris que cette excellente source était celle d'une fille entretenue qui avait passé trois années

MARIE-ANTOINETTE EN GRAND COSTUME D'APPARAT

en 1782, fut confiée par M. de Castries, ministre de la marine, à un policier, Alexis d'Anouilh, né à Solis, dans le Languedoc. C'était, dit Pelleport, — qui s'y connaissait, — l'espion des poissardes et des filous (1). Il était donc tout désigné pour corrompre M. Sheridan. Muni de 5,000 louis, il se déguisa en marchand de parapluies et passa le détroit (2). Mais, de sa mission, et surtout de l'emploi de ses fonds, il s'était fait une bien singulière idée. *Le Diable dans un bénitier*, qui relate son aventure, dit qu'il « court les caffés, voit les filles, fait des paris pour la prise de Gibraltar, enfin mange en un mois 12,000 livres des fonds destinés à la marine (3). » Il poussa l'effronterie jusqu'à reparaître devant le ministre. Mais le compte rendu de sa mission ne parut pas fort net. On envoya l'inspecteur Receveur la contrôler à Londres. Receveur flaira aussitôt la duperie. « Oh ! monsieur, dit-il au ministre, ce coquin-là nous prend pour de grandes bêtes ; je lui chaufferai les mollets de si près que nous saurons bien ce qu'il a fait de l'argent (4). » Ce ne devait pas tarder.

Ce Receveur, qui joua un rôle considérable dans le roman des policiers et des libellistes, était un mouchard de haut vol, lesté de 40,000 livres de rentes, chargé d'un brevet de colonel, — au régiment des mouches ? — et honoré de la croix de Saint-Louis (5). Il avait, au dire de Pelleport, débuté fort jeune dans la carrière. « Toute

à Londres, et qui dans ses petits soupers donnait à Lenoir des leçons de politique anglaise. » J.-P. Brissot, *Mémoires...*, édit., Cl. Perroud, tome I, p. 322.

(1) *Le Diable dans un bénitier...*, p. 21.
(2) P. Manuel, *La Police de Paris dévoilée...*, tome I, pp. 267, 268.
(3) *Le Diable dans un bénitier...*, p. 22.
(4) *Le Diable dans un bénitier...*, p. 29.
(5) P. Manuel, *La Police de Paris dévoilée...*, tome I, p. 256.

mon occupation, tout mon plaisir dans mon enfance était d'accompagner les mouches dans leurs captures. » Voilà l'aveu de Reçeveur dans *Le Diable dans un bénitier* (1). Là nous apprenons que le jeune Reçeveur faillit épouser la fille du bourreau, par admiration pour les travaux du père. « La demoiselle me plaisoit assez et sembloit prévoir combien je devois un jour fournir des pratiques à M. son père (2). » Mais Reçeveur père y vint mettre le holà et son rejeton fut promis à de plus brillantes unions.

Pour le présent il enquêtait à Londres et recueillait les preuves de l'imposture et du vol d'Anouilh. Le 3 septembre 1782, le marchand de parapluies entrait à la Bastille (3). Reçeveur, apparemment, lui chauffa les mollets d'importance, et Pelleport ajoute même qu'il lui fit appliquer la question ordinaire et extraordinaire. A la suite de quoi le filou avoua et tira de la ceinture de sa culotte un portefeuille de satin gris « qui renfermoit les précieux restes du marchand de parapluyes (4) ». Ce détail donne à penser qu'on fouillait bien mal les prisonniers à leur entrée à la Bastille. Mais, enfin, à fort bon compte, Anouilh se tirait de sa farce : cinq mois et cinq jours de prison. Le 8 février 1783, on l'envoyait vendre des parapluies ailleurs.

Un mois plus tard, jour pour jour, le 8 mars, Reçeveur, en grand équipage, brûlait le pavé du roi, en route pour Calais. Il retournait en Angleterre, chargé d'une importante mission. On venait de signaler au ministère une édition des *Amours de Charlot et Toinette* et les *Petits*

---

(1) *Le Diable dans un bénitier...*, p. 107.
(2) *Le Diable dans un bénitier...*, p. 108.
(3) Ch. d'Héricault et Gustave Bord, *Documents pour servir à l'histoire de la Révolution française...*, tome I, p. 127.
(4) *Le Diable dans un bénitier...*, p. 51.

soupers et nuits de l'hôtel de Bouillon, où le ministre de la marine jouait un rôle peu conforme à la gravité de sa haute charge. Reçeveur avait ordre d'acheter le premier libelle pour 200 guinées ; le second pour 150 (1). Le prix était respectable. « Pour étouffer les pamphlets à leur naissance, dit l'auteur de la *Bastille dévoilée*, on a dépensé plus d'argent, soudoyé plus d'espions que si l'on eût voulu traiter de l'affaire d'État la plus importante (2). » Mais, quoi, était-ce là innover? Et d'Argenson n'écrivait-il point déjà, le 6 janvier 1749 : « Jamais nous n'avons tant dépensé qu'aujourd'hui à gagner les gazettiers (3)? » Qui disait gazettier ne disait-il point libelliste? Reçeveur, décoré, chamarré, voyageait sous le nom de baron de Livermont. Il s'était fait accompagner par une bande de mouches, parmi laquelle on remarquait particulièrement un sieur Humbert, « un grand, gros et large coquin, qui a été abbé et houssard (4). » Tout ce beau monde débarqua en droite ligne à Londres, à l'hôtel de l'ambassadeur de France, le comte de Moustier.

Le baron de Livermont se mit aussitôt en rapport avec son aide, Theveneau de Morande, et Goëzmann, le fameux adversaire de Beaumarchais, qui, lui aussi, espionnait en Angleterre les libellistes (5). *Le Diable dans un bénitier* contient sur cette mission de bien curieux détails. On sait par lui qu'elle donna l'alarme aux pamphlétaires qui s'empressèrent de vider les lieux devenus dangereux, mais ils ne le firent point sans jouer à Reçeveur un tour

---

(1) P. Manuel, *La Police de Paris dévoilée...*, tome I, p. 241.
(2) *La Bastille dévoilée...*, 3ᵉ livraison, p. 56.
(3) *Mémoires d'Argenson*, tome III. p. 237. — Eugène Hatin, *Les gazettes de Hollande et la presse clandestine aux XVIIᵉ et XVIIIᵉ siècles;* Paris, MDCCCLXV, in-8º, p. 42.
(4) *Le Diable dans un bénitier...*, p. 66.
(5) P. Manuel, *La Police de Paris dévoilée...*, tome I, p. 236.

de leur sac. Ils répandirent et affichèrent de petits billets incendiaires qui mirent aux trousses des policiers la foule, les libraires et les imprimeurs :

TOCSIN
Ou avis à toute personne et sur-tout aux étrangers.

L'esprit généreux des Anglois est indigné contre une bande de désespérés coquins, arrivés de Paris, munis de baillons et de poignards pour enlever les auteurs des trois brochures suivantes :
Les passe-temps d'Antoinette.
Les amours du vizir V... (1)
Les Petits soupers de l'hôtel de Bouillon.
Ils ont amené des chaises de poste à panneaux dans lesquelles on peut aisément cacher un homme, et qu'ils tiennent aux environs de Duke-Street (2).

Ce fut un beau tapage. Reçeveur fut menacé de la Tamise; ses acolytes tremblèrent pour leurs oreilles. Le 28 mai, — bredouille, — la bande décampait de Londres et ralliait Paris. Le baron de Livermont s'en fut régler ses comptes et fournit au lieutenant de police ce détail extraordinaire, dont chaque article a une saveur propre. Fi de ce d'Anouilh qui escroquait si maladroitement ! On verra ci-après que Reçeveur, lui, — baronnat oblige, — filoutait dans les formes :

Départ le 8 mars.

Pour 35 postes de Paris à Calais, la royale comprise, à trois chevaux, guide à 20 sols, et sortir de Paris	170 l. 5 s.
Pour nourriture en route, ouverture des portes d'Amiens, Montreuil, Boulogne, un postillon de plus pour les faire ouvrir et pourboire aux garçons d'auberge	41 l. 16 s.

(1) C'est-à-dire le ministre Vergennes.
(2) *Le Diable dans un bénitier...*, pp. 99, 100.

Pour avoir couché le 10 à Calais, dîné le 11, tant pour le chevalier Goudard (1) que pour moi et mon domestique................	24 l. 10 s.
Y avoir changé 5o louis contre 5o guinées, perte à...........................	3o l. 12 s.
Pour passeports, transports de malles, garçons d'auberge, mon passage à Douvres et celui de mon domestique, pourboire des matelots et commis de la douane à Douvres	33 l. 10 s.
Pour avoir soupé et couché à Douvres, voiture pour aller à Londres, pourboire des postillons, nourriture et faux frais en route....	131 l.
Pour avoir été obligé à Londres de me faire habiller à l'anglaise.............	224 l.
Pour achat de six exemplaires des *Petits Soupers*, de caricatures pour M. Le Noir, d'autres pour M. le comte d'Adhemar et d'un *État des Cours de l'Europe*........	6 l. 6 s. 6 d.
Fiacres pour mes courses et voitures pour aller aux environs de Londres chercher l'abbé Landisse................	253 l. 15.
Dépense à la taverne où, pour le bien de la mission, j'ai donné à manger aux sieurs Morande, Chevalier, Joubert, Mongrand, abbé Landisse, Pelporre (2) et autres....	162 l.

(1) Mouche. Sa femme a publié une brochure apologétique de la du Barry sous le titre : *Remarques sur les anecdotes de Mme la comtesse Dubarry*, par Mme Sara G...; traduites de l'anglais; Londres, MDCCLXXVII, in-18. C'est la réfutation du volume de Pidansat de Mairobert, *Anecdotes sur Mme la comtesse Dubarri* ; Londres, MDCCLXXVII, in-8°

(2) On voit par cette mention que Reçeveur était entré en relations avec Pelleport, auteur des *Passe-temps d'Antoinette* (ou *Vie d'Antoinette*) qu'il était chargé d'acheter. Brissot donne sur ces pourparlers quelques curieux éclaircissements. « Il [Pelleport] me parla un jour d'une *Vie de Marie-Antoinette* que Reçeveur marchandait ; je demandai si elle existait, s'il en était l'auteur ? Il me répondit que j'étais trop honnête homme pour me faire de pareilles confidences, et je ne lui en parlai plus que pour l'engager à renoncer à ce trafic qui tôt ou tard causerait les malheurs de sa vie; il rit de ma prédiction, qui ne se vérifia que trop. J'ai appris depuis que le marché ne put se conclure. Pelleport demandait 5oo louis ; Reçeveur,

Pour huit visites d'un chirurgien, lors d'un gros rhume ; opéra, comédie où j'ai été six fois, commissionnaires observateurs, ports de lettres, papier, encre, et autres petites dépenses de curiosité............	350 l. 17 s.
Pour ma dépense de bouche, vin compris, et celle de mon domestique, à 12 livres 12 sols par jour, prix convenu, mangeant ou non, pour 76 jours.....................	920 l. 12 s.
Payé pour logement et dégâts dans le logement................................	376 l. 19 s.
Pour blanchissage.....................	101 l. 19 s.
Payé à un écrivain....................	109 l. 12 s.
Pourboire aux garçons et filles, tant dans l'endroit où je logeais que dans les tavernes où je mangeais....................	36 l.

Sommes avancées.

Au sieur Morande.....................	40 g. 987 l.
Au chevalier Goudard..................	1.111 l. 10 s.
Au baron de Thurn (1).................	1.233 l. 15 s.
A Pelporre...........................	76 l. 7 s. 6 d.
Au chevalier Joubert..................	156 l. 5 s. 6 d.
Plus au même, compris une chemise, un col et un mouchoir que je lui ai achetés.....	148 l. 10 s. 6 d.
A l'abbé Landisse, pour lui avoir acheté un habit complet, l'avoir payé de ses traductions et lui avoir donné de quoi vivre, dont je n'ai pas tiré de reçu, avant de l'avoir chassé pour ses trahisons.............	390 l. 19 s. 9 d.

Parti de Londres le 28 mai.

Voiture pour le chevalier Goudard, moi et mon domestique, pourboire des postillons,

qui voulait sa part, n'en offrait que 300 ; Pelleport, furieux, publia contre Receveur, Morande et la police, l'écrit satirique qui fit tant de bruit dans le temps sous le nom du *Diable dans un bénitier.* » J.-P. Brissot, *Mémoires...*, édit. Cl. Perroud, tome I, pp. 320-321.

(1) Pseudonyme de Goëzmann à Londres.

nourriture tant en route qu'à Douvres, port des bagages au paquebot, pourboire des garçons et filles, passage de la mer, pourboire aux matelots, visite et portage des bagages	211 l. 15 s.
Pour dépenses à Calais, nourriture de Calais à Paris, commis des quatre barrières jusqu'à Amiens, graissage de chaise	87 l. 18 s.
Pour 35 postes de Calais à Paris, à trois chevaux, deux guides, à 20 sols chaque poste, 8 livres 5 sols (35 livres)	292 l. 10 s. 6 d.
Pour louage de chaises depuis le 8 mars jusqu'au 2 juin, 87 jours à 4 livres	348 l.
Pour avoir envoyé à Monseigneur de Vergennes la dépêche dont m'avait chargé Monsieur l'ambassadeur, y avoir été le 3 pour lui rendre compte, y avoir dîné, fiacres, etc.	64 l. 17 s.
Déboursés faits à Paris avant le départ, lesquels ont recommencé le 7 décembre 1783, à l'occasion des lettres adressées de Londres à mesdames de Bouillon (1), avec le prospectus des *Petits Soupers* et pour diverses autres informations relatives aux libelles et à la commission d'Angleterre, jusqu'au 7 mars suivant, inclus, veille du départ . . .	8,042 l. 7 s.
Fiacres pour avoir été différentes fois chez M. Le Noir et ailleurs	39 l. 16 s.
Donné en différentes fois chez le sieur Lacoste de Mézières (2)	96 l.
Donné au sieur Rogier pour écritures et mémoires mis au net.	78 l.
Rendu au sieur Barbier pour avances de ports de lettres dans l'affaire du sieur Danouilh .	4 l. 4 s.
Voitures pour aller à Versailles y prendre les intentions du ministre	18 l. 15 s.

(1) Ces lettres leur proposaient le rachat du manuscrit et de l'édition du libelle. L'auteur présumé en est Pelleport.

(2) On a vu plus haut que, du 28 décembre 1781 au 28 juillet 1782, ce La Coste de Mézières, pour avoir fabriqué des libelles contre la famille royale, fut enfermé à la Bastille.

J'ai touché à Londres par les mains du sieur Texier, banquier, la lettre de crédit de M. Wandeniver (1), de la somme de 400 louis de France, formant celle de 9,400 ; mais par les changes et la réduction en livres sterlings, je n'ai reçu que réellement. 9.300
Ma dépense tant à Londres qu'à Paris est de . . 4.275 l. 15 s.
L'argent que j'ai avancé se monte à . . . . . 4.104 l. 7 s.
      Total . . . . . 8.380 l. 3 s.
Je redois donc . . . . 949 l. 18 s.

Nota. — Le 22 avril, ma boëte m'a été volée. Elle valait intrinsèquement dans son poids 32 louis et demi . . . . 780 l.
Le magistrat est supplié d'y avoir égard (2).

Le détail de la tabatière subtilisée est savoureux. Il n'appartient pas tout à fait à l'imagination de Reçeveur. « C'est un petit Savoyard qui a fait ce bel exploit », dit *Le Diable dans un bénitier* (3). Hum ! Pelleport me semble bien s'être déguisé, pour la circonstance, en marchand de parapluies.

Ce roman comique, s'achevant par de si beaux contes fantastiques, eut au moins pour effet d'ouvrir les yeux au ministère français sur l'inutilité de ces missions où les policiers trouvaient des rentes. Ce fut le nouvel ambassadeur de France à Londres, le comte d'Adhémar, qui leur porta le coup de grâce. Le jour même du départ de Reçeveur pour le continent, il donnait sur toute cette louche affaire un avis sagement motivé, auquel se rendit Vergennes. Le 12 juin, le ministre écrivait au lieutenant de police :

---

(1) Lisez : Vandenyver. C'étaient les banquiers de la Du Barry, guillotinés avec elle.

(2) P. Manuel, *La Police de Paris dévoilée...*, tome I, pp. 250, 251, 252, 253, 254, 255.

(3) *Le Diable dans un bénitier...*, p. 134.

Depuis le retour de M. Receveur de sa dernière mission à Londres, monsieur, j'ai reçu une dépêche de M. le comte d'Adhémar, en date du 28 mai dernier, touchant les libelles qui s'impriment en Angleterre et qui sont depuis longtemps l'objet de nos sollicitudes. M. le comte d'Adhémar appuie avec force non seulement sur l'inutilité, mais encore sur les inconvénients des mesures employées jusqu'à présent pour mettre un frein à l'audace des libellistes et un terme au débordement de leurs infâmes productions. L'avis que cet ambassadeur a proposé, de dévouer au mépris les détestables écrits et de ne faire aucune démarche pour en arrêter l'impression, a prévalu. Je suis chargé de vous en faire part, monsieur, mais je ne vous en recommande pas moins de faire veiller de près les colporteurs et de punir très sévèrement ceux qui vendront de pareilles infamies, et de vouloir bien m'en informer.

J'écris d'un autre côté à la ferme générale pour recommander à la Compagnie de faire visiter soigneusement tout ce qui entre d'imprimés par les ports de la Manche et par les barrières de la Flandre et du Hainaut, de saisir et arrêter tout imprimé et de les envoyer à la Chambre syndicale à Paris, pour y être soumis à votre inspection. A cette précaution, j'ajoute encore celle de mander à M. d'Oigny de redoubler d'attention sur ce qui peut venir par la voie de la poste et d'arrêter tout envoi suspect.

J'espère que les mesures produiront l'effet qu'on en attend, et qu'en condamnant au mépris les atrocités des libelles, nous parviendrons à amortir la cupidité des libellistes. En faisant part de ces dispositions à M. le comte d'Adhémar, je lui mande qu'il n'est pas moins nécessaire de surveiller la conduite de ces écrivains orduriers et scandaleux, et je le prie de continuer à m'informer de ce qui pourra se débiter de ce genre à Londres (1).

Le gouvernement, escroqué par les pamphlétaires, volé par ses agents, se rendait, enfin, à l'évidence. En supprimant l'onéreux achat des libelles, il enlevait évidemment à leurs auteurs le désir d'en faire. « Il ne s'en vendait

---

(1) P. Manuel, *La Police de Paris dévoilée...*, tome I, pp. 153, 154, 155.

pas six exemplaires à Londres », avons-nous vu écrire Brissot. Et dès lors le mal était coupé à sa racine. Au reste, supprimés par l'absence de gain, les libelles allaient reparaître, éclos de la haine. Ce fut un court répit. Six ans à peine. Dès 1789 on en imprimera à Paris même, et, alors, que feront contre eux les efforts d'une police émasculée, impuissante, nulle demain?

Mais, en attendant, pour les supprimer, on redoublait d'efforts contre eux. Tous les exemplaires saisis étaient versés à la Bastille, condamnés à la destruction. Naguère, à Rome, ces exécutions s'entouraient de la pompe judiciaire de l'Église inquisitoriale. Sur un échafaud, face au bûcher, se plaçaient les juges-cardinaux. Sanglé de chaînes de fer, le livre condamné était remis au bourreau, lequel, après l'avoir élevé aux quatre points de l'horizon, le déchirait feuille à feuille, trempait chaque page dans la poix bouillante et jetait le tout au bûcher flambant, parmi les cris de haine du peuple contre les philosophes (1). Mais à la Bastille ce pompeux appareil n'était point de mise. Les libelles étaient livrés aux bas officiers qui les déchiraient en présence du garde des archives. Sur chaque lot étaient prélevés vingt exemplaires, « pour les distributions d'usage ». Le reste, lacéré, en lambeaux, était vendu, à raison de 7 livres 10 sous le quintal, au cartonnier Tissait, lequel façonnait ces coûteux débris et fabriquait, des *Amours de Charlot et Toinette*, de fort bons cartons à chapeaux (2). Peut-être bien que dans ces boîtes, Mlle Rose Bertin portait ses modes les plus récentes à sa royale cliente de Versailles.

La Révolution, naturellement, ne proscrivit pas avec le même acharnement les écrits contre les puissants de

---

(1) P. Manuel, *La Police de Paris dévoilée...*, t. I, p. 35.
(2) P. Manuel, *La Police de Paris dévoilée...*; t. I, pp. 36, 42.

Autographe de Brissot.

la veille. Les colporteurs — ils étaient trois cents au 21 décembre 1789 (1) — les vendaient publiquement. Suleau dénonce, le 21 mai 1790, au président du district des Feuillants, de jeunes colporteurs vendant, sans s'en cacher, *La Correspondance de la reine avec d'illustres personnages*, brochure « très édifiante », dit-il (2). En effet, c'est un fort venimeux pamphlet contre Marie-Antoinette. Si la vente en était publique, ce n'était point faute, toutefois, de mesures de police rigoureuses prises par la municipalité. Dès le 24 décembre 1789, Manuel envoyait aux districts une circulaire relative à l'exécution d'une ordonnance de police contre les imprimeries clandestines :

Le droit d'écrire, y disait-il, est celui de tous ceux qui pensent, mais l'écrivain qui cache son nom ne mérite pas d'être lu. Avec l'aide des deux forces civile et militaire des districts, la municipalité parviendra à fermer ces bouches publiques d'où sortent tant de calomnies et de mensonges. Nous vous prions, messieurs, de bien vouloir nous donner avis de toutes les imprimeries que vous connaîtrez dans votre district, pour qu'elles puissent être soumises à un enregistrement dans nos bureaux. L'attente où nous sommes tous d'un décret de l'Assemblée nationale ne nous permet ni de les défendre ni de les autoriser ; mais encore faut-il qu'elles n'échappent pas à notre vigilance ; une presse clandestine est l'arsenal des méchants (3).

La circulaire, on le devine, visait particulièrement les

---

(1) *Catalogue d'une importante collection de documents autographes et historiques sur la Révolution française depuis le 13 juillet 1789 jusqu'au 18 brumaire an VIII;* Paris, 1862, in-8°, p. 109, pièce n° 153, 2°.

(2) Cf. la lettre de Suleau dans les *Actes des Apôtres*, n° 113, pp. 21, 22, 23.

(3) *Catalogue d'une importante collection de documents autographes et historiques sur la Révolution française...*, p. 109, pièce n° 153, 3°.

imprimés anti-révolutionnaires, mais le vague de ses déclarations autorisait encore les poursuites contre les écrits anti-royalistes. Ainsi, le 4 mars 1792, Hébert fait crier par les rues le n° 115 de son *Père Duchesne* intitulé : *Grande colère du Père Duchesne contre Mme Veto qui lui a offert une pension sur la liste civile pour endormir le peuple et le tromper, afin de rétablir la noblesse et de ramener l'ancien régime*. Ce titre, les termes de l'article paraissent « contraires aux bonnes mœurs », un « véritable scandale », à un sieur Jean-Jacques Guérin, demeurant rue Basse-Porte-Saint-Denis, n° 7. Incontinent il se rend dénoncer la feuille et porter plainte au juge de paix Jean-Valentin Buob, lequel mande l'imprimeur du *Père Duchesne*, Tremblay. Hébert, dénoncé par lui, est convoqué à son tour, et condamné à quelques jours de prison (1). Cela, il est vrai, en 1792, peu avant la chute de la monarchie. Pendant quelques mois encore cette retenue condamnera les pamphlets à la demi-obscurité, au refuge clandestin des maisons de prostitution, où les clients en feuillettent les gravures licencieuses.

Dans le cours du siècle dernier, et particulièrement avant notre révolution, c'était dans ces lieux que se débitaient les gravures les plus obscènes, sans que la police s'en occupât, dit Parent-Duchâtelet dans son grand ouvrage. De 1790 à 1793, on y distribuait à tous ceux qui y entraient ces caricatures infâmes contre Louis XVI, Marie-Antoinette et autres personnages que les meneurs de ce temps avaient intérêt à perdre. On peut donc dire que les mauvais lieux ont puissamment contribué aux malheurs politiques dont cette nation aura à gémir tant qu'elle subsistera. Lorsque survint l'anarchie, ce ne fut pas dans les

---

(1) Charles Brunet, *Le Père Duchesne d'Hébert ou Notice historique et bibliographique sur ce journal, publié pendant les années 1790, 1791, 1792, 1793 et 1794, précédée de la vie d'Hébert, son auteur, et suivie de l'indication de ses autres ouvrages ;* Paris, 1859, in-18, pp. 52, 53.

mauvais lieux seulement que se trouvaient ces turpitudes : des marchandes n'eurent pas honte d'exposer, sous les galeries du Palais-Royal et ailleurs, les estampes les plus grossièrement licencieuses, où les habitudes de la lubricité, de la pédérastie, de la plus étrange luxure, étaient exposées aux yeux des passants (1). Ce scandale public diminua sous le Directoire, mais ce ne fut que sous le Consulat qu'il disparut complètement ; il rentra alors dans les maisons de prostitution et la vente des livres et des gravures devint une nouvelle source de fortune entre les mains des maîtresses de maison.

Parent-Duchâtelet donne ensuite quelques détails précieux sur la formation de l'Enfer de la Bibliothèque nationale, partie réservée aux ouvrages obscènes qu'est venue enrichir, de nos jours, la saisie audacieusement illégale de certaines collections secrètes d'amateurs modernes (2). Je cite d'abord le passage de Parent-Duchâtelet que je compléterai par quelques documents qu'il a ignorés :

Je tiens de M. Peuchet, ancien archiviste de la préfecture de police, que Napoléon, sur la fin de son consulat, donna des ordres formels pour saisir et détruire les livres et les gravures qui se trouvaient entre les mains de ces femmes; un exemplaire de chacun d'eux fut seulement déposé à la Bibliothèque nationale. Ce fait est exact, car le vénérable Van Præt (3) m'a donné la liste de ces livres et me les a montrés dans un coin retiré du rez-de-chaussée de la Bibliothèque royale (4).

---

(1) Sur ces étalages de brochures obscènes, voyez mon volume *Les pamphlets libertins contre Marie-Antoinette...*, pp. 131, 132.

(2) Cf. *L'Enfer de la Bibliothèque nationale ; revendication par M. Alf. Bégis de livres saisis à son domicile et déposés à la Bibliothèque impériale en 1886 ; débats judiciaires;* Paris, 1899, in-8°.

(3) Directeur de la Bibliothèque.

(4) A.-J.-B. Parent-Duchâtelet, membre du Conseil de salubrité de la ville de Paris, de l'Académie de médecine. *De la prostitution dans la ville de Paris considérée sous le rapport de l'hygiène publique, de la morale et de l'administration ; ouvrage appuyé de documents statistiques puisés dans les archives de la préfecture de police ;* troisième édition complétée par des documents nouveaux et des notes,

Exacte, l'antithèse eût été saisissante : Napoléon, fondateur de la quatrième dynastie, balayant d'un sabre vertueux les souillures vomies sur le cadavre des monarchies mortes. Mais, à la vérité, de l'étude de quelques documents complémentaires il apparaît que la création de l'Enfer de la Bibliothèque nationale n'appartient pas en propre à l'Empereur. Bien avant son avènement à la gloire et à la puissance, la question des livres dangereux, — en politique comme en morale, — avait préoccupé le gouvernement. La Terreur n'a point désarmé encore, qu'on voit les membres du Comité d'instruction publique de la Convention nationale, commissaires de la bibliographie, écrire, le 1er fructidor an II, aux administrateurs du district de Saint-Dizier :

La Convention s'est réservé de faire un jour prononcer, par une commission de savants, sur le sort des ouvrages qui ne seront pas en accord avec les vrais principes de la politique et de la morale. Les ouvrages dont nous parlons seront nécessairement dans cette classe. Ainsi l'on peut les conserver provisoirement. Il ne serait pas impossible qu'on finît par leur donner, dans les bibliothèques, la même place qu'aux poisons, aux monstruosités, aux productions bizarres et singulières dans les cabinets d'histoire naturelle. Qui sait encore si le philosophe n'y trouverait pas des résultats utiles ? Mais c'est à lui seul qu'on doit confier ces dépôts dangereux (1).

C'était créer, en principe, les enfers des bibliothèques, dépôts réservés et gardés. Il est certain qu'un an plus

---

par MM. A. Trébuchet, chef du bureau sanitaire, secrétaire du conseil de salubrité ; Poirat-Duval, chef de bureau à la préfecture de police, suivie d'un précis hygiénique, statistique et administratif sur la prostitution dans les principales villes de l'Europe, avec cartes et tableaux ; Paris, Londres, New-York, 1857, in-8°, t. II, pp. 237, 238.

(1) *Catalogue d'une importante collection de documents autographes et historiques sur la Révolution française...*, p. 124, pièce n° 174, 4°.

tard, ce principe avait reçu son application, car, à la date du 18 messidor an III, on trouve cet arrêté :

Le Comité d'instruction publique, considérant que les bonnes mœurs sont la base d'un gouvernement républicain, arrête que les préposés à une bibliothèque nationale ne prêteront point à la jeunesse les livres qu'ils croiront capables de corrompre les mœurs.

GRÉGOIRE.   CREUZÉ-PASCAL.   LALANDE.
VILLAR.   MASSIEU.   DRULHE (1).

Et ainsi, cette même Terreur, ce même gouvernement qui les avait fait éclore, faisait entrer dans l'ombre les libelles accusateurs et libertins. Leur règne était passé; l'accusée était tombée sous le couteau de ces reproches et de ces jugements. Désormais, dans l'ombre poussiéreuse d'une bibliothèque, ils n'avaient plus qu'à attendre la patience d'un historien pour demander à leurs feuillets jaunis et maculés le secret endormi de leur haine vivante.

(1) Collection de M. Gazier. — *Catalogue des objets formant l'exposition historique de la Révolution française, salle des Etats, aux Tuileries, place du Carrousel;* Paris, 1889, in-8°, p. 192, pièce n° 1616.

V

DEUX POLICIERS PAMPHLÉTAIRES

Après les policiers escrocs, les policiers libellistes. — L'aventure du sieur Goupil. — Il compose un pamphlet qu'il découvre et achète. — Incertitude des *Mémoires secrets* sur sa culpabilité. — Témoignage de Mᵐᵉ Campan. — Fin de Goupil et de sa femme. — L'affaire de l'inspecteur Jaquet de la Douay. — Un mouchard de haut vol. — Son intimité avec le lieutenant de police. — Il se spécialise dans les libelles. — Découverte de ses intrigues. — Curieuses informations des *Mémoires secrets*. — On le croit clandestinement exécuté à la Bastille. — Ses complices. — Il est transféré à Charenton et libéré cinq jours avant la prise de la Bastille. — La Terreur le guillotine. — Jugement qu'il convient de porter sur les libellistes de la reine.

Le chapitre précédent nous a montré des policiers escroquant, sous des formes variées et avec une ingénieuse diversité, les fonds de leur lieutenant, voire du ministre. On les a vus, avec Receveur, s'entendre comme larrons en foire avec les libellistes, partager avec eux le prix de leurs turpitudes, le fruit de leurs chantages, et se duper les uns les autres avec une bonne foi et une ardeur égales. Pour achever cet édifiant tableau, il ne suffit plus que de montrer les policiers, encouragés par l'exemple et gagnés par la contagion, transformés en pamphlétaires, découvrant, dénonçant, saisissant ou payant les libelles qu'ils étaient seuls à connaître, puisqu'ils étaient seuls à les fabriquer.

J'en trouve le premier exemple dans l'affaire du sieur Goupil. Ce Goupil (Pierre-Étienne-Auguste), né à Argentan, en Normandie, en 1753, avait tâté de plusieurs métiers avant que de donner dans la mouche. Successivement soldat aux colonies, gendarme, exempt de la maréchaussée de Fontainebleau, il avait fini par devenir inspecteur de police. Dès 1775, on le voit employé à rechercher des libelles (1). Sa réputation était fâcheuse. « Goupil, dit Manuel, était un de ces coquins qui tous les jours sont bons à pendre, ne fût-ce que pour essayer les cordes (2). » A parler franc, Goupil n'en tâta que sur le tard.

En 1778, il fit une découverte qui alarma vivement le ministère : dans une campagne, aux environs d'Yverdun, s'imprimait clandestinement un pamphlet contre la reine. Quel pamphlet ? Je ne sais, mais Mme Campan dit qu'il « en possédait déjà deux feuillets qui contenaient d'atroces calomnies, mais présentées avec un art qui pouvait les rendre très funestes à la renommée de la reine (3) ». Ce Goupil fit montre de zèle : courageuse-

---

(1) « *13 novembre 1775*. — Le sieur Goupil, inspecteur de police pour la librairie, successeur du sieur d'Hemmery, est allé depuis peu à Bordeaux pour une mission secrète. On assure aujourd'hui qu'il était chargé, de la part du ministre, d'enlever dans cette capitale ou aux environs le manuscrit et l'édition d'un ouvrage qu'on y imprimait furtivement et qui avait pour titre : *L'ombre de Louis XV devant le tribunal de Minos*. ». — *Mémoires secrets*..., t. VIII, p. 247.

(2) P. Manuel, *La Police de Paris dévoilée*..., t. I, pp. 262, 263.

(3) Mme Campan, *Mémoires sur la vie privée de Marie-Antoinette*..., t. I, p. 135.

ment il s'offrit à corrompre et acheter l'auteur, à rapporporter, pour 3,000 louis, le manuscrit et l'édition. Il eut carte blanche et en usa avec discrétion. Manuscrit et imprimés furent rapportés par lui. Cette heureuse expédition lui valut 1,000 louis de récompense. A peine eut-il le loisir d'y goûter qu'il fut dénoncé par un de ses agents et enfermé, en février 1778, à la Bastille. On avait découvert que l'auteur du libelle n'était autre que Goupil lui-même. Ce ne transpira point tout d'abord, et le public, au début, ne crut l'inspecteur que coupable d'escroquerie. C'est le sens de la note qu'à la date du 29 mars lui consacrent les *Mémoires secrets* :

> Le sieur Goupil, inspecteur de la police pour la librairie, a été arrêté secrètement, il y a près d'un mois, et conduit à la Bastille ; on dit sa femme à Vincennes. Leur détention, très ignorée jusqu'à présent, ne transpire que depuis peu. On l'attribue à différentes causes. La plus juste et la plus apparente, c'est qu'ils faisoient commerce des livres que le mari saisissoit. On accuse, en outre, celui-ci de profiter du trouble de ceux qu'il arrêtoit, du désordre qui s'en suivoit dans leur domicile, et de l'inquisition que sa charge l'autorisoit de faire, pour voler l'or, l'argent, les bijoux et les effets des détenus (1).

Mais, quoi, enfermer un inspecteur de police pour si peu ? On le croira à peine. Le véritable motif coûtait plus à avouer ; aussi, dit Mme Campan, « toute cette affaire fut assoupie et il n'en circula aucun détail dans le monde (2) ». C'est, évidemment, exagérer la discrétion des gazettiers, car le recueil de Bachaumont revient sur Goupil à peu près un mois et demi plus tard. On y trouve, le 11 mai, cette nouvelle :

> On est toujours fort peu certain des vrais motifs qui ont

---

(1) *Mémoires secrets...*, t. XI, p. 172.
(2) Mme Campan, *Mémoires sur la vie privée de Marie-Antoinette...*, t. I, p. 135.

déterminé la détention du sieur Goupil, inspecteur de police pour la librairie, et celle de sa femme, femme de chambre de la reine. On a prétendu que cette dernière avait fourni à Sa Majesté des livres abominables. Mais il est question d'une cause plus criminelle encore ; on veut qu'il ait été composé un manuscrit infâme contre Sa Majesté, dont ils étoient participants, et que, pour se rendre recommandables, ils en avaient ensuite prévenu le ministère, avant que l'ouvrage fût imprimé ; qu'en conséquence on fut convenu de l'acheter ; en sorte qu'il n'a point paru imprimé et ne paroîtra pas. On ajoute que depuis on a découvert, ou du moins soupçonné, leur collusion avec l'auteur (1).

Les *Mémoires secrets,* on le voit, flairaient la vérité qui leur demeurait hypothétique. Au reste, ce leur parut de petite importance, car ils abandonnèrent désormais à son sort effacé et obscur Goupil. Il avait été transféré à Vincennes. C'est là qu'il mourut, deux ans plus tard, le 28 avril 1780, « sur sa chaise, assure Manuel, en bonnet de nuit, ses lunettes à la main et le bras gauche sur le bas-ventre (2) ».

Quant à sa femme, la Bastille ne la lâcha que pour la transférer dans un couvent, celui de la Madeleine, à La Flèche. Quelqu'un, plus tard, l'épousa et la « cacha dans un village (3). » Était-ce pour la châtier de n'avoir pas cru, suivant la maxime lapidaire de M. de Lescure, qu'on « ne doit brûler que des parfums devant les autels (4) » ?

Plus retentissante et non moins typique est l'aventure d'un autre inspecteur de police pour la librairie, Jean-Claude Jaquet de Douay, dont un des aïeux avait, en Espagne, le titre de chevalier de Saint-Jacques. Il avait

---

(1) *Mémoires secrets...,* t. XI, p. 222.
(2) P. Manuel, *La Police de Paris dévoilée...,* t. I, p. 263.
(3) P. Manuel, *La Police de Paris dévoilée...,* t. I, p. 265.
(4) M. de Lescure, *La Vraie Marie-Antoinette...,* p. 183.

N° 250

RÉPUBLIQUE FRANÇAISE

LIBERTÉ — ÉGALITÉ — FRATERNITÉ

N° 250

COMMUNE DE PARIS

LE COMITÉ DE SALUT PUBLIC

Considérant que l'immeuble connu sous le nom de *Chapelle expiatoire de Louis XVI*, est une insulte permanente à la première Révolution, et une protestation perpétuelle de la réaction contre la justice du Peuple.

ARRÊTE :

Art. 1ᵉʳ. La chapelle, dite *expiatoire de Louis XVI*, sera détruite.

Art. 2. Les matériaux seront vendus aux enchères publiques au profit de l'administration des domaines.

Art. 3. Le Directeur des domaines fera procéder, dans les huit jours, à l'exécution du présent arrêté.

Paris, le 16 floréal an 79.

Le Comité de Salut public,

ANT. ARNAUD, CH. GÉRARDIN, LÉO MEILLET, FÉLIX PYAT, RANVIER.

AFFICHE DE LA COMMUNE DE 1871.
Collection Hector Fleischmann.

un oncle brigadier aux armées du roi ; un frère chevalier de Saint-Louis ; un cousin doyen du Parlement de Besançon ; son père était assesseur criminel. Pour lui, il était lieutenant particulier honoraire au bailliage de Lons-le-Saunier, ce qui, tout droit, le devait faire entrer dans la police. Il y était fort en faveur. « De son aveu, Jaquet coûtait annuellement 30,000 livres à l'administration et lui en faisait dépenser 100,000 (1). »

En 1777, il s'était signalé par un coup d'éclat : il avait arrêté Mirabeau en Hollande (2). « Il avait, en outre, au dire de Manuel, le scorbut et la vérole, enfin le corps gâté comme le cœur (3). » Susceptible d'être corrompu, au surplus, car Vergennes craignait qu'il n'aimât mieux « les guinées de l'Angleterre que les louis de France (4) ». Un parfait policier, en somme, et bien digne de la particulière estime que lui témoignait le lieutenant de police, M. Lenoir. Il est vrai qu'il rendait des services. Ainsi M. Lenoir, ayant à se plaindre d'une de ses maîtresses, fort incontinente de la langue, lui dépêcha son Jaquet, qui enleva la donzelle et la claquemura dans une discrète maison de retraite forcée au faubourg Saint-Martin (5). Dans la partie des libelles, Jaquet se rendit, de même, fort précieux. Pour découvrir des pamphlets sur le point de paraître il avait une chance d'autant plus miraculeuse qu'à l'occasion il lui donnait un utile coup de pouce. Avec un échantillon de ses trouvailles il s'en allait voir M. Lenoir, disant l'avoir reçu ou de Londres, ou d'Amsterdam, ou de Bruxelles. « L'ouvrage, ajoutait-

---

(1) *La Bastille dévoilée...*, 3ᵉ livraison, p. 36.
(2) *Mémoires secrets...*, t. XXII, p. 181.
(3) P. Manuel, *La Police de Paris dévoilée...*, t. I, p. 258.
(4) P. Manuel, *La Police de Paris dévoilée...*, t. I, p. 257.
(5) *La Bastille dévoilée...*, 3ᵉ livraison, p. 37.

il, est sur le point de paraître; l'auteur m'offre toute l'édition ». Coût : de 500 à 1,000 louis. « M. Lenoir n'était pas trompé. Il connaissait trop bien son Jaquet; mais il faisait semblant de l'être; car il était bien aise de se faire valoir auprès de M. de Maurepas, qui tenait les rênes du gouvernement, pour un magistrat surveillant et très attentif à ne pas laisser entrer en France des libelles (1). » Il en résulta pour Jaquet un brevet d'inspecteur de la librairie étrangère, ce qui lui permit de « faire entrer tous les mauvais livres qu'il faisait imprimer lui-même dans les pays étrangers... Jamais on ne vit pulluler autant de mauvais livres (2) ». Certain pamphlet contre la reine, qu'un de ses complices dénonça, mit fin à ses exploits. Là-dessus, M. Lenoir, « voyant que la conduite de son espion était trop à découvert, le fit mener à la Bastille (3) ». Pourtant, dit Pelleport, « on assure que Jaquet n'avait jamais eu le désir de publier ses pamphlets, mais seulement d'en vendre la suppression à ceux qu'ils intéressaient et de se faire un mérite de son zèle et de sa vigilance (4) ». Escroc, oui, libelliste, non. La subtilité ne lui servit de rien. Le 30 octobre 1781, les grilles de la Bastille se refermaient sur lui (5).

Cette arrestation fit grand bruit et donna lieu aux nouvelles les plus fantaisistes et les plus étranges. A feuilleter les *Mémoires secrets* on se rend compte des rumeurs que l'affaire créa. Sur le cas de Jacquet, les notes sont nombreuses, et la première débute par une

---

(1) *La Bastille dévoilée...*, 3e livraison, p. 37.
(2) *La Bastille dévoilée...*, 3e livraison, pp. 37, 38.
(3) *La Bastille dévoilée...*, 3e livraison, p. 38.
(4) *Le Diable dans un bénitier...*, p. 56.
(5) Ch. d'Héricault et Gustave Bord, *Documents pour servir à l'histoire de la Révolution...*, t. I, p. 226.

nouvelle qui ne devait pas tarder à paraître controuvée. Mais ce qu'elle donne, c'est un aperçu qui paraît fort exact du cas. Les documents qu'on y peut joindre ne l'infirment en aucune manière :

Outre les couplets abominables dont on a parlé, on assure qu'il existe un libelle plus sacrilège encore, s'il est possible. On l'attribue à M. Jaquet, et voici une anecdote fort extraordinaire à cet égard. Le mercredi 12 de ce mois, au café du Caveau, un quidam dit publiquement : « Messieurs, une grande nouvelle dont je suis certain, c'est qu'hier le sieur Jaquet a été exécuté à la Bastille, comme coupable de crime de lèse-majesté au second chef et auteur du libelle qui court contre la reine. » Ce propos, tenu devant beaucoup de monde, causa une consternation générale et n'eut aucune suite. On ne dit point que l'auteur ait été arrêté, comme on le craignoit pour lui.

Cette anecdote s'est répendu depuis et voici comme on en rapporte les détails. Le sr. Jaquet a été lieutenant particulier du bailliage de Lons-le-Saunier en Franche-Comté. Il a été obligé de se défaire de sa charge ; il est venu à Paris où il passoit pour un mauvais sujet. Il s'est trouvé impliqué d'une manière peu honnête dans l'affaire du marquis de Saint-Pierre. En outre, il se mêloit de la librairie étrangère ; il vendoit des livres prohibés et prétendoit à cet égard avoir une mission particulière du gouvernement. Il faisoit fréquemment des voyages en pays étranger, et l'on sait qu'en Hollande il passoit pour un espion. Il y a quelques mois qu'il instruisit M. le comte de Maurepas qu'on imprimoit en Angleterre le libelle en question et il s'offrit d'aller en retirer tous les exemplaires. Il reçut en conséquence cette mission, et revint avec sa découverte. Peu après il prétendit qu'il n'avoit pas tout eu et qu'il en restoit ; il toucha encore de l'argent et eut ordre de ne rien épargner pour qu'il n'en restât pas vestige. Il revint, mais dans les exemplaires qu'il rapporta, et qu'il n'avoit pas examinés, il se trouva le manuscrit de l'ouvrage écrit de sa propre main ; d'où l'on eut lieu de l'en croire l'auteur. On veut que son forfait ait été constaté juridiquement par une commission sourde et qu'il ne soit resté aucun doute qu'il l'avoit composé et envoyé au sieur Morande avec lequel il s'entendoit.

Voilà tout ce qu'on a pu recueillir de plus vraisemblable sur cette aventure obscure et difficile à bien démêler, mais qu'on ne peut guère regarder comme tout à fait dénuée de fondement (1).

Cette première note, à la date du 22 décembre 1781, est suivie de plusieurs autres. La seconde annonce l'arrestation de complices de Jaquet. A la date du 26 janvier 1782 :

> On compte déjà trois personnages arrêtés et détenus prisonniers, relativement à l'ouvrage intitulé, dit-on aujourd'hui, *Vie d'Antoinette* : savoir ce Jaquet dont on parle, un libraire nommé Costar, très connu, et ayant déjà fait banqueroute, et un M. de Marcenay, homme du monde, mais libertin et mauvais sujet (2).

La détention de ce Costard n'est pas contestable. Il fut trouvé que les manuscrits offerts par Jaquet étaient de sa main (3). Quant à « l'homme du monde », c'était un parfait coquin, auteur de tours pendables et qui possédait une presse sur laquelle Jaquet tirait ses libelles (4). De compagnie, le trio alla sous les verrous. Naturellement, comme il arrive toujours en pareil cas, les renseignements les plus désastreux arrivèrent de toutes parts sur les prisonniers. De Besançon, le 15 janvier 1782, on écrivait cette lettre que publiaient, le 28, les *Mémoires secrets* :

> Nous ne sommes pas surpris du sieur Jaquet. Un homme qui, de magistrat à son aise, appartenant à plusieurs conseillers de notre Parlement, se transforme en espion, en colporteur, ne peut être qu'un mauvais sujet et l'on ne sauroit le plaindre. Le bruit s'est bien répandu ici qu'il avoit été expédié

---

(1) *Mémoires secrets...*, t. XVIII, pp. 205, 206.
(2) *Mémoires secrets...*, t. XX, p. 49.
(3) *La Bastille dévoilée...*, 3ᵉ livraison, p. 35.
(4) *La Bastille dévoilée...*, 3ᵉ livraison, p. 39.

à la Bastille. Cependant nous croyons qu'on l'eut supplicié plus légalement, si l'on eut voulu en faire un exemple (1).

Un exemple ? Mais on n'y tenait en aucune manière. Et au reste, Jaquet était fort bien en vie. On ne demandait sur lui qu'un peu de silence, histoire de faire oublier son affaire. Mais les *Mémoires secrets* n'en enregistraient pas moins, le 7 février, cet extrait d'une lettre de Bruxelles, du 1er février précédent :

Il passe pour constant, en effet, qu'il s'est imprimé ici bien des choses par une société qui est aujourd'hui presqu'entièrement détruite. Le sieur Henry, exempt de police, en a enlevé cinq vers le 8 janvier. Le sieur Jaquet de la Douay, le chef de la bande arrêté quelque temps avant, les a vraisemblablement dénoncés. Il est inconcevable que ce malheureux que nous voyons ici revêtu du titre respectable d'inspecteur de la librairie étrangère, ait abusé de la confiance qu'on avoit en lui au point de faire imprimer, colporter et composer lui-même des libelles (2).

Enfin, quelques mois se passent. Le silence est tombé. Au bout de neuf mois on a relâché l'imprimeur Costar, lequel remercie M. Lenoir en composant six vers destinés à orner son portrait (3). Quant à Jaquet il était toujours à la Bastille, et dans sa province on était convaincu qu'il ne reparaîtrait plus vivant. L'écho des *Mémoires secrets,* qui nous apporte ce bruit, y ajoute des détails intéressants sur la famille du policier-libelliste :

J'ai vu cet automne Mme Jaquet de la Douai, la femme de ce malheureux dont il a été question il y a un an. Elle est revenue de Paris où elle étoit allé solliciter en faveur de son mari, dès qu'elle en a appris la catastrophe ; mais toutes ses démarches

---

(1) *Mémoires secrets...*, t. XX, p. 51.
(2) *Mémoires secrets...*, t. XX, pp. 65, 66.
(3) *La Bastille dévoilée...*, 3e livraison, p. 36.

ont été inutiles. Elle vit, dans la médiocrité et les larmes, à un petit bien de campagne qu'elle a auprès de Lons-le-Saunier, avec une fille très jolie. La mère est fort bien aimée et fort estimée ; elle est bien née : fille du greffier en chef du Parlement de Dombes, ayant apporté du bien que son fol époux a mangé. Tout le monde la plaint. Quant au sieur Jacquet, le bruit de la province est qu'il a été condamné par une commission secrète à la peine de mort, mais qu'elle a été commuée en une prison perpétuelle (1).

Le mois même où cette information était enregistrée, — novembre 1782, — Jaquet, le 19, était transféré à Charenton. Était-il devenu fou ? C'est peu probable, car le 9 novembre 1783 il était ramené à la Bastille. Il n'y avait plus que quelques années à y passer : le 9 juillet 1789, cinq jours avant la prise de la vieille forteresse par le peuple, il recouvrait la liberté (2). On le pria d'aller se faire oublier à Lons-le-Saunier. Recommandation inutile. Englobé, sous la Terreur, dans une obscure affaire, Jaquet était traduit devant le tribunal révolutionnaire et guillotiné le 6 floréal an II (3). Ainsi donc, a dit un historien, « que Jaquet fut seulement resté cinq jours de plus à la Bastille, et non seulement le peuple portait en triomphe un espion, mais il ne se trouvait ne l'avoir sauvé de la prison royale que pour le transmettre à l'échafaud révolutionnaire. Il est vraiment fâcheux que ce rapprochement manque, et manque de si peu, à la philosophie ironique de l'histoire (4) ». En effet, mais de cette philosophie et de cette ironie le mouchard Jaquet se fût fort bien passé.

(1) *Mémoires secrets...*, t. XXI, p. 166.
(2) Ch. d'Héricault et Gustave Bord, *Documents pour servir à l'histoire de la Révolution française...*, t. I, p. 286.
(3) H. Wallon, *Histoire du Tribunal révolutionnaire de Paris...*, t. III, p. 345.
(4) Victor Fournel, *Les hommes du 14 juillet...*, p. 126.

*
* *

Je borne ici mes notes sur le personnel des pamphlétaires de la Révolution et d'avant. Si leurs œuvres sont méprisables, on conviendra que leur personnalité ne l'est pas moins. Mais de les savoir, la plupart, tarés et royalistes, faut-il en conclure que leurs documents de haine et de fureur sont quantité négligeable et ne méritent que le juste mépris qui les condamne ? Je pense que ce serait s'abuser étrangement. Ils sont l'écho vivant et dénaturé, amplifié, des bruits de Versailles, des anecdotes de la cour, et telle de leur accusation se retrouve, dégagée de la fureur qui l'enveloppe, dans des témoignages parfaitement véridiques et authentiques, comme la correspondance de Mercy-Argenteau avec Marie-Thérèse. Ils montrent comment apparaissaient à la masse populaire les fautes de la reine, le jour sous lequel on les présentait, et par là ils aident à faire comprendre comment l'opinion réprobatrice se forma contre Marie-Antoinette. « Ce n'est plus une sainte, ce n'est plus un monstre ; c'est une femme héroïque à son heure », dit un apologiste (1). Ajoutons : une femme faible, une femme tout simplement, laquelle ne comprit que trop tard, hélas ! quel verdict élevait contre elle la somme de ses faiblesses (2). Mais alors la hache brillait, levée déjà, dans son futur matin. Pour la plaindre mais aussi pour la condamner, point n'est besoin d'être, comme l'assure

---

(1) M. de Lescure, *La Vraie Marie-Antoinette...*, p. 11.
(2) « Trop tard, en effet, cette malheureuse comprit qu'elle avait, sans le vouloir, sans le savoir, été étourdie, inconséquente... » Ernest Tissot, *Marie-Antoinette jugée par une Allemande*, dans la *Revue bleue*, 1ᵉʳ octobre 1910, p. 436.

M. de Lescure, un des « héritiers des juges de Marie-Antoinette (1) ». Et moi qui n'ai point fermé les yeux sur les fautes de cette femme, sur les crimes de cette reine, ne me permettra-t-on point cette impassibilité — qui s'incline et plaint, — alors qu'en moi pleure la voix du sang de trois de ceux que la Terreur frappa sur ses échafauds de prairial et de thermidor ?

(1) M. de Lescure, *La Vraie Marie-Antoinette...*, p. 7.

DEUXIÈME PARTIE

Dans l'Enfer des Pamphlets

RÉIMPRESSION INTÉGRALE
DE QUATRE PAMPHLETS RARISSIMES
CONTRE MARIE-ANTOINETTE

I

« Vérités dédiées à Marie-Antoinette. »

NOTICE BIBLIOGRAPHIQUE

La cause de la Révolution Françoise ou la conduite secrète de M... A...n.tte d'Autr... R. de France, enrichie d'une collection de notes intéressantes et critiques sur les auteurs de cette révolution, comme sur celles des autres parties de l'Europe, par un de ses témoins, le chev. de ... ; à l'enseigne de la Liberté, 1790, in-8º, 30 pp. ; tel est le titre du pamphlet qui contient la cruelle et vigoureuse pièce de vers que je réimprime ici. Le poème, tout comme la prose qui l'encadre, et qui, purement politique, est supprimée ici, est totalement ignoré. Il a presque l'amère saveur d'un inédit de haut goût. Paraphrasant quelques vers de l'*Ode à la Reine*, le fameux poème de Pons-Denis-Écouchard Le Brun, il offre, en rimes quelquefois indigentes, un mordant portrait, en pied, de Marie-Antoinette libertine. J'ignore son auteur, mais il semble bien informé et donne des détails qu'il serait inutile de chercher ailleurs. Son pamphlet se compose d'un petit tableau rapide de la Révolution belge et française, du poème qui suit, et de diverses notes biographiques où la reine est attaquée. J'en citerai deux, particulièrement significatives du genre :

« Polignac (la marquise de), grande courtisane, parvint à

« obtenir les bonnes grâces de la reine, en la flattant dans son
« goût pour les deux sexes. On prétend même qu'elle étoit une
« de ses bonnes, et particulièrement sa maquerelle. Antoinette
« seroit-elle aussi coupable, si ceux et celles qui l'environ-
« noient eussent été vertueux ? »

Le portrait qui suit est moins acerbe et plus indulgent :

« LAMBALE (la princesse de). Cette courtisane belle et bonne,
« eut la foiblesse d'écouter la reine, de céder au penchant
« qu'elle avoit pour cette princesse, qui pour son excuse a
« mieux aimée (connoissant sa faute) être disgraciée, que de
« cadrer avec ces viles créatures, qui pour plaire à Antoinette,
« aimèrent mieux être en horreur à la Nation, que de l'aban-
« donner. »

Le lecteur jugera si, de ces vertueuses indignations, l'auteur
a mieux tiré parti en vers qu'en prose.

Vérités dédiées à Marie-Antoinette d'Autriche, reine de France.

Toi qui reçus le jour au sein de Germanie,
Des femmes la plus noire, et reine en nos climats,
Jusqu'à quand, impudique, en ma bonne Patrie,
Feras-tu triompher tes affreux attentats ?
Pourrais-tu sans rougir, o femme détestable,
Entrevoir un instant cet abîme effroyable,
Où tes vices constants partout nous ont plongé ?
Notre or, et notre sang, assouvissant ta rage,
Allait donc couronner ton trop barbare ouvrage ?
Nous devions expirer, l'un par l'autre égorgé.
Sur la terre et sur l'onde on te désigne et nomme
Comme auteur de nos maux, auteur de nos revers ;
Et dans tant de mortels, on ne voit pas un homme
Voler pour te punir, et purger l'univers :
Existe, mais apprends que tu n'es plus l'idole
Adorée des Français ; qu'on la peigne frivole,
Tu ne le verras plus que bravant tes forfaits ;
Démontrant en tous lieux, au mépris des tortures,
Dans ton règne abhorré, ce que tu nous a fais ;
Le graver sur l'airain, pour nos races futures,
Dans le cœur des Français, la plus douce espérance
Se gravait pour jamais la fin de leurs malheurs,

Qu'un juste roi voulait épargner à la France,
Ignorant tes complots, tes penchants, tes fureurs.
Un sage le guidant, un ministre fidèle,
Voulant que des grands rois Louis fut le modèle,
Lui gagnait tous les jours le surnom de Titus,
Ce titre des Français assurait le présage,
Necker aimait son roi, Necker brava l'orage,
Les Français ont des mœurs, il leur faut des vertus,
Mais, toi, qui sans honneur, insensible, infidèle
Croyais pouvoir noircir ce digne favori,
Tu le fis éloigner, sans arrêter son zèle,
O ! femme sans raison, en ta rage nouvelle,
Tu ne punis jamais ce ministre adoré,
Tu trompas ton époux, reine trop criminelle,
Necker sur notre sort quelquefois a pleuré ;
Il gémissait pour nous de voir une cruelle
N'offrir à ses sujets qu'un cœur trop ulcéré
Ne voulant point se rendre à tes vives instances,
Il l'opposa toujours de justes résistances,
Il s'est vu dans ton cœur un mortel abhorré,
Et notre or par tes soins ne fut point dévoré.
Antoinette, voilà le premier de tes crimes...
Quand on débute ainsi, l'on peut tout comme toi,
Au mépris de nos lois, d'abîmes en abîmes,
Marcher impunément, sans honte, et sans effroi :
Esquissons ton tableau ; dès que je suis ta trace,
Je t'aperçois d'abord, indigne en ton audace,
Te livrer sans respect à des désirs sans frein :
Je te vois devenir de trois enfants la mère,
Et trois fois (tu le sais) comme femme adultère,
Ces trop malheureux fruits germèrent dans ton sein.
Continuons toujours : c'est Maurepas qui tombe,
Par ton ordre, expirant, victime du poison,
Là, le dirais-je encore, Vergennes qui succombe,

Ministre, ami des rois, et l'honneur de son nom.
Plus loin (pour achever), je vois ta main traîtresse
Égarer ton époux, le plonger dans l'ivresse,
Déshonorer son lit, respirer les forfaits,
Bouleverser ses états, en être l'ennemie,
Envoyer à ton frère... ô comble d'infamie,
Tout l'or et tout l'argent que tu pris aux Français,
Que pourrais-tu répondre à ces vives peintures ?
Vais ajouter encore quelques traits plus honteux,
Tes rapides progrès en voluptés impures ;
Viens reconnaître ici tous ces complots affreux,
Dans lesquels tu trempas à la face des cieux,
Sans craindre les remords qui suivent tous les vices,
Sans craindre du destin les funestes caprices,
La haine des sujets, et le courroux des dieux.
Il faut tout dévoiler, ce fut pour ta luxure,
Que nos coffres vidés payèrent tes plaisirs ;
Te refusant notre or, on te faisait une injure ;
On devait tout oser pour te plaire, parjure !...
Par ce lâche moyen, on flattait les désirs
De l'hydre qui devait nous creuser notre abîme,
Pour y plonger la France en aveugle victime :
Tes lâches partisans t'égarent comme eux,
Sans te dire jamais : « La basse flatterie,
« D'éloges imposteurs et de fourbes nourrie,
« Corrompt des potentats les devoirs généreux.
« Si pour se faire aimer la fortune est utile,
« La bonté chez les rois rend le sujet docile ;
« D'assidus courtisans seront toujours soumis,
« On doit dans ses sujets se chercher ses amis. »
Loin de se refuser à ta lubrique envie,
Par leur condescendance, enfin tu fus servie,
Necker ne nuisait plus à tous tes complaisants,
Au vil calculateur et très rampant Calonne,

Qui vola les Français pour plaire à ta personne,
Que tu sus te gagner par discours séduisants,
Qui peut donc l'égaler? En vain dans ma mémoire
Reparaissent les noms des êtres abhorrés ;
Je ne puis en trouver, pas même dans l'histoire,
D'assez déshonorés, pour t'être comparés.
Lambale et Polignac, La Motte ta branleuse,
Ont couronné ton lustre et ta conduite affreuse,
Ces lâches courtisanes, prêtes à t'accuser,
Ont beau s'en repentir, rien ne peut t'excuser.
L'empirique bâtard (1), connu de tout le monde ;
Le Prétolet Rohan (2), à vigueur sans seconde,
Ces fameux brocanteurs du superbe collier,
L'un immortel escroc, l'autre banqueroutier ;
Des fouteurs de tout rangs, objets de tes délices,
Satisfirent tes goûts en t'offrant leurs services
Sans bornes en tes désirs, ton cœur trop libertin
Te rendit tour à tour et tribade et putain.

*
* *

Réponds donc, Antoinette, toi que l'on nomme reine,
Plus coupable à nos yeux que la belle Égyptienne,
Moins courageuse qu'elle, en t'épargnant la mort,
Surpassant de beaucoup l'exécrable Agrippine,
Lubrique pour le moins autant que Messaline,
Se foutant d'un époux, des Français et du sort.

---

(1) Cagliostro.
(2) Le cardinal de Rohan, le héros dupé de l'affaire du collier.

CONFESSION DERNIÈRE,

ET

TESTAMENT

DE MARIE-ANTOINETTE,

VEUVE CAPET,

PRÉCÉDÉS DE SES DERNIÈRES RÉFLEXIONS,

Mis au jour par un SANS-CULOTTE.

Tranquille dans le crime et fausse avec douceur.

A PARIS,

Chez la Citoyenne LEFEVRE, rue Percée.

L'an deuxième de la République.

II

Confession dernière et testament de Marie-Antoinette.

NOTICE BIBLIOGRAPHIQUE

Sous le titre général de *Confession dernière et testament de Marie-Antoinette, veuve Capet, précédés de ses dernières réflexions, mis au jour par un sans-culotte*, l'auteur de ce recueil a réuni trois petits libelles contre Marie-Antoinette. Tous trois sont curieux et égaux dans l'injure. Ils constituent un triste et éloquent document de la fureur populaire contre la reine et la haine engendrée pour elle au cœur du populaire. Mais ici, à travers le ricanement, le ton plaisant domine. On l'a emprunté à ces nombreux testaments de personnages politiques célèbres courant les rues depuis l'aurore de la Révolution, et dont, dans les libelles contre Mᵐᵉ de Polignac, j'ai naguère donné de curieux exemples. Au reste, ces productions du genre poissard se passent de commentaires. Celle que voici peut être donnée en prototype des autres. Cette distinction bibliographique lui suffit.

Marie-Antoinette au Diable.

EPITRE A SON PARRAIN

Sacré monarque des enfers ! ô toi qui présidas à ma naissance et qui dirigeas toutes les actions de ma vie, à qui mieux qu'à toi puis-je rendre compte des réflexions qui m'agitent en ce moment, en ce moment terrible pour moi, où la justice d'un peuple républicain et réellement digne de l'être s'occupe à m'expédier un passeport dont la destination doit se borner à ton empire ?

Je ne sais, seigneur Satan, ce que tu auras fait de l'ombre de Capet, d'exécrable mémoire ; mais permets-moi de réclamer en faveur de la mienne une charge de quatrième furie, et je te promets d'avance de supasser en cruautés les Alecto, Tisiphone et Mégère.

J'ai pour garant de ce que j'ose te promettre la rage qui m'anime, rage que je suis forcée de reconnaître impuissante, mais qui n'en serait que plus terrible, si la place de la Révolution n'était le *nec plus ultra* de mes forfaits.

Le temps presse, et ce n'est plus l'instant de balancer. Si je prétends à exercer au Tartare le digne emploi de furie, je dois au moins, sacré monarque des enfers, te produire les pièces justificatives qui autorisent ma réclamation ; le détail en sera succinct, et d'autant plus succinct, que le cheval est à la voiture, et que la guillotine m'attend avec autant d'empressement que les fourches patibulaires réclamaient autrefois leur proie.

Avant donc de mettre la tête à cette lucarne, avant de jeter un dernier regard convulsif sur la Divinité des Français (1), je vais te parler en femme sincère, et ce sera pour la première fois. A cet aveu, prélude de ma franchise, pourrais-tu la révoquer en doute?

Je suis un monstre. Eh! qui peut mieux le savoir que celui qui, maîtrisant mon âme, sut m'inspirer cet ardent amour du crime, qui fit mes délices dès l'âge le plus tendre? Or, je ne t'apprends rien de nouveau, non plus qu'à toute l'Europe. Les essais historiques sur ma vie privée n'ont rien laisé à désirer : je les ai lus et relus avec transport; le coloris en est naturel, la touche mâle et énergique, et sans doute il serait à souhaiter que cette description de mes galantes fredaines soit dans les mains de toutes les jolies femmes; ce serait un guide assuré pour parvenir et pour être accomplie.

Brisons sur cette matière, car, je te le répète, le temps presse : j'attends à chaque instant que l'exécuteur des jugements du tribunal, qui loge au-dessus de moi, vienne apposer sa griffe expéditive sur ma majesté, qui, dans cette occurrence, se contenterait du simple rôle de gourgandine des bas quartiers de Paris ; car on a beau se targuer de fermeté et vouloir jouer la souveraine jusqu'à son dernier moment, quand une main redoutable vous empoigne (2) par le chignon (3), que le ciseau funeste a

---

(1) La statue de la Liberté tournant le dos aux amateurs de l'aimable guillotine ajoute à leur désespoir. Ah! que c'est bien vu! — *Note du pamphlet*.

(2) Expression peu noble pour une Antoinette; mais à la Conciergerie on n'y regarde pas de si près. — *Note du pamphlet*.

(3) Plus nous allons vivement, plus nos bégueules, un tantinet aristocrates, auront à se louer, et plus les crinières en boudins

ton nid charmant m'indique un autre usage
et je m'empresse a lui rendre un homage

LE FILS D'UN JARDINIER DE VERSAILLES
TROUBLE L'AMOUREUX TETE A TETE
DE MARIE-ANTOINETTE ET DE LA FAYETTE

mis à bas votre toison, soit royale ou marquise, noble ou roturière, calotine ou protestante, il faut jouer de son reste : on n'a plus que quelques instants pour dénouer la tragédie ; le char de triomphe est dans la cour, bientôt il part, une tournée dans Paris vous met à même de recueillir des bénédictions à la Duchesne, et la catastrophe se termine par une intromission dans le panier. Ah ! quelle foutue grimace pour une tête ci-devant couronnée !....

J'entends le bruit infernal des verrous, qui mettent le Français à l'abri de ma vengeance exécrable, et l'on m'annonce tout à la fois un prêtre et mon conducteur à la place de la Révolution. Quant au prêtre, j'ai la permission de le refuser : son admission n'est pas de rigueur ; mais pour l'autre, ah ! c'est une différence ! qu'il taille, qu'il rogne, je suis à lui maintenant, et bientôt toute à toi, oui, toute à toi, sacré monarque des enfers ; et si quelque chose me console, c'est que dans ton sombre royaume je pourrai sans doute embrasser les ombres chéries de Marie-Thérèse, de Joseph II, de Léopold, et quantité d'autres que le temps bref qui m'est accordé ne me permet pas de nommer.

Pour mon gros benêt de mari, je ne veux ni ne dois en entendre parler : imbécile et hargneux, ivrogne et entêté tant qu'il vécut, qu'en pourrais-je attendre sur les bords du Phlegton, maintenant qu'il a laissé en haut le peu de cervelle qui lui restait, par une soustraction bien imaginée, par ma foi ?

Fais-en un cyclope ; déjà son œil louche ne fera pas disparate avec ceux des petits-fils des Titans ; en outre,

---

seront en vogue. Que de citoyennes ont déjà attaché sur la nuque de leur col une portion de l'infâme chevelure de Charlotte Corday ! — *Note du pamphlet.*

c'est un roi serrurier. Eh bien ! qu'il forge. Oh ! ce n'est pas une mauvaise acquisition pour ce travail; mais comme j'ai de fortes raisons pour ne pas le reconnaître comme un homme à femmes, sitôt que j'aurai fait la bascule, je ne veux ni le voir, ni l'entendre.

Je vais quitter ce monde par un chemin qui se fraye de plus en plus. Mais une demi-heure d'intervalle me met en état de tracer mes dernières dispositions.

Je quitte avec toi ma correspondance intime et familière pour m'en occuper. Au plaisir de te voir; cela ne tardera pas.

⁎⁎⁎

Dispositions dernières de la veuve Capet.

Mon portrait appartient maintenant à tout le monde : il peut servir d'instruction à toutes les femmes dangereuses qui seraient tentées de m'imiter; et si jamais il se forme une collection d'effigies criminelles, je prétends que celle d'Antoinette d'Autriche y tienne le premier rang.

Je l'ai obtenu, ce premier rang, à force de forfaits : les Agrippine, les Catherine de Médicis ne peuvent entrer en comparaison; elles ne sont que des novices auprès de moi.

Cette effigie sera disposée, comme je l'offre, au premier folio de cette intéressante rédaction, la tête en bas, et de même qu'on vit le béat Laurent sur son gril, saint André sur sa croix : je veux aussi que la guillotine indique mon genre de mort, que je n'aurais pas soupçonné en 1770 (1), où tout un peuple crédule par

---

(1) Époque du plus infernal des mariages. — *Note du pamphlet.*

caractère caressait un serpent qu'il introduisait dans son sein.

Quand ma tête sera dans le sac, je demande au peuple souverain de disposer de ma chétive carcasse ainsi qu'il suit :

D'abord, je voudrais qu'on me fendît depuis l'occiput jusqu'à l'orteil, afin de distribuer mes misérables restes à mes favoris les plus chers : j'aime infiniment mieux être ainsi décimée que d'aller pourrir en totalité dans le cimetière Sainte-Madelaine, de Sainte Madelaine la voluptueuse que, par parenthèse, j'honore et chéris, comme la patronne des courtisanes que j'ai choisies pour modèles, au moins dans les préliminaires de sa vie.

Je désire qu'on expose ma tête sous les pieds de la Liberté. Cette amende honorable, que je propose de mon vivant, me fera railler des puissances coalisées : mais comme je suis convaincue qu'elles me méprisent, je ne suis pas fâchée de leur donner en mourant cet avis salutaire, si bien adopté par le peuple :

Malheur aux ennemis de notre liberté !
Périssent les tyrans ! vive l'égalité !

Ces puissances auront leur tour. Gare les couronnes ! Les têtes habituées à les porter ne pourront pas s'accoutumer au bonnet de la liberté; et ce bonnet-là est fait pour être de mode jusqu'à la fin des siècles. Ah ! Chimène, l'eusses-tu cru ?

Une fois ouverte, je n'ose pas affirmer qu'on trouvera quelques restes d'entrailles dans ce coffre d'iniquité; mais si, par une de ces circonstances qu'on ne peut même s'imaginer, il s'en trouvait encore, je désirerais qu'ils ne fissent pas la pâture des corbeaux; je les destine à Thérèse Capet, qui reconnaîtra tout le prix de ce précieux présent. La vue continuelle des entrailles de sa mère excitera en elle le noble désir de marcher sur mes traces ; et tout ainsi que ma très honorée mère Marie-Thérèse, qui m'éleva pour le malheur du genre humain, j'aurai du moins en mourant la consolation de laisser sur terre une copie fidèle de mes effrayantes qualités.

Quant à Élisabeth Capet, que je n'estime que parce que je l'ai vue quelquefois sourire à mes projets liberticides et à mes affreux complots de vengeance, je lui destine ma chevelure : elle en armera le derrière de sa tête, à l'exemple des prostituées élégantes de Paris, qui ont remplacé la coiffure naturelle par un artifice aussi ridicule que désagréable pour l'œil républicain.

Ainsi pomponnée, elle ira de pair avec l'aristocratie commerçante et financière, qui voudrait nous imiter, nous autres nobles, et établir leur fortune aux dépens des sueurs du malheureux : mais si j'en crois l'apparence, elle trouvera une grande erreur de calcul : notre exemple n'est pas propre à lui inspirer de la confiance sur ce chapitre, et les décrets de la Convention nationale doivent lui prouver qu'on s'expose à compter deux fois quand on veut compter sans hôte.

Quant au roitelet de la Vendée, je n'ai rien à lui laisser, puisque je ne possède rien en propre, et cela jusqu'au moment où il faudra dire : « Adieu paniers, vendanges sont faites », qu'un corps sans âme, et d'après la culbute, une chétive dépouille, dont j'ai déjà disposé en partie.

Me reste-t-il un cœur ? Au physique, oui sans doute, puisque je le sens tressaillir de désespoir, mais non de repentir. Je laisse aux cœurs de la trempe de celui de Custines l'horrible sentiment d'être navrés de l'idée de la mort et de figurer dans une charrette comme une poule mouillée, à côté d'un ministre qui sue sang et eau pour offrir à Dieu l'image frappante d'un scélérat moribond, qui a joué le va-tout; ce qui revient à peu près au tableau d'un agonisant capucin.

Certainement Mandrin afficha plus de courage, et il avait moins de crimes à se reprocher.

Du moment donc que le scalpel du chirurgien expert aura fait sur mon inique cadavre une incision cruciale et qu'il aura séparé les ligaments qui conduisent à mon cœur (physique), j'engage l'ouvrier décimateur à ne le détacher qu'avec la plus grande précaution, car, sans quoi, il ne pourrait en recueillir que des parcelles fétides, gangrenées et coagulées de tous ces vices infâmes qui forment et établissent les derniers témoignages de ma réputation.

En supposant qu'on puisse parvenir à l'extraire, du moins en partie, mon intention est de le léguer au père du roitelet de la Vendée. Est-il vivant? Je l'ignore; car je ne suis pas instruite de tous les événements. Celui qui en fut le père putatif m'a devancé sous le glaive de la loi. Oh! le pauvre homme! il s'est réjoui de sa naissance; mais ni lui ni moi ne peuvent affirmer à qui appartenait effectivement ce rejeton clandestin de mes chaudes et brûlantes amours.

Le défunt Capet n'y a pas mis le pouce. Je ne puis m'empêcher de convenir, avec toute la nation, que, sur cet article, c'était un bien pauvre sire.

Il faut pourtant me décider, m'examiner, et définitivement léguer ce qu'il pourra rester de mon cœur. Si j'en crois cette voix qui nous déguise rarement la vérité, ce sera à Charles-Philippe d'Artois que je le ferai remettre. De tous les amants que j'ai eus, ce fut le seul qui ne fît pas l'office en petit-maître : ce libertin joua avec moi beau jeu, bon argent. J'aimais en lui l'homme qui peut procréer : il eût été désespérant pour moi d'être née féconde et de ne pas trouver une cheville ouvrière à l'ordre de la création.

Oui, c'est à d'Artois que je lègue mon cœur. A qui confierai-je un effet de cette nature?... Ma foi, je ne sais trop, le stadhouder n'en voudrait pas; le roi de Prusse, tout malin qu'il est, dirait *abrenuntio*; Brunswick s'écrierait, avec sa fausse philosophie, que quand la fête est passée, il faut resserrer les reliques. Le roi d'Espagne voudra consulter le grand inquisiteur. Il n'y aura que le prince de Galles qui s'en chargera, pour le remettre à son cher et tendre ami, qui est le mien plus encore. Leurs penchants sont conformes; *ergo*, il en sera donc dépositaire.

Il ne me reste plus rien de mon enveloppe mortelle, que ce que l'on laissera dans les souterrains de l'égalité; c'est-à-dire mes cuisses, qui firent l'objet du culte de Fersennes; mes jambes, devant lesquelles se mit à genoux le charmant Dillon. Je ne parlerai pas de cet exécrable ami des rois, de La Fayette, enfin : c'est un coquin que je méprise et que je détesterai jusqu'au moment où je fermerai les yeux. Il a profité de l'instant; sa lâche politique le mit dans mes bras. Il s'en souviendra !

Pourquoi n'est-il pas dans la même voiture qui va me conduire à la place de la Révolution, dont il a tiré si grand parti? C'est peut-être un accroissement de tourment de voir périr le complice de ses forfaits, mais j'envisagerais la mort sans horreur si celle de ce gredin précédait la mienne.

Je conserve un reliquaire auquel les esprits égarés, les fanatiques pourraient avoir parfaite confiance : c'est une portion du Lachrima-Christi, qui me fut envoyée par le pape, lors de mon mariage à Versailles. Ce qui vient de la flûte doit retourner au tambour : je prie ce bon papa de le recevoir, avec promesse de le faire baiser deux fois par jour aux deux vieilles tantes sempiternelles de mon défunt; elles ont tant d'amour pour tout ce qui tient aux choses sacrées, que je ne doute pas qu'elles ne baisent avec transport un joyau que j'ai toujours regardé comme un joujou.

Les exécuteurs de mes dernières dispositions vont peut-être me regarder comme superstitieuse : que cela soit ou non, je ne sais trop par quelle intention j'ai toujours conservé un très petit bout de corde de pendu ; je l'envoie à mon beau-frère Stanislas-Xavier. On prétend ici qu'il fut très heureux d'esquiver la potence : patience! tout vient avec le temps. Je ne sais pas non plus si on file à Coblentz ; mais une manufacture de cordes semblables à l'échantillon que je destine à ce gros puîné ferait fortune (1).

Je présume bien, et sans doute avec raison, que tout ce qui servait à mon usage, soit en utilité raisonnable, soit à mes caprices, ainsi qu'à mes délicieuses folies, n'est pas totalement anéanti, or, à mon heure dernière, si je puis encore former un vœu et en faire quelques dispositions, je vais les consigner préalablement avant les articles de ma confession que je veux rendre publique, afin de prouver que je n'ai rien perdu de mon caractère.

---

(1) « Dans ce legs de Marie-Thérèse, il est question de pendus, de cordes et de potences. J'en appelle à Favras existant ou à Favras bien et dûment accroché. Quelques jours nous saurons à quoi nous en tenir. » *Note du pamphlet*. — Le marquis de Favras, dont il est question ici, accusé d'avoir comploté, sous l'instigation du comte de Provence, le futur Louis XVIII, l'assassinat de Bailly, maire de Paris, et du général Lafayette, fut pendu en place de Grève le 19 février 1790. Sur cette mystérieuse affaire, dont la question de la survie de Favras n'est pas un des moins curieux détails, voyez le comte d'Hérisson, *Autour d'une révolution (1788-1799)*; Paris, 1888, in-18, pp. 21 et suiv., et Eugène Welvert, *En marge de l'affaire Favras*, dans *Feuilles d'histoire du XVIIe au XXe siècle* ; Paris, 1911, in-8°, t. V, pp. 297 et suiv.

Et d'ailleurs, pourquoi balancerais-je ? Voltaire avait sans doute pressenti ma cabriole quand il donna cette leçon aux chimériques esclaves de la grandeur :

*Sur du fumier l'orgueil est un abus.
Le souvenir d'un bonheur qui n'est plus
Est à nos maux d'un poids insupportable.*

Pour m'abstenir de digressions qui pourraient paraître importunes, voici donc ce que je ferais de ce qui pourrait être resté dans les boudoirs du Petit Trianon, et les envois que j'en sollicite.

Philippe d'Orléans sut capter la bienveillance du peuple ; il accapara les louanges, les bénédictions du peuple avec quelques poignées d'or ; tant il est vrai que ce mobile puissant fait agir tous les bras et tourner toutes les têtes. Mascarade patriote, il se couvrit du masque de l'égalité. Pourra-t-on trouver mauvais que mon plus vif désir est de le voir paré de celui qu'on a pu trouver au nombre de mes frivolités ? Il présente deux faces : l'une exprime l'urbanité, la popularité ; l'autre peint au naturel l'hypocrisie, l'ambition, la scélératesse et l'avarice : jamais masque ne mettra mieux d'Orléans dans son jour véritable. Combien n'existe-t-il pas encore de gens qui lui ressemblent !

Péthion, ce misérable magasinier de Chartres, parvenu, à force de bassesses, à jouer un rôle important sur le théâtre de la Révolution, a des droits incontestables à ma reconnaissance. Je me souviens de la journée du 10, dont l'issue me conduisit des Tuileries aux Feuillants, des Feuillants au Temple, du Temple à la Conciergerie, et qui bornera le cours de mes dernières promenades, de la Conciergerie à la place de la Révolution, pour y terminer la carrière que j'ai parcourue avec tant de scandale et d'ignominie.

J'ajouterai donc aux legs que j'ai déjà formés celui que je présente à Péthion, l'âme damnée, au cas qu'il me survive et qu'on le rattrape : c'est une écharpe ensanglantée, que le bon ami Bouillé m'envoya à la suite de l'affaire de Nancy. Je crois que, si l'on en décorait ce vertueux maire de Paris, au moment où sa bonne destinée pourrait le conduire sur le théâtre de la justice nationale, cette écharpe, imprégnée du sang français, contrasterait divinement avec celle que ce tartufe avait extorquée à la confiance populaire, dans le temps où la bonacité crédule traçait sur son chapeau : « Vive Péthion; Péthion ou la mort »; comme si ce tartufe devait être en effet le restaurateur de sa félicité !

J'apprends en ce moment que ce maussade Bailly, reposant tranquillement sur les fruits de son hypocrisie, vient d'avoir la bêtise de se laisser prendre et qu'il est mon commensal à la Conciergerie ! Tant mieux, je n'en suis pas fâchée. A la lucarne, un gredin de cette espèce !

C'était un gueux déguenillé quand il s'avisa de se populariser, pour plumer la poule sans la faire crier, et qui, dès que, pas à pas, il se fût établi une réputation vertueuse et probe, ce grand sec monsieur trancha du Monseigneur le Lieutenant-Général de police, à l'épithète près, eut un hôtel, un suisse, des estafiers, des commis insolents, des valets rampants, et déposa son faux patriotisme sur le piédestal de son élévation.

Toutes mes officieuses complaisantes sont disparues; conséquemment, je ne sais comment répartir les petites bagatelles qui me restent. Une des plus intimes eut le sort de la bûche à l'hôtel de la Force; sans quoi, je lui aurais concédé le *Manuel solitaire*, ouvrage rare, enrichi de notes de ma main, et Dieu sait si j'étais experte sur pareille matière!

O ma chère Jules! ô ma chère Diane! qu'êtes-vous

devenues et qui fermera ma paupière? Il fut un temps où mourante dans mon lit, j'aurais pu, sur ce témoin de mes galanteries accumulées, déposer mon dernier soupir dans le sein d'un grand aumônier mitré, crossé et bien et dûment enchapeauté; mes femmes autour de moi, m'auraient facilité ce passage d'une vie à l'autre; mais qui vais-je avoir pour compagnie?

Eh! grands dieux, quel étonnant cortège!

Il me semble déjà me voir, moi, Marie-Antoinette, archiduchesse d'Autriche, ci-devant reine d'un royaume absolu, indépendante de toutes les lois divines et humaines, persécutrice des peuples, et qui, dès qu'elle prononçait je veux, se trouvait obéie par tous les esclaves de la grandeur. Déjà? oh oui, j'entends le rappel qui rassemble à la porte de l'antre où je suis resserrée les soldats destinés à conduire le crime à sa destination. Je me suis accoutumée à apprendre ce fatal roulement. Ils s'y rangent, et on va me lier les mains... me lier les mains, à moi qui enchaînais sous l'empire de mes bizarres fantaisies tous les scélérats, nobles, apostoliques, et croupiers d'aristocratie!

Je suis enfin dans ce char qui conduisit triomphalement au supplice les conspirateurs, et j'ai à mes côtés un pauvre diable plus embarrassé de sa figure que je ne suis embarrassée de la mienne; s'il me présente son crucifix, je lui dirai : Halte-là, monsieur le prédicant, votre exhortation n'est pas à l'ordre du jour : vos confrères de la Vendée en ont souillé l'usage. Celui dont vous me parlez fut condamné et exécuté en vertu du jugement de l'aristocratie juive; et c'est le peuple juste qui ordonne mon dernier voyage; ainsi je fais la navette avec l'objet des baisers hypocrites de Custines et de Gorsas. Je ne me suis pas trompée : ma porte s'ouvre, et le plus disgracieux des compliments m'est adressé, et par qui ? par un un ministre du culte catholique, qui, se faisant passage à travers les baïonnettes dont je suis entourée, m'annonce doucereusement l'objet de son ministère. La postérité le croira-t-elle ? Mon audace ne se démentit point : bien loin de là, rappelant toute la tranquillité dont je fus inséparable pendant le cours de mes exécrables forfaits, je m'approchai du prêtre consolateur : je lui narrai ma confession, telle qu'on va la lire, avec toute la hardiesse qu'une âme criminelle et scélérate peut inspirer.

Confession dernière de Marie-Antoinette.

Avant d'entamer le chapitre de mes égarements, souffrez, monsieur, dis-je à l'ecclésiastique, un léger préambule, aussi nécessaire qu'intéressant. On m'offre votre secours, pour expier moins douloureusement les crimes que j'ai pu commettre ; vous êtes sans doute au nombre des bons républicains et vous vous glorifiez de ce titre ?

Sur sa réponse affirmative, je continuai :

Dans tous les temps, votre culte enseigna aux mortels que la confession était une consolation pour les humains qui déguerpissaient de ce monde pour aller s'établir éternellement dans l'autre. Cela peut être ; mais je vous prie d'observer que ce n'est nullement dans la vue de me consoler que je vais vous faire la mienne. Ce n'est absolument que pour convaincre le peuple français qu'il n'a point eu tort d'agir avec les tyrans de la manière qu'il l'a fait : c'est un aveu que je dois à son courage héroïque.

Ne me demandez point de profession de foi relativement à la religion.

J'eusse été près du Gange esclave des faux dieux,
Chrétienne dans Paris, criminelle en tous lieux.

Par ces vers transformés, jugez de mes principes. Aucune religion ne domina mon cœur ; la scélératesse seule y peut trouver accès. J'étais protestante avec Necker, juive avec Daniel Isaac, catholique avec Loménie. Le premier finançait à la suite de nos conférences ; le second fomenta le déficit, et le troisième m'épargna les dégoûts qui précèdent ordinairement la communion pascale, pour des gens de notre espèce, non seulement en m'absolvant, sans m'entendre sur les forfaits passés, mais encore sur les forfaits à venir. Le scélérat ! il s'estimait encore bien heureux. Lui seul était le pénitent et c'est à mes genoux qu'il me bénissait pour commettre un sacrilège...

Je n'en ferai pas autant, me répondit le philosophe catholique chargé de recueillir mes criminels détails ; vous ne devez pas même être aux miens : l'Éternel a droit à vos hommages : ainsi donc, commencez.

Un moment, s'il vous plaît, monsieur, un seul instant, et j'entre en matière. Je dois vous prévenir avant tout. N'attendez point de moi aucun acte de contrition ; j'en suis incapable : jamais le repentir n'entra dans l'âme de Marie-Antoinette, à moins que ce ne soit celui de ne m'être pas continuellement attachée à suivre l'impulsion féroce d'un cœur formé pour la barbarie.

Je ne vous entretiendrai pas de mes premières années, marquées au coin du libertinage le plus affreux ; elles annoncèrent ce que je serais dans un âge plus avancé, en sortant du ventre de ma mère. Je fus, pour ainsi dire, pétrie par les mains de la rage, et celles qui furent chargées de mon éducation n'ont pas perdu leurs soins : elles se plurent à former un monstre, et elles réussirent, vous ne l'ignorez pas, puisque toute la terre en est instruite.

La nature me doua d'un tempérament actif et le libertinage le développa.

L'occasion que je recherchai le mit en œuvre et je vins infecter le territoire français de tous les vices qui, lors de mon règne, furent à la mode à la cour et à la ville.

J'avais reçu de très bonnes leçons sur la manière avec laquelle je devais me conduire avec le peuple français. « Il est confiant, bon et facile à égarer, me répétait Marie-Thérèse; qu'il vous bénisse dans les premières années de votre règne; il n'osera jamais vous maudire. »

La première partie de cette prophétie fut réalisée, mais la seconde est bien démentie; tout me le prouve et si j'accaparai quelques bénédictions sur mon passage de Vienne à Versailles, je ne doute pas de remporter infiniment plus de malédictions dans la tombe ouverte devant moi.

Au premier coup d'œil que je lançai sur mon défunt, je connus sur-le-champ l'être que j'avais à manier et à gouverner à ma fantaisie, et le travail ne me parut pas pénible. Je lui aurais souhaité l'âme de Caligula, le cœur de Néron, les entrailles de Vespasien. Grâce à mon génie, à force de secousses, je parvins à en former un parricide : et c'était tout ce que je désirais.

Dans toutes les cérémonies publiques, j'ai toujours souri de la bonhomie du peuple. Rien de si plaisant, en effet, que de voir toute une multitude courbée devant un char surmonté ou rempli d'une idole, dont le despotisme faisait les frais aux dépens des malheureux qui payaient les violons. Alors, on s'écriait : « Vive Marie-Antoinette ! »

et maintenant on va dire : « Périsse l'exécrable Antoinette ! »

Juste retour des choses d'ici-bas !
Personne ne fut plaint, et l'on ne me plaint pas.

Il existe cependant une terrible métamorphose entre une charrette et un carrosse destiné à étaler la pompe des rois : j'en appelle à la représentation de celui de mon sacre.

Je reviens à ma confession ; elle est odieuse, j'en conviens, pour des oreilles républicaines, mais j'en fais le sacrifice à la vérité, et je continue.

Arrivée à la cour de France, chacun sait comment je m'y comportai ; je séduisis les uns, je corrompis les autres ; et rien ne m'échappa, que le fil populaire : et c'était bien celui que j'aurais dû conserver, puisqu'il était entre mes mains.

Je m'y livrai à tous les excès ; et Dieu sait, et vous, monsieur, combien les suites en devinrent dangereuses et désastreuses.

Tout était à ma disposition : j'en abusai, j'entrai dans tous les détails, et rien ne se sauva de ma rapacité.

Je ne vous raconterai pas mes prouesses libertines ; vous seriez le seul qui pourriez les ignorer. Hommes et femmes, tout me servit : sans égards aux droits que prescrit la nature, j'en changeai la disposition et fournis aux siècles à venir un exemple mémorable de lubricité, de paillardise et d'obscénité.

Corrompue, séduite, égarée, en proie à tous les excès, familiarisée avec tous les crimes, j'en parcourus la carrière avec une hardiesse inconcevable ; sans pudeur aucune, le délire effréné de mes sens n'eut plus de bornes : je devins adultère et mère, et je n'aspirai à voir mes enfants dans l'âge de puberté que pour être moi-même leur institutrice, et leur faire partager mes détestables égarements.

Je passe sous silence toutes les horreurs qui précédèrent la révolution française et dont je fus la cheville ouvrière. Toute la terre fut le témoin de mes fureurs criminelles; mais je ne pus consommer mes exécrables forfaits. Le sang des Français pouvait seul assouvir la rage dont j'étais pénétrée : j'en avais une soif ardente, et la quantité que mes satellites en ont fait répandre ne l'étancha qu'en partie. Cette soif subsiste encore et ne s'éteindra qu'avec ma vie : jugez maintenant si je suis digne des faveurs célestes !

Aussi c'est au diable que je voue mon âme impure.

Je viens maintenant, monsieur, au moment qui commence la fatalité de ma situation actuelle, et que j'envisageais comme devant être au contraire le but où tendaient mes plus chers désirs : ce fut mon départ pour Varennes. Je voyais, de loin, s'accomplir mes projets de haine et de vengeance. Ah! monsieur, quelle délicieuse satisfaction pour moi de venir, à la tête des troupes impériales, hongroises, autrichiennes, porter le massacre et la mort, le carnage et l'incendie! Semblable à Néron, mon âme, modelée sur la sienne, aurait ressenti tous les charmes de ce spectacle ravissant. Paris en cendres et la terre jonchée de cadavres expirants, d'enfants égorgés sur le sein de leurs mères, auraient fixé mes regards tranquilles. J'en aurais savouré les délices; mais, ô trop fatal retour! que d'humiliations me fit éprouver la catastrophe de ce voyage! Je n'avais plus d'autre ressource que celle de l'hypocrisie. Pour réparer ce fâcheux événement, je la mis en usage; et l'espoir rentra dans mon cœur quand je vis le peuple français paraître oublier ce voyage funeste et remordre à l'hameçon. Bailly m'avait servi au mieux, La Fayette trompait tout ce même peuple en entrant secrètement dans mon plan de conduite ; mais Péthion surpassa ces deux apôtres de ma vengeance.

Ce tartufe scélérat voyait le peuple le chérir avec idolâtrie ; les chapeaux étaient chamarrés des louanges de ce fourbe insigne et son écharpe était autant l'objet des adorations parisiennes que l'avaient été précédemment la croupe du coursier et les bottes du commandant de la garde nationale parisienne.

Arriva enfin la journée du 10 août. Concevez-vous bien, monsieur, la joie barbare dont j'étais animée ? L'espoir était rentré dans mon cœur, et mes yeux se perdaient dans l'avenir : ah ! combien j'en spéculais l'issue ! Péthion ! le cher Péthion était encore en possession de toute la confiance populaire ; je l'avais chargé de tout ce qui pouvait accélérer la ruine du Français.

Mes yeux se repaissaient avidement de la scène agréable qui devait se passer sur la place du Carrousel ; elle était assez bien méditée pour que je n'en craignisse pas l'événement.

Mes fidèles poignardins, travestis en suisses, encourageaient les suisses véritables : je n'épargnai ni l'or, ni les caresses.

Mes canons disposés à faire feu devaient balayer ce peuple, de qui je n'aurais pas soupçonné le courage ; mais semblable aux Spartiates et aux Athéniens, mon feu s'en alla en fumée, et j'eus la mortification de voir échouer mon entreprise.

Je dois cependant l'avouer : réfugiée dans le sein de l'Assemblée nationale, le bruit terrible de l'artillerie, bien capable d'affliger toute âme sensible, réjouissait la mienne ; chaque boulet lancé me présageait la destruction du peuple : mais, ô comble du malheur ! c'était la défaite de mes agents.

Renfermée ensuite aux Feuillants, de ce moment je me

crus perdue. Néanmoins, je ne fus pas totalement abattue ; je ne sais pas quel démon m'inspirait encore ; aussi, lorsque je montai dans la voiture qui devait me transporter au Temple, je conservai une contenance hardie, grâce à la présence de Manuel, que je détestais, quoiqu'il me servît bien, et cela parce qu'il n'était pas porteur d'une physionomie heureuse : vous devez savoir cela comme moi, monsieur ? Il y a de ces figures de réprouvés qui ne peuvent plaire à personne, pas même aux scélérats qui les emploient.

Bref, me voilà donc au Temple, et dans une tour ! Ah ! grands dieux ! quelle chute pour une reine qui aurait voulu avoir l'univers à ses pieds (1), comme le disait platement ce marquis de Bièvre ! La constitution *cavita* se trouva alors *à quia*, ainsi que moi et ma famille.

Une détention de cette nature offrait un champ vaste à mes réflexions ; mais je n'en fis pas. Ma rage n'était point épuisée ; mais ne la pouvant remplir, comme il ne me restait plus que le plaisir, je m'y livrai tout entière.

Vous allez maintenant, monsieur, me connaître plus entièrement. Je m'attends bien aux comparaisons ; la lubricité de Messaline, celle des Rhodope et Phryné ne surpassèrent pas la mienne dans le donjon où j'étais confinée.

Mais ce que l'univers ne pourra croire qu'avec peine, c'est que ce fut dans le sein de ma famille même que je choisis les objets de ma débauche. Je n'avais qu'eux ; il fallait bien que je m'en servisse.

Les officiers municipaux étaient par trop récalcitrants, sans quoi je les aurais mis en œuvre. Ma garde était surveillée avec soin, sans quoi je l'aurais séduite et aurais

---

(1) Lisez l'uni-verd, comme ce plat calembour l'exprime. — *Note du pamphlet.*

essayé d'en faire d'une pierre deux coups ; mais ce moyen m'étant interdit, je me bornai malgré moi à ma belle-sœur, à ma fille et à mon jeune fils.

Pour mon mari, être absolument nul, je le laissai en proie au chagrin et rêver aux moyens qu'il emploierait pour se tirer de là.

Élisabeth Capet fut la première que j'endoctrinai : je lui appris ce qu'il serait à souhaiter que toute la terre ignorât pour le salut des mœurs ; et quand elle fut complètement instruite, je l'engageai à faire sortir Thérèse Capet de l'état d'innocence : sans doute elle y a réussi ; les voies étaient préparées, et je vous le dis confidemment, si ses jours sont prolongés, j'ai le doux espoir que jamais fille ne ressemblera mieux à sa mère ! Dieu le veuille, et je mourrai contente.

Mon jeune fils me restait à former ; j'en fis la victime de mes horribles amusements ; je le rendis précoce, et par degrés le faisant sortir des bornes de la sagesse enfantine, je lui donnai les premières notions d'un plaisir naturel pris en son âge, dans l'espérance qu'il serait épuisé avant le terme prescrit par la nature.

Élisabeth me seconda, et insensiblement nous parvînmes à l'habituer à cet exercice affreux, qui révolte la raison et qui fit périr tant de jeunes infortunés, même dans les maisons d'éducation confiées à l'administration des moines et prêtres séculiers.

Vous frémissez, monsieur ? l'indignation se peint sur votre visage : vous qui recueillez ordinairement les aveux des consciences souillées de crimes, vous m'entendîtes jamais, et j'en suis persuadée, le récit de semblables forfaits ; mais au moins j'aurai la gloire d'être une fois sincère en ma vie ; comme sans doute ce sera la dernière, je ne m'en repentirai pas.

Ma translation à la Conciergerie interrompit le cours

de ces actes révoltants ; et ce fut à mon bien grand regret. Point de jouissances délicieuses à espérer dans ce séjour, où les partisans du crime confondus n'ont que la mort ou l'ignominie devant les yeux.

De grands et robustes gendarmes auraient offert à ma sensualité des adoucissements ; mais ce corps est incorruptible, hélas ! Je ne pouvais que les toiser de mes regards : quelle triste situation pour une femme de ma trempe !

Assise sur le redoutable fauteuil dont on descend rarement sans aller expirer sur la place de la Révolution, je promène çà et là mes regards sur un peuple qui m'avait adoré. O sublime effet de la Révolution ! ce n'est plus une multitude d'idolâtres que je contemple, c'est une foule de citoyens justes qui prend sa revanche et qui attend mon supplice, comme une réparation des maux que je lui ai fait essuyer.

Je recevrai le coup avec cette contenance altière qui ne m'a jamais abandonnée. Mon seul regret, en quittant la vie, ce sera celui de n'avoir pas fait tout le mal que j'ambitionnais de commettre.

Dispensez-moi de bénédictions, elles n'appartiennent qu'à celui qui éprouve des remords ; et je vous le répète, mon âme en est incapable. Tranquille dans le crime, je jouis encore au seul souvenir de mes atrocités passées ; et si j'étais libre et dégagée des infâmes liens qui me retiennent, oui, si je jouissais de ma splendeur, je ne l'emploierais qu'à consommer la destruction du peuple.

Partons ; maintenant mon cœur est soulagé ; il m'importe peu que ma confession soit rendue publique ; au moins l'univers répétera :

Elle est morte comme elle a vécu !

LE BRANLE
DES CAPUCINS,

OU

LE MILLE-ET-UNIEME TOUR

DE MARIE-ANTOINETTE.

Petit Opéra Aristocratico-comico-risible, en deux Actes.

A S. CLOUD.

De l'Imprimerie des Clair-voyants, Cul-de-Sac des Recherches.

———

1791.

III

« Le Branle des Capucins. »

NOTICE BIBLIOGRAPHIQUE

Voici une petite comédie purement et simplement satirique (1). Sans doute, ce n'est pas un rôle ingénu qu'y joue Marie-Antoinette, mais ce rôle est anodin et agréablement naïf en regard de ceux que lui attribuent d'autres pamphlets. C'est, en somme, Louis XVI dupé et cocu qui est le héros de la comédie. On y voit, naturellement, figurer l'inévitable comte d'Artois, impertinemment libertin, et l'audacieuse, effrontée et nécessaire Polignac. Mais ici la reine mène la ronde avec une impudence que n'excusent pas les couplets qu'on lui fait chanter. *Le Branle des Capucins* est un naïf exemple des indigentes imaginations de quelques libellistes.

(1) Son titre exact est : *Le Branle des Capucins ou le Mille et unième tour de Marie-Antoinette*, petit opéra aristocratico-comico-risible, en deux actes; à Saint-Cloud, de l'imprimerie des Clairvoyants, cul-de-sac des Recherches ; 1791, in-8°, 24 pp. — Il a été réimprimé par Gay : *Le Branle des Capucins ou le 1001e tour de Marie-Antoinette*, pièce révolutionnaire, réimprimée textuellement sur l'édition originale de 1791 et précédée d'une note bibliographique; Strasbourg, 1876, in-16.

Le Branle des Capucins

ou

le mille et unième tour de Marie-Antoinette

Petit opéra en deux actes

PERSONNAGES

Louis de Bourbon, premier citoyen actif de France et de Navarre.
Marie-Antoinette-Joséphine-Jeanne d'Autriche, sa femme.
Louis-Nicolas-Paul-Eugène Mottier, ci-devant de la Fayette, commandant général des soldats citoyens de la ville de Paris.
Deux Capucins.

Le premier acte se passe dans le parc de Saint-Cloud et le second dans un appartement du château.

ACTE PREMIER

SCÈNE PREMIÈRE

ANTOINETTE, *seule*.

Où diable d'Artois a-t-il été s'aviser de venir me voir en capucin?... Et ma chère Polignac dans le même costume! Hélas! qu'il est loin ce temps où tous ensemble... Mais pourquoi s'arrêter à un fâcheux souvenir? Nation maudite, puisses-tu être un jour anéantie! Puissé-je un jour te voir nager dans des flots de sang de tes détestables soldats!... D'Artois est ici... Je veux bannir la tristesse et m'en donner aux dépens de mon vieux cocu...

Air : *Laire, lan, là.*

Quand de vin il sera épris
Ce pauvre Blaise de Louis,
Comme nous allons le faire
Laire lan là, laire lan laire,
Laire lan laire, laire lan là !

SCÈNE II

ANTOINETTE, DEUX CAPUCINS

ANTOINETTE, *à d'Artois.*

En vérité, comme j'aime à te contempler sous cet habit, avec ta barbe, ton capuchon et ton gros cordon....

LA POLIGNAC

C'est l'amour père quêteur.

Air : *Jupiter un jour en fureur.*

La canaille un jour en fureur
Le fit éloigner de vos charmes,
Mais pour vous il quitte les armes
Et se fait frère quêteur.

D'ARTOIS

Pour qu'un même toit nous rassemble,
Il faut te faire capucine,
Quand on sonnera matines   (*bis.*)
Nous les dirons ensemble.   (*bis.*)

ANTOINETTE

Tu es toujours gai, tu as raison, il n'est rien de tel que la gaieté. Il faut faire renaître notre ancien temps, pendant que nous voici ensemble. Il m'est venu une idée... mais une idée bien risible...

LA POLIGNAC

Il faut l'effectuer.

ANTOINETTE

Air du *Port-Mahon.*

Mon vieux débonnaire
Ne ver, ne verra rien à l'affaire,

>   Et du sénat les pères
>   Je les ai tous pendus
> A mon cul, à mon cul, à mon cul.
>   Je les ai tous pendus
>   A mon cul, à mon cul,
>   Eux et la clique entière
> De leurs soldats volontaires,
>   Aujourd'hui je veux faire
>   Papa Louis miché
> A son nez, à son nez, à son nez.

Il ne vous reconnaîtra, j'en suis sûr, ni l'un ni l'autre : je lui ferai croire que vous êtes deux religieux d'une piété éminente, en qui je mets toute mon estime et ma confiance, que je veux toujours vous avoir près de moi... pour m'avertir lorsque je ferai quelque faute et m'imposer une pénitence. Il donnera dans le piège, le bonhomme, il n'y voit pas plus long que son nez... Ensuite, à table, je commence par le faire boire comme un trou ; après lui avoir fait signer tout ce que nous jugerons à propos, je lui redouble la dose et le fais dormir comme une chouette... C'est alors que je lui joue la meilleure des pièces...

D'ARTOIS

Tu me fais languir.

ANTOINETTE

Nous nous prendrons par la main et tournerons à l'entour de lui en chantant :

>   Dansons le branle des capucins, cin, cin,
>   Dansons, etc.

LA POLIGNAC, *éclatant de rire.*

Bien imaginé, madame.

D'ARTOIS

Allons, que veux-tu gager ?

LA POLIGNAC

Il faut gager de manière que le perdant ait autant d'avantages que le gagnant.

ANTOINETTE, D'ARTOIS, *à la fois.*

Comment ça?

LA POLIGNAC

Il faut gager l'action même de la gageure : vous danserez et ferez en même temps le branle des capucins.

D'ARTOIS

Bien dit. C'est fait.

ANTOINETTE

Parole. Cependant il faudra prendre garde, car ce La Fayette est toujours ici comme un furet. Monsieur se donne les tons de m'épier, si je veux faire un pas, il faut que monsieur m'accompagne ou me fasse accompagner... S'il vous reconnaissait, il l'irait bien vite dire aux bandits qu'il commande... Ils oseraient, je gage, te menacer de leur lanterne...

D'ARTOIS

Air : *Un vain étalage.*

Tout leur étalage
Ne me fait point peur,
Tout leur bavardage
N'effraye pas mon cœur.

Quand notre mitraille
Balaiera les faubourgs.
Ces soldats de paille
Pourront dire à leur tour :

Tout notre étalage
Ne faisait point peur,
Notre bavardage
N'effrayait pas leur cœur.

Notre bavardage,
Notre bavardage
N'effrayait point leur cœur,
N'effrayait point leur cœur

LA POLIGNAC

Tout cela n'aura qu'un temps.

Ça n'dur'ra pas toujours,
Ça n'dur'ra pas toujours.

ANTOINETTE

Ils ne feront pas toujours tant d'embarras avec leurs habits bleus...

Air du vaudeville du Sorcier.

Malheur à la race infernale
Qui nous menace du trépas.
Cette garde nationale
Ne nous intimidera pas.
Si mon pouvoir ma rage égale,
Je brave son ton imposant.
Je sévirai tant, tant, tant, tant
Qu'un jour la famille royale
Reconquérira sa splendeur
Par ma vengeance et ma fureur.

LA POLIGNAC

Bannissons pour l'instant toutes les idées qui pourraient nous attrister et ne songeons qu'à jouir de nos courts instants à rester ensemble.

D'ARTOIS

Air : la Faridondaine.

L'office pour ce jour prescrit
Est, dans notre bréviaire,
Au commun des cocus écrit
Par un commandataire,
Il faut, à l'honneur de Louis,
La faridondaine, la faridondon,

Ensemble le chanter ici,
    Biribi,
A la façon de Barbari,
    Mon ami.

TOUS ENSEMBLE

Il faut, à l'honneur de Louis,
La faridondaine, la faridondon,
Ensemble le chanter ici,
    Biribi,
A la façon de Barbari,
    Mon ami.

LA POLIGNAC

Ah ! j'aperçois La Fayette, sauvons-nous.

(Ils s'en vont.)

SCÈNE III

LA FAYETTE, *seul.*

J'ai tout entendu... Que faire cependant ? Les découvrirai-je ?... Non, je me tairai encore pour l'honneur de mon roi, et je me contenterai de leur porter ombrage... Ils m'en voudront encore... Peu m'importe... Rien ne doit arrêter un bon citoyen lorsqu'il s'agit des intérêts de sa patrie et de son roi...

    Air : *Où peut-on être mieux ?*

    Ah ! peut-on faire mieux,
    Ah ! peut-on faire mieux
    Que d'aimer sa patrie !
Toujours content, toujours joyeux,
    En dépit de mes envieux,
Je l'aimerai, la chérirai
    Comme ont fait mes aïeux.
    Comme mes bons aïeux
Je veux pour elle toujours combattre,
Toujours fidèle, je veux abattre
Ses ennemis et ses tyrans
Toujours unis, soyons vaillants ;

On ne peut faire mieux,
On ne peut faire mieux
Que d'aimer sa patrie
Toujours content, toujours joyeux,
En dépit de mes envieux,
Je l'aimerai, la chérirai
Comme mes bons aïeux.

Fin du premier acte.

ACTE II

SCÈNE PREMIÈRE

LOUIS, ANTOINETTE, LES DEUX CAPUCINS, à table.

LOUIS, *à Antoinette.*

Je suis, madame, enchanté de votre pieuse résolution.

LA POLIGNAC, *parlant du nez, en capucin.*

C'est la grâce qui opère.

LOUIS

Hum, hum.

(*Il boit.*)

D'ARTOIS, *à Antoinette.*

Vous ne buvez pas, madame?

(*Il chante gravement et lentement sur le ton du Magnificat.*)

Le jus, us, us de la treille est délicieux,
C'est le meilleur présent, ent, des cieux, eux.

Antoinette, les deux capucins ensemble, sur le même ton, avec variations et faux-bourdon.

Le jus, us, us de la treille est délicieux,

(*Ils se regardent alternativement et rient sous cape.*)

C'est le meilleur présent, ent, des cieux, eux.

LOUIS, *étourdi du concert.*

Eh, eh... Holà, holà, buvons.

(*Il boit.*)

D'ARTOIS

Boire, le petit coup donne du courage. Dans nos monastères nous buvons aussi de temps en temps la petite goutte, pour ranimer notre ferveur...

LOUIS

C'est tout simple. Il a raison le bon père... (*Il boit.*) Parbleu, vous m'avez l'air de deux bons vivants... Allons, vivent le vin et la gaieté...

    Père capucin,
    Confessez ma femme.

D'ARTOIS

    Ah ! ne craignez rien,
    Je le ferai bien...

LOUIS

D'abord, il ne faut lui passer rien.

LA POLIGNAC

Soyez tranquille, nous ferons bien...

LOUIS

    Père capucin,
    Confessez ma femme.

D'ARTOIS

    Ah ! ne craignez rien,
    Je le ferai bien.

LOUIS

Le chant altère. (*Il boit.*) Cela ravigote.

AIR : *Aussitôt que la lumière...*

    Aussitôt que le soleil
    Luit à travers mes rideaux,
    Je me soustrais au sommeil
    Pour courir à mes marteaux
    A côté de mon enclume,
    J'ai toujours quatre ou cinq tonnes,
    Pour humecter mon volume,
    A chaque coup que je donne.

(*Il boit.*)

Ventrebleu, je parierais mon royaume de boire un tonneau dans un jour...

LA POLIGNAC, *étouffant de rire, à demi-voix.*

Il bat la campagne.

ANTOINETTE

Il est pris, il est pris, il est pris !

Louis, après avoir bu à coups redoublés, bâille, s'étend dans son fauteuil et s'endort.

LA POLIGNAC

Le voilà parti.

ANTOINETTE

Très fort. Nous pouvons nous mettre en action.

(Ils se lèvent tous trois.)

LA POLIGNAC

Commençons le branle.

(Alors ils reculent la table, de manière que Louis se trouve étendu dans son fauteuil, au milieu de l'appartement. Ensuite, se prenant par la main, ils tournent à l'entour de lui, en chantant, d'une voix modérée.)

Dansons le branle des capucins, cin, cin,
Dansons le branle des capucins !

(Ils s'arrêtent.)

D'ARTOIS

Les capucins font com... me ça...

(Un intervalle.)

Air : *Sentir avec ardeur.*

Exprimer son ardeur
A celle qu'on aime,
C'est le bonheur du cœur.
Le cocu sommeille,
Que rien ne l'éveille.
J'exprime avec ardeur
A celle que j'aime,
Tout le bonheur du cœur.

(Un intervalle.)

11

TOUS ENSEMBLE

Dansons le branle des capucins, cin, cin !
Dansons le...

SCÈNE II

LES PRÉCÉDENTS, LA FAYETTE

Grande musique.

LA FAYETTE, *entrant précipitamment.*

Le tour est risible.

ANTOINETTE

Que viens-tu faire ici ?
Tu es bien hardi !

LA FAYETTE

Le tour est risible !

LA POLIGNAC

Quel contretemps !...

D'ARTOIS

J'ai tout fini,
J'ai tout fait, je suis content.

LOUIS, *s'éveillant en sursaut.*

Qu'est-ce que tout ça veut dire ?

LA FAYETTE

Vous êtes trompé, Sire...
Vous êtes trompé.

LOUIS

Comment ça, comment ça ?
Qu'est-ce que tout ça veut dire ?
Comment ça ? Je suis trompé ?

D'ARTOIS

La Fayette est un pied plat.

LA POLIGNAC, *en même temps.*

C'est un fat, c'est un fat.

ANTOINETTE

Ne le croyez pas.

LOUIS

Qu'est-ce que tout ça veut dire ?
Je ne comprends pas.

D'ARTOIS, LA POLIGNAC, *ensemble.*

Tout n'est pas perdu,
Ça nous est égal,
Il est encore une fois cocu.
Tout n'est pas perdu,
Ça nous est égal,
Il est encore une fois cocu.

LOUIS

Que veulent dire ces capucins ?
J'y perds mon latin.....

LA FAYETTE

Sire, ne reconnaissez-vous pas....

LOUIS, *prenant sa lorgnette.*

Oh ! oh !... Quel tour est-ce là ?.. Heu ! heu ! le comte d'Artois en capucin et Mme de Polignac... Hum, hum... Quelle idée... il y a quelque anicroche là-dessous...

D'ARTOIS

La Fayette est un imposteur et ne cherche qu'à vous faire tout entrevoir en mal. Si je me suis ainsi déguisé, c'était pour jouir du plaisir de revoir en secret un frère chéri....

LOUIS

Hum, hum... Lequel croire ?.. Lequel m'en impose ?.. Allons, allons, il faut que tout cela soit passé sous silence ; vous vous retirerez promptement dans votre costume incognito, et que tout finisse par là...

VAUDEVILLE

Air : *L'amour est un enfant trompeur.*

LOUIS

Ma figue, me voilà dans l'erreur,
Je suis presqu'en colère,
Quel que soit le trompeur,
Je ne serai pas sévère.

A Antoinette.

Tout ça me donne à soupçonner,
Car je ne sais trop quoi penser
De vos révérends pères.   (*bis*)

ANTOINETTE

Sire, combien de flatteurs
Vous font de vains mystères !
Vous connaissez mon cœur,
Vous le savez si sincère !
A voir le peuple vous mener,
On dirait qu'il va vous crier :
Oh ! l'cul, les étrivières !   (*bis*)

D'ARTOIS

Ah ! dans ce moment de rumeur,
Laisserez-vous vos frères
Déchus de leur honneur,
Dans les cours étrangères ?
Vous-même pourrez-vous rester
Toujours esclave et sans bouger
Comme un révérend père ?   (*bis*)

LA POLIGNAC

On dirait que vous avez peur
De lever tête altière.
Votre trop de douceurs
Vous met à la lisière,
Votre sort est à déplorer
Et tout Français doit vous trouver
Pis qu'un révérend père !   (*bis*)

LA FAYETTE

Pour vos enfants, plus de bonheur
Si ces révérends pères
Vous donnaient de l'ardeur
Pour voir leur monastère.
Toujours le peuple il faut aimer,
Et vous l'entendrez chanter :
Vive notre bon père !   (*bis*)

CHORUS

ANTOINETTE, D'ARTOIS, LA POLIGNAC

Vous-même pourrez-vous rester
Toujours esclave et sans bouger
Comme un révérend père ?   (*bis*)

LA FAYETTE, *avec eux*.

Toujours le peuple il faut aimer,
Et vous l'entendrez chanter :
Vive notre bon père !   (*bis*)

AVIS AUX LECTEURS

Ces capucins pleins de ferveur
Sont allés en prière
Baiser avec ardeur
La mule du saint père ;
Que qui voudrait les imiter
Sache que, à force de durer,
La semelle est à terre.   (*bis*)

VIE PRIVÉE

LIBERTINE ET SCANDALEUSE

DE

MARIE - ANTOINETTE D'AUTRICHE,

CI-DEVANT

REINE DES FRANÇOIS.

Depuis son arrivée en France, jusqu'à sa détention au Temple.

Ornée de ving-six gravures.

TOME PREMIER.

Aux Thuileries et au Temple,

Et se trouve au Palais de l'Égalité, ci - devant Palais Royal, chez les marchands de nouveautés.

L'an premier de la République.

IV

« Vie privée, libertine et scandaleuse
de Marie - Antoinette. »

NOTICE BIBLIOGRAPHIQUE

De tous les pamphlets contre Marie-Antoinette, celui-ci est, certes, un des plus rares et parmi les plus fameux. Malgré cette double raison, il n'a jamais été réimprimé par un éditeur moderne. Sa première édition est de 1791. Il s'intitulait alors : *La cour de Louis XVI dévoilée ou Mémoire pour servir à l'histoire des intrigues secrettes, actions et débordemens de Marie-Antoinette, reine des Français, dispensatrice et usurpatrice du pouvoir exécutif sur le royaume de France* (1). Peu après il a reparu sous deux autres titres : *Vie de Marie-*

---

(1) Un exemplaire de ce tirage a figuré au *Catalogue de la bibliothèque de M. Alf. Begis...*, 2ᵉ partie, n° 299. Il a été adjugé, à 90 francs, à M. Ed. Rahir.

Antoinette d'Autriche, reine de France, femme de Louis XVI, roi des Français, depuis la perte de son pucelage jusqu'au 1er mai 1791, et *Vie privée, libertine et scandaleuse de Marie-Antoinette d'Autriche, ci-devant reine des Français, depuis son arrivée en France jusqu'à sa détention au Temple*, titre sous lequel il est le plus généralement connu et que je lui donne ici, parce qu'il me paraît le seul exact. C'est, du reste, sous ce titre qu'en 1793 Duhroca, rédacteur de la *Feuille de correspondance du libraire*, l'annonçait à ses abonnés et lecteurs : « Nous avertissons par avance, disait-il,
« les pères de famille de ne pas laisser tomber cet ouvrage
« dans les mains de leurs enfants. Les gravures libres dont il
« est accompagné, le style non moins libre dont il est écrit
« pourraient bien produire en eux des ravages dont ils se
« repentiraient, et nous sommes au moment où des mœurs
« sévères doivent présider à l'éducation de notre jeunesse. Il
« ne faut donc mettre cet ouvrage que dans les mains des
« hommes faits ; encore doit-on les prévenir que ce n'est pas la
« vérité tout entière qu'ils liront, mais bien de fortes présomp-
« tions sur la plupart des faits racontés. Au surplus, le mal
« que pourrait répandre la calomnie sur une famille aussi per-
« verse est si peu de chose en comparaison de celui qu'elle a
« voulu nous faire, que, quand il arriverait que les traits les
« plus faux de cette histoire seraient crus à la lettre, ce ne
« serait encore qu'une juste peine que subiraient des êtres mal-
« veillants auxquels une nation généreuse avait voulu assurer
« le plus beau sort de l'univers et qui, pour prix d'un sem-
« blable bienfait, tramèrent le complot le plus affreux dont
« jamais l'histoire nous a transmis le détail (1). » Ce singulier morceau de critique littéraire et politique résume assez bien la pensée du livre. Marie-Antoinette y devient la plus étonnante et la plus extravagante des aventurières libertines. De sa vie l'auteur anonyme a fait un bien curieux et impudique roman, que je ne tenterai pas de réfuter, me bornant, au cours de la réimpression que j'en donne, à signaler, çà et là, quelques traits particulièrement hasardés et étranges. Il importe de ne pas confondre cette *Vie privée* avec la *Vie de la reine* que

---

(1) Cité par M. Tourneux, *Bibliographie de l'histoire de Paris pendant la Révolution française...*, t. IV, p. 90, n° 21,053.

signale Manuel dans sa *Police de Paris dévoilée* (1), et dont le ministre Vergennes soupçonna Imbert de Boudeaux et son frère Imbert de Villebon d'être les auteurs. Il est à peu près certain que la *Vie de la reine* n'est autre que l'*Essai historique sur la vie de Marie-Antoinette*, dont il a été parlé par ailleurs. Le texte, enfin, prouve péremptoirement que le libelle date de la première période de la Révolution, des allusions y étant faites à des événements de 1790 et 1791. Malgré sa longueur, je le réimprime ici textuellement, en modèle du genre. C'est un pamphlet qui résume tous les autres et les complète, prenant Marie-Antoinette à ses premiers pas pour la mener au seuil de cette prison, où elle eut à suer ses dernières nuits de majestueuse, pitoyable et juste agonie.

Je supprime les gravures qui accompagnent l'édition originale. Ma tâche n'est point de fournir des éléments à la décoration des musées secrets et privés.

---

(1) P. Manuel, *La Police de Paris dévoilée...*, t. I, p. 275.

Vie privée, libertine et scandaleuse de Marie-Antoinette

———

Il est des traits sur lesquels les monstres à qui on les reproche passeraient inutilement l'éponge la plus imbibée de repentir. L'indignation qu'ils ont inspirée en provoque un souvenir éternel, et l'œil le moins insensible ne se rassasierait pas de voir ces pestes de la société expier leurs forfaits dans les horreurs des plus cruels supplices.

Tels sont les traits qui caractérisent la vie de mon héroïne. Toutes les scélératesses dont l'histoire nous a conservé le tableau, la lubricité des Messalines, jointe à la cruauté des Frédégondes, toutes les subtilités imaginaires dont nos romanciers ont pourvu leurs enchanteresses, se trouvent, dans Marie-Antoinette d'Autriche, réunis à un degré d'atrocité et de raffinement inconnu sur la terre jusqu'à son association à l'héritier du trône.

Si l'on en croit cette sorte de chronique qui, pour être scandaleuse, n'en offre pas moins des vérités incontestables, ce fut le plus ambitieux des souverains, l'homme le plus immoral, le père de Léopold enfin, qui eut les prémices de la reine des Français, et l'introduction du priape impérial dans le canal autrichien y cumula, pour ainsi dire, la passion de l'inceste, jouissances les plus sales, la haine des Français, l'adversion pour les devoirs d'épouse et de mère, en un mot tout ce qui ravale l'humanité jusqu'au niveau des bêtes féroces. Vous, écrivains faméliques, reptiles de la littérature, dont les plus vénales élèvent jusqu'aux cieux le crime qui vous salarie, et s'efforcent de rendre criminelle aux yeux de la nation la vertu qui vous méprise, rougissez d'avoir prostitué votre encens à la plus méprisable des femmes. Si le ciel ajoutait un nouveau bienfait à ceux dont la France lui est redevable, rendait le roi sans femme et ses enfants sans mère, cette épitaphe déjà connue serait la seule qui convînt à Marie :

> Ci-gît l'impudique Manon
> Qui, dans le ventre de sa mère,
> Savait si bien placer son c..
> Qu'elle f... avec son père.

Nous ne la mettrons ici en parallèle avec personne. La nature avare de fléaux aussi destructeurs n'en a produit jusqu'à présent aucun qui puisse lui être comparé.

A dix ans, Marie-Antoinette s'amusait avec ses sœurs, à qui la première elle apprit des moyens factices qui dédommagent en partie de la jouissance réelle.

Le ci-devant cardinal de Rohan, ambassadeur à la cour de Vienne, devint épris de ses charmes et lui en fit une déclaration. On lui permit d'espérer (1). Les avantages personnels de ce prêtre réfractaire sont aussi

---

(1) Dois-je faire observer ici que Marie-Antoinette avait, depuis un an et demi, quitté la cour d'Autriche pour épouser le dauphin (Louis XVI), quand le cardinal de Rohan fut envoyé comme ambassadeur de France à Vienne, par le ministre d'Aiguillon ? La dauphine ne rencontra pour la première fois le futur cardinal qu'à son passage à Strasbourg, où il était coadjuteur de son oncle, le 7 mai 1770. Il lui souhaita la bienvenue à son arrivée à l'évêché. Cf. Maurice Boutry, *Autour de Marie-Antoinette*; Paris, s. d., in-8°, pp. 174 et suiv.

connus que son ineptie et sa dissolution. Quoi qu'il en soit, un officier allemand eut sur lui la préférence et apprit à Marie les droits de l'homme, les devoirs de la femme, ou, pour mieux dire, toutes les différentes positions qui rendent la jouissance plus voluptueuse. Marie était née avec une mémoire trop heureuse pour oublier jamais les principes de cette jolie tactique.

Rohan-collier, instruit de cette nouvelle intrigue, conçut de l'indignation; il tint des propos non équivoques sur le compte de l'archiduchesse. Ils lui furent rendus; mais elle feignit de les ignorer et remit à un temps plus éloigné le soin de l'en faire repentir.

Sur le point de quitter Vienne pour se rendre en France, Joseph II donna à sa sœur les conseils les plus destructifs pour l'empire où elle allait figurer comme souveraine. Elle promit de les suivre et n'a que trop tenu parole (1).

L'exclamation par laquelle sa mère exprima sa joie, lorsqu'elle en fut débarrassée, justifie assez la dose des vices dont Antoinette était pourvue.

Tout le monde sait cette phrase à jamais mémorable de la reine de Hongrie : « Combien je me venge de cette nation en lui donnant un pareil monstre ! »

Marie-Antoinette vint en France en 1768. Voici à peu près la situation de ce royaume à cette époque :

Le duc de Choiseul était alors premier ministre; du moins il avait pris sur Louis XV l'empire le plus despotique.

Tout le monde sait quelles étaient les avenues qui conduisaient le plus rapidement à la confiance de ce

---

(1) Le lundi 21 avril 1770, Marie-Antoinette quitta Vienne pour se rendre en France et contracter le mariage préparé par la politique de Choiseul. Cf. Maurice Boutry, *Le mariage de Marie-Antoinette;* Paris, 1904, in-8°, p. 65.

monarque, tout à la fois le plus aimable, le plus faible et le plus méprisable des hommes. Choiseul n'avait négligé aucun des moyens nécessaires pour y parvenir, et il avait réussi. Néanmoins ses profondes connaissances dans la politique, les fréquents exemples dont il avait été frappé, le ressentiment d'une maîtresse de Louis XV (la Dubarry), qu'il avait méprisée et même insultée publiquement, tout cela lui fit craindre une décadence prochaine; et pour prolonger son règne, il imagina cette charmante union de l'archiduchesse d'Autriche avec le dauphin. Si la reconnaissance doit égaler le bienfait, on conviendra que le ressentiment doit être proportionné à l'outrage. Aussi le coup porté à notre empire par ce ministre infâme est-il assez funeste pour que sa mémoire soit jamais en horreur parmi le peuple français.

La Dubarry, cette courtisane si peu délicate pour le choix de ses amants, régnait sur le cœur de Louis XV. Le comte Dubarry, plus méprisable encore, n'avait pas rougi de lui donner sa main. J'observerai néanmoins, pour sa justification, que rien n'est plus ordinaire que de voir se rassembler ceux qui se ressemblent.

Les voies les plus honteuses ne coûtaient rien jadis à l'homme de cour, pour parvenir aux honneurs ou à la fortune.

Dubarry ne fut point trompé dans ses vues. Sous le manteau des Richelieu, des Fronsac, des d'Aiguillon, des Vileroy, des Maupou et de tant d'autres réprouvés dans l'opinion publique, la Dubarry franchit les appartements et se trouva dans la couche du premier souverain de l'Europe (relativement à l'auguste nation dont il était le chef).

Ces intrigants consommés dans la pratique des cours, autant que la Dubarry dans le service des halles, des antichambres, etc., ces vils appareilleurs, de concert

« LA PANTHÈRE AUTRICHIENNE VOUÉE AU MÉPRIS PUBLIC
ET A L'EXÉCRATION DE LA NATION FRANÇAISE
DANS SA POSTÉRITÉ LA PLUS RECULÉE. »

(Pièce révolutionnaire de 1792)

avec leur nouvelle protectrice, renversèrent dans un instant tout l'édifice qu'avait bâti Choiseul et que la duchesse de Grammont, sa sœur, s'efforçait d'étayer.

Cette femme qui, dit un auteur, possédait tous les vices de son sexe, et pas une de ses vertus, habituée à exercer la domination la plus dure sur tous ceux qui environnaient son char et celui de son frère que l'on pouvait appeler leur lit commun (1), Mme de Grammont, dis-je, voulut étendre son empire sur Marie-Antoinette. Meurtrier du père, Choiseul jugea, à la faiblesse du fils, qu'il serait facile de le captiver. C'en était fait, Louis XVI était sous le joug et la France allait être en proie à ces deux ambitieux. Ils ne purent, néanmoins, supporter le choc de la nouvelle sultane et compagnie, et se virent contraints d'abandonner la cour.

A ce coup d'autorité, on conçoit aisément de quel crédit jouissait la Dubarry sur les sens du Bien-aimé. Dès lors, tous les voiles tombent ; les genoux fléchissent et le rival des portefaix voit rendre à son idole des hommages qu'on aurait accordés avec peine à la plus vertueuse des femmes. Tel a toujours été le caractère des courtisanes, de ces créatures prostituées au plus offrant et dernier enchérisseur.

Reptiles à la cour, aigles dans leurs seigneuries, ils

---

(1) Cette accusation d'inceste contre le duc de Grammont se retrouve encore dans un pamphlet de l'époque. « La duchesse de Grammont, sœur du duc de Choiseul, y est-il dit, altière, impérieuse, avide du pouvoir à l'excès, avait déjà tellement subjugué son frère que ce ministre si fier, si absolu, s'en laissait gouverner à son gré. Ne sachant à quoi attribuer ce singulier ascendant, la malignité des courtisans leur en avait fait chercher le principe dans une intimité plus que fraternelle entre ces deux personnes, trop au-dessus des préjugés pour se laisser arrêter par ceux de religion ou d'honnêteté publique... » *Le Parc au cerf* (sic) *ou l'Origine de l'affreux déficit*, par un zélé patriote ; à Paris, sur les débris de la Bastille, 1790, in-8°, p. 154.

offraient aux yeux du sage un composé méprisable de servitude et de despotisme.

Parmi les plus zélés admirateurs de la Dubarry, on compte la duchesse de Valentinois, la maréchale de Mirepoix et plusieurs autres compagnes assidues de la favorite; elles se chargèrent de l'instruire dans le grand art qu'il fallait employer à la cour, de la décrasser, maniérer, et surtout de lui faire perdre ce ton grivois et poissard qui la faisait briller dans les orgies. La comtesse de Béarn eut l'effronterie de la présenter (1). Cette complaisance ne lui valut pas à beaucoup près ce qu'elle avait osé se promettre. Peu d'argent, une place de gentilhomme au service de Monsieur, pour le chevalier de Béarn, son fils, des disgrâces continuelles, voilà à peu près quelle fut la récompense de cette vile marraine. Nous tairons ici les circonstances qui ont accompagné et suivi l'introduction de la Dubarry dans le lit que la nation avait confié à Louis XV. L'usage odieux qu'il en a fait est un titre pour détourner ce souvenir humiliant.

Au seul nom des personnages qui occupaient alors le ministère, on jugera de leur valeur.

Maupou était chancelier; La Vrillière avait le département de la maison du roi; d'Aiguillon, celui de la guerre et des affaires étrangères; Boynes, la marine, et l'abbé Terray, les finances; ces agents, comme on le voit, étaient autant de brigands qui pillaient, dilapidaient,

---

(1) Mme du Barry fut présentée à la cour le 22 avril 1769. Il apparaît que Mme de Béarn, peu fortunée, chargée de famille, endettée, se chargea du rôle, que vitupère le pamphlet, pour obtenir les grâces, les faveurs et l'argent qu'on lui reproche ici. Les historiens les plus sympathiques à la favorite se sont aisément mis d'accord sur ce détail. Voyez Pierre de Nolhac, *La présentation de madame du Barry*, dans la *Revue de Paris*, 15 août 1896, pp. 865, 866, et Claude Saint-André, *Madame du Barry*, d'après des documents inédits; Paris, 1909, in-8°, p. 45.

rançonnaient, friponnaient, escroquaient et renfermaient au gré de leurs passions. A chaque instant, ils entraînaient le fantôme du monarque dans des démarches inconsidérées, les lois étaient anéanties, les finances épuisées, et le peuple gémissait sous le joug du pouvoir arbitraire.

Les princes du sang étaient la seule société que pouvait avoir la Dauphine ; mais aussi avilis que Louis XV, pouvaient-ils lui inspirer des principes de vertus ? Les uns croupissaient dans la plus sale débauche, les autres ne rougissaient pas de courber le front au joug de la Dubarry. Le reste était enseveli dans un silence aussi reprochable que le crime. Personne, enfin, n'osait élever la voix sur des désordres qui ébranlaient aussi visiblement la machine de l'Empire.

De toutes les princesses, nous excepterons la duchesse de Chartres (aujourd'hui Madame d'Orléans), dont l'exemple était bien fait pour éloigner la reine de ce chaos de turpitudes. Mais encline à la débauche autant et plus encore que ceux qui l'entouraient, elle dédaigna cette femme vertueuse et ne s'associa que des p......, des tribades, des joueuses, des aventurières, etc.

L'impuissance dont on taxe son mari a-t-elle produit ce dérèglement ? Non, la femme née avec des principes de délicatesse, en supposant qu'elle ne résiste point à la tentation, sauve les apparences ; elle n'affiche point le scandale, et trouve dans le mystère, avec un amant discret, ce que l'époux ne peut lui procurer.

Marie-Antoinette arrivée en France fixa tous les regards, captiva tous les suffrages, recueillit tous les éloges. On s'empressait à son passage. Des cris d'admiration peignaient l'ivresse du peuple et ses espérances flatteuses qu'il osait concevoir de sa souveraine future. Une physionomie intéressante, une taille majestueuse, des grâces qui n'étaient qu'à elle seule, en fallait-il davantage pour prévenir en sa faveur un peuple surtout toujours aveugle dans sa prédilection pour ses souverains ?

Née pour les plaisirs et profitant de la licence désastreuse qui régnait à la cour, Marie ne sacrifia rien à l'étiquette. Elle voulut entrer seule, et quand elle le jugerait à propos, dans l'appartement de Louis XV. Sans être malintentionnée, on conçoit naturellement que le paillard Fleur-de-Lycé justifia aux yeux d'Antoinette que, tout âgé qu'il était, il valait mieux encore que son petit-fils. Sous le prétexte de se faire voir à un peuple qu'elle aimait, disait-elle, et dont elle voulait être aimée, elle se promenait dix fois le jour sans escorte. Sa première dame d'honneur, Mme de Noailles, lui fit des représentations à cet égard, qui furent tournées en ridicule et lui valurent le surnom de madame Étiquette.

Le caprice du Bien-aimé pour sa petite-fille fut presque aussitôt éteint qu'allumé. Bientôt la Dauphine n'inspira que de l'aversion à toute sa famille. Le Dauphin lui-même la mortifiait à chaque instant. Que n'a-t-il persisté dans un dédain qui eût opéré le bonheur de la France ? Mais Antoinette connaissait tous les moyens de captiver le plus insensible, et son mari, le premier, ne résista point à ses amorces.

Cependant Madame (la ci-devant comtesse de Provence) n'ayant de passions que celles du vin, des hommes, des femmes, des meubles, de l'argent, etc., etc., Madame était inconsolable de voir passer le sceptre dans les mains d'Antoinette.

Elle avait conçu le vif ressentiment contre elle qui était destinée pour occuper la première place du royaume. La comtesse d'Artois, plus réservée que les autres, gémissait secrètement de l'indifférence de son mari à son égard et de le voir prodiguer ses faveurs aux catins les plus méprisables. On lui prête cependant un propos que nous rapporterons. La nommée Dupuis, sa femme de chambre, lui racontait un jour l'aventure de la fameuse Contat avec M. D***, et se servait de périphrases pour présenter les faits sous une forme moins hideuse : « Ne gazez point, lui dit la comtesse ; les mots pour moi équivalent à la chose. »

Ces trois femmes, comme on le voit, étaient susceptibles de recevoir toutes les impulsions, en tant que mauvaises, plutôt que de les repousser. Leurs époux n'avaient pas plus de force que de valeur : Monsieur, l'homme le plus vain du royaume, sacrifiait à l'esprit ce qu'il devait donner au sentiment, c'est-à-dire tous ses instants étaient employés à l'étude de la littérature et pas un aux moindres calculs de la spéculation philanthropique. Le comte d'Artois était englouti dans la plus sale débauche. Louis XVI, né bon, mais trop pusillanime, semblait forger les fers de son malheureux peuple, en travaillant à la serrurerie.

Maurepas, d'une indifférence extrême pour tous les événements, mais plein d'ardeur pour la satisfaction de son estomac et la digestion de ses aliments, était le chef du conseil. Trop insouciant pour le ministère, trop aimable pour être exclu de la société, il négligeait l'un et faisait les charmes de l'autre. Sa politique néanmoins le rendait également précieux à la famille royale.

Le comte d'Artois, réunissant à beaucoup de vivacité une figure intéressante, fut celui sur lequel Antoinette jeta son dévolu.

La réputation qu'il s'était acquise dans le commerce des femmes fit concevoir à sa belle-sœur le projet de se l'attacher. A quelque prix que ce fût, elle voulait devenir grosse. La reine de Hongrie, à son départ, lui avait expressément recommandé de ne rien négliger à cet effet. Louis XVI était impuissant ; et malgré toutes les ressources qu'elle employa, elle ne put parvenir à le fertiliser. Cependant, avant de se choisir une machine à population, elle envoya un courrier à Vienne, chargé d'une consultation à cet égard. Voici la réponse de l'oracle ; elle est littérale :

« Puisque vous avez du goût pour les femmes, il faut vous satisfaire, mais y mettre de la constance, de la modération et de la retenue. La première de ces vertus conserve la réputation, et les autres la santé, puisque rien ne mollit et n'use d'aussi bonne heure que ce métier. Votre mari ne peut ni ne pourra jamais vous faire d'enfants ; ce mal est grand, sans doute ; une reine stérile est sans considération comme sans appui ; mais ce mal n'est pas sans remède. Il faut faire comme moi, prendre un faiseur. Choisissez-le comme j'avais choisi le prince Charles, grand, beau, jeune et surtout vigoureux ; prenez-le dans les hommes de la cour les plus proches de vous ; cet événement ne pourrait, quoi qu'il en arrivât, le compromettre ; ce sera un appui de plus pour vous ; en cela, vous serez plus heureuse que je ne l'ai été. Tout l'univers a connu ma galanterie et ses effets. On peut ignorer la vôtre, si vous la couvrez avec soin du manteau de votre passion pour votre sexe ; mais je vous le répète, ma fille, ménagez-vous (1). »

Le conseil s'accordait trop bien avec ses sentiments pour rester sans exécution. — L'expérience va justifier qu'elle porta à l'excès sa soumission au décret de la cour de Vienne.

La duchesse de Péquigny fut la première honorée de la confiance et de l'intimité de Marie-Antoinette. Elle amusa longtemps par ses bons mots et son esprit, sur-

---

(1) Est-il besoin de dire qu'aucune lettre de ce genre ne se retrouve dans la correspondance de Marie-Thérèse avec Marie-Antoinette ? Cependant, sur l'impatience d'apprendre la première grossesse de sa fille, je renvoie le lecteur aux lettres de Marie-Thérèse et aux divers documents rassemblés sur le même sujet dans mon volume *Les maîtresses de Marie-Antoinette...*, pp. 21 et suiv.

tout par ses continuelles plaisanteries sur le compte de la Dubarry, qui était la bête noire de toute la famille; mais cet esprit caustique et son goût pour le sarcasme la firent craindre et lui firent des ennemies. Ils profitèrent pour la perdre de ce qui la faisait aimer; elle fut disgraciée (1).

Le feu duc de la Vauguyon, cet ennemi capital du duc de Choiseul, auquel il faisait une guerre ouverte, cherchait à appuyer son parti déjà chancelant. Il imagina que s'il pouvait placer la duchesse de Saint-Maigrin, sa bru, dans le lit de la Dauphine, elle pourrait servir à ses vues contre son ennemi et obtenir la place de dame d'atours. Cette duchesse, une des plus belles et des plus aimables femmes de la cour, était bien digne d'occuper la place de favorite; elle y parvint aisément et plut beaucoup dans le déduit amoureux; mais son règne ne fut pas de longue durée. Son peu de génie en politique lui fit ménager la comtesse Dubarry, sans cependant la voir; mais elle ne la déchirait pas en particulier et ne lui faisait pas des mines en public; elle voulut ce qui s'appelle ménager la chèvre et le chou : cela déplut souverainement et cette nouvelle amante ne tarda pas à être répudiée.

Mme la duchesse de Cossé succéda à Mme de Saint-Maigrin; elle fut nommée première dame d'atours à la demande de sa maîtresse, qui en parla au roi, en excluant nommément Mme de Saint-Maigrin. Cette troisième eût joui de la plus grande et de la plus constante faveur si son caractère sérieux, philosophe et raisonnable eût pu sympathiser un peu davantage avec la frivolité et le goût

(1) On peut remarquer que pour les divers portraits des femmes de l'entourage de Marie-Antoinette, l'auteur du pamphlet s'est abondamment servi du *Portefeuille d'un talon rouge* et lui a fait de nombreux emprunts.

des plaisirs vicieux de la Dauphine : la même année vit éclore et finir cette intimité. Jusqu'à la mort de Louis XV, ce goût pour les femmes n'avait encore laissé entrevoir dans Marie-Antoinette que celui qu'elle aurait dû avoir plus naturellement pour les hommes. Nous avons dit plus haut que le comte d'Artois avait fixé les regards de la Dauphine. Il s'en aperçut et ne tarda pas à se prêter à ses vues. Son assiduité fit du bruit. Il parvint bientôt aux oreilles de l'impératrice, qui ne trouvant personne plus capable de l'instruire de la vérité du fait que le cardinal prince de Rohan lui écrivit pour s'en informer. Cet ex-prélat, ce zéro ecclésiastique était toujours amoureux d'Antoinette. La connaissance du comte d'Artois qu'on lui supposait alors, et qui se réalisa depuis, l'intriguait extrêmement, effrayé de la concurrence qu'il ne pouvait se flatter de dissiper.

Malgré son amour-propre, la rage s'empara de son cœur; il fit réponse à Marie-Thérèse. En voici la copie :

A l'impératrice de toutes les Hongries.

MADAME,

Mon respect et mon zèle pour l'illustre maison d'Autriche, la vénération que vos vertus m'ont inspirée, la franchise que vous avez reconnue en moi, lorsque le roi me chargea de ses sentiments auprès de vous, et que vous sommez d'être toujours de même, tout me force à remplir un ministère douloureux à mon cœur. Que n'avez-vous chargé quelque autre de cette affligeante mission !

Il n'est que trop vrai que notre Dauphine, en entrant sur le territoire de France, a totalement oublié les leçons de sagesse que vous vous étiez plu à faire germer dans son cœur; indépendamment de son goût excessif pour le luxe, elle se livre à tous les excès de la coquetterie. Le bruit court qu'elle préfère son beau-père à son époux. Dieu veuille que cela ne soit pas ; mais les apparences sont contre nos désirs à cet égard.

Voilà tout ce que je puis vous apprendre.

Puisse V. M., par ses sages exhortations, la remettre dans le sentier du devoir ! Puisse mon zèle y coopérer ! C'est la moindre preuve de dévouement que puisse donner à V. M.

 celui qui ne cessera d'être,
  Madame,
   de Votre Majesté
    le très humble et
     très respectueux serviteur.

       † L. de ROHAN, *etc.*

Cette lettre, trouvée dans les papiers de l'impératrice, et qui fut renvoyée à Antoinette par son père, mit le comble au ressentiment qu'elle avait déjà voué à son auteur.

Comme elle voulait donner le plus grand éclat à sa vengeance, elle sollicita pour lui les places les plus éminentes, et par ce moyen lui prépara une chute plus humiliante.

La marquise de Mailly occupait, pendant cet intervalle, le siège de la confiance et de l'intimité ; elle était de toutes les parties et de tous les conseils de la nouvelle reine ; elle épiait tout, savait tout, et rapportait tout. Enfin le comte de Dilon, surnommé le beau Dilon, revint à la cour, où il avait été page, et tourna tous les yeux vers lui ; la reine ne fut pas la dernière à qui il fit impression ; elle fit des avances, et, comme on le présume aisément, elle ne tarda pas à être préférée.

Sans esprit, sans amabilité, une figure aussi usée que son existence, voilà en bref le portrait de celui qui devint le héros du jour : une anecdote suffira pour justifier combien Antoinette était peu délicate dans son choix. A Spa, il fut menacé de coups de bâton, en présence du roi de Suède. Il en fut quitte pour la peur, moyennant des excuses.

La séduisante reine eut le secret de faire goûter son

chevalier à son imbécile de mari, au point de lui faire accorder des grâces et une faveur marquée : quand on jouait, le roi était le caissier de Dilon et lui donnait l'argent dont il avait besoin pour faire la partie de la reine. Dilon perdait toujours, et cela n'ennuyait pas le roi, qui n'est pas plus généreux que ne le sont en général les Bourbons. Il prit enfin cette liaison de la meilleure part, jusqu'au moment d'une indiscrétion marquée. La reine, à un des bals qu'elle donnait au château, et pendant lesquels elle ne dansait presque qu'avec Dilon, prétendit avoir une palpitation de cœur effroyable ; elle fit mettre la main sur son cœur à son auguste époux ; et après lui, au cher comte, qui eut la hardiesse de s'y prêter en présence de son maître. Le roi prit mal la plaisanterie ; on craignit déjà pour Dilon ; mais l'humeur ne tarda pas à disparaître. L'adroite Antoinette apaisa tout avec une caresse et quelques mots tendres ; l'amant reprit la confiance avec la faveur, et le cocu royal rentra dans son insouciance et sa nullité.

Malgré la reine, Dilon partit pour son régiment, après qu'elle eut vainement demandé au rétif M. de Mayenne dispense de rejoindre, sous prétexte que ce colonel lui était nécessaire pour ses bals et ses promenades ; la séparation fut cruelle de part et d'autre. Mme la princesse de Guéménée sécha les pleurs de l'amante, et quelques grisettes consolaient l'amant.

La passion non équivoque de Marie pour la vigoureuse et lubrique Guéménée fit augurer aux plus fins spéculateurs que sa conquête était assurée pour longtemps. C'étaient des tête-à-tête continuels. Les séances étaient de plus de deux heures.

Les yeux d'Antoinette brillaient du feu le plus ardent. On se faisait publiquement les caresses les plus lascives.

A la fin, cette intrigue fit place à une autre : Dilon revint, et Mme Guéménée fut congédiée.

Cette année, l'hiver fut des plus bruyants. Les bals, les spectacles, le jeu, les soupers, tous les plaisirs enfin occupèrent toute la cour. Lorsque l'on s'aperçut que la manie des femmes ne dispensait pas la reine du commerce des hommes, les ci-devant seigneurs briguèrent du service. Dilon n'en pouvait plus, et il ne tarda pas à être suppléé. L'indécence d'Antoinette se manifesta au point que les moins scrupuleuses en furent scandalisées. Des prudes se permirent des représentations ; la princesse de Marsan, Mme de Maurepas hasardèrent quelques remontrances, mais le masque était levé, et l'on en fit peu de cas.

En 1775, il s'agit d'aller à Reims pour le sacre du roi. Deux jours avant son départ, Louis XVI, les yeux baignés de larmes, pria sa digne épouse d'éviter la censure publique et d'épargner à lui-même les désagréments de réitérer les reproches que son inconduite et son débordement lui avaient tant de fois mérités. Elle promit ; mais, à la ville comme au village, promettre et tenir font deux.

Malgré la disette des finances, malgré les sollicitations de Louis XVI, qui ne prêchait qu'économie, la cérémonie du sacre fut des plus dispendieuses. Marie-Antoinette ne craignit pas d'insulter à la misère du peuple en affichant le luxe le plus impérieux. Les équipages les plus riches, les parures les plus rares, tout fut prodigué. On épuisa le trésor ; on rançonna les gens d'affaires ; les usuriers intervinrent, et la majesté royale fut compromise avec ces vils sangsues de l'humanité qui, dès lors, exercèrent un empire aussi impuni que tyrannique.

Reims ne fut pas pour l'Autrichienne un asile plus

sacré que Versailles. La charmante promenade de la Porte-Neuve lui prêta ses enchantements. L'Ile-d'Amour lui justifia son titre, et Dieu sait combien de libations y ont été faites en l'honneur de la divinité dont elle porte le nom ! Voici de quelle manière Antoinette s'y prenait pour tromper l'œil des médisants et échapper à la poursuite des importuns. Elle courait dans les bosquets comme une folle ou plutôt comme une bacchante ; chacun l'imitait, et à un certain signal ses confidents éteignaient les lumières. On errait à l'aventure. Un aventurier s'emparait de la royale vagabonde, et souvent elle ignorait quel était le téméraire à qui elle se laissait aller. Si l'on en croit la chronique, le roi fut instruit de ces gambades anticonjugales et lui interdit la promenade des bosquets, mais Antoinette avait plus d'une corde à son arc et trouva partout ce qu'on lui avait interdit là. Le comte d'Artois n'avait point ralenti ses assiduités, mais il ne s'était point encore expliqué ouvertement. Il va bientôt figurer d'une manière conforme aux vues d'Antoinette.

De retour à Versailles, Marie prit en considération la situation critique de la Montansier, directeur des spectacles de cette ville. Elle était sur le point de faire une banqueroute frauduleuse ; mais comme ses goûts étaient ceux de la reine, celle-ci paya ses dettes et conserva dans sa direction une femme que son dérèglement aurait dû conduire à l'hôpital.

Marie prit goût au spectacle de la Montansier. On y jouait la sale comédie ; en fallait-il davantage pour flatter l'attention d'une femme plus obscène encore que celles qui la représentaient ? Le comte d'Artois y accompagnait sa belle-sœur. Des disparitions aussi fréquentes vinrent aux oreilles du roi, qui fit essuyer à sa femme la mortification que nous allons rapporter. Elle revenait, suivant sa coutume, d'une de ces représentations libertines, dans le déshabillé le plus immodeste, avec Capet le fugitif.

Arrivés à la grille, la sentinelle leur en refuse l'entrée. On décline son nom avec autorité. « Le roi l'a expressément défendu, répond le factionnaire, et lui-même en a donné la consigne. » On insiste, on descend même jusqu'à la prière. Point d'ouverture de grille. Le comte d'Artois jure, tempête. C'est en vain. On regagne tristement le théâtre de la Montansier; ce n'est que par la galerie attenant au château que Marie pénètre dans son appartement. Encore est-elle obligée de solliciter, comme une grâce, de la lumière qu'elle ne peut trouver que dans la salle des gardes. Le lendemain, au lever du roi, elle se plaint amèrement de l'extravagante consigne donnée à la grille du château et demande au nul potentat si, dans son propre palais, elle doit être prisonnière ou se trouver exposée au désagrément de n'y pouvoir rentrer à son gré. Le roi lui répond qu'il est le maître et que, lui couché, il prétend que tout le monde le soit chez lui ; Marie veut répliquer, Louis lui tourne le dos. Cette boutade, comme on le pense, ne fit que lui rendre son mari plus odieux et l'affermir dans son infâme résolution de souiller de plus en plus la majesté du trône.

Néanmoins la grossesse de la reine était déclarée et les opinions sur cette grossesse naissaient à l'infini. Elles avaient pris époque pendant le séjour de l'archiduc à la cour de France. Les uns le nommaient le père de l'enfant dont Marie était porteuse ; les autres le donnaient au duc de Coigny, etc. Il serait difficile d'établir laquelle des observations se trouva la plus juste.

Nous remarquerons seulement que si on n'eût point connu d'autres amants à Antoinette, toutes les circonstances se réunissaient en faveur de Coigny (1). Une surabondance de santé, la figure la plus aimable, des yeux expressifs, une tournure digne du pinceau, tout cela l'avait rendu précieux à Antoinette. Accoutumée à faire des avances, elle ne tarda pas à être heureuse. Semblable à ces femmes qui croiraient leur jouissance imparfaite s'il y manquait la publicité, elle afficha, pour ainsi dire, l'heure à laquelle les spéculateurs placent l'époque de sa grossesse. A un bal de l'Opéra, la reine s'était associée plusieurs femmes sous le même déguisement. A la faveur de cette parité, elle quitte ses compagnes, se perd dans la foule et va rejoindre le duc qui l'attendait dans une loge. Quelques instants après, on l'en voit sortir si agitée, dans un état de désordre si sensible que les conjectures n'ont paru équivoques à aucun de ceux qui en ont été les témoins. Plusieurs femmes de la cour ont écrit cette remarque sur leurs tablettes. Mme de Guéménée surtout, dont l'outrage était le plus récent, fut celle qui se contint le moins. Elle fut disgraciée, renvoyée de la cour, et sa charge de gouvernante fut donnée à Mme de Marsan (2).

Malgré le commerce authentique d'Antoinette avec les hommes, elle ne cessait point ses liaisons avec les femmes. Le premier était devenu nécessité et l'autre un accessoire qui ne servait sans doute qu'à rendre plus

---

(1) Le duc de Coigny, né en 1737, colonel des dragons, grand écuyer, député aux États généraux de 1789, commandant dans l'émigration à l'armée de Condé, pair de France et gouverneur des Invalides sous la Restauration ; mort en 1821.

(2) La princesse de Guéménée, née Victoire-Armande-Josèphe de Rohan, quitta en réalité sa charge à cause du scandale retentissant de la faillite des 33 millions faite par son mari en 1783. L'éclat de cette déconfiture lui fit résigner sa charge, qui passa aux mains de Mme de Polignac. La princesse de Guéménée était la maîtresse du duc de Coigny, dont il a été parlé plus haut.

piquant le principal. La princesse de Lamballe remplaça Mme de Guéménée.

Mme de Noailles n'avait point effacé l'impression désavantageuse qu'elle avait faite sur l'esprit de la reine, en commençant son service auprès d'elle. Elle éprouvait de la part de sa maîtresse des mortifications continuelles. D'autres s'en seraient rebutées ; mais les Noailles se rebutaient-ils ? Non, rien ne coûtait à cette engeance servile quand son intérêt y était pour quelque chose. Mme de Noailles s'obstinait donc à rester et décemment il fallait des motifs pour qu'on pût l'expulser. On conseilla à la reine de créer une nouvelle charge qui anéantît, pour ainsi dire, tout le bénéfice que les prérogatives de celle qu'occupait Mme de Noailles. Le projet fut rempli en imaginant la charge de surintendante de la maison, et pour écraser davantage la première dame d'honneur, on avisa d'en revêtir une personne dont le rang et la naissance éclipseraient ceux de Mme de Noailles. La princesse de Lamballe fut donc celle sur qui on jeta les yeux pour remplir ce brillant exercice, qui réduirait à rien celle de Mme de Noailles, tant par rapport aux émoluments qu'aux prérogatives. On imagina la charge de surintendante de la maison ; et pour écraser davantage la première dame d'honneur, il fut question de donner cette charge à une personne dont le rang et la naissance l'éclipseraient ; la princesse de Lamballe fut choisie. Jeune, aimable, séduisante par sa taille et sa figure, tendre et sans passions, elle en avait inspiré : ce moyen la rapprochait ; elle était la favorite par excellence ; il fallait tout faire pour elle.

La reine proposa cette augmentation de dépense dans sa maison à M. Turgot, qui eut la maladresse de refuser, et ce fut sa perte. Des mécontentements de la souveraine semblèrent autoriser les plaintes de toutes les femmes de la cour, même des femmes de chambre, qui formaient un parti nombreux contre un ministre qui joignait à beaucoup d'autres défauts celui de ne pas aimer le beau sexe. Les autres ennemis de M. Turgot et les gens qui, par essence autant que par intérêt, ne peuvent souffrir les ministres trop longtemps en place se joignirent à cette cabale.

La reine se servit de l'autorité qu'elle avait sur son auguste époux ; M. Turgot fut renvoyé et Mme la princesse de Lamballe fut nommée surintendante de la maison de la reine, avec 400,000 livres d'appointements (1). Le règne de cette favorite dura jusqu'après les couches de la reine, pendant lesquelles elle ne la quitta pas. La faveur des Coigny éclipsa la princesse, qui se retira prudemment de cette grande intimité. Elle n'en fut pas moins humiliée, surtout quand elle se vit sur le point d'être éclipsée par une Polastron (2). Comptant un peu trop sur son crédit, elle porta ses plaintes au roi sur le mépris que la reine lui faisait éprouver ; le roi ne fit qu'en rire, ne répondit rien et courut en dandinant à sa forge finir un cadenas qu'il avait commencé la veille et qui était très pressé. La fière Savoyarde (3) ne s'en tint pas là : elle s'adressa à son beau-père (4). Ce cafard, sensible

---

(1) Mme de Lamballe, nommée surintendante le 10 septembre 1775, n'eut, à la vérité, que 50,000 livres de traitement. Cf. le brevet dans Georges Bertin, *Mme de Lamballe*, d'après des documents inédits ; Paris, 1894, in-18, pp. 55, 56.

(2) La comtesse de Polignac, la grande favorite de Marie-Antoinette, était née Gabrielle-Yolande-Claude-Martine de Polastron. Elle épousa, le 7 juillet 1767, âgée de dix-huit ans, le comte de Polignac. Cf. sur ses origines mon volume *Madame de Polignac et la cour galante de Marie-Antoinette...*, pp. 15 et suiv.

(3) C'est-à-dire la princesse de Lamballe, de la famille de Savoie-Carignan, comme chacun sait, et fille du duc de Modène et de Charlotte-Aglaé d'Orléans.

(4) Le duc de Penthièvre, père du prince de Lamballe.

comme un dévot, courut au curé de Saint-Eustache. Le pasteur promit d'en parler au roi à la première confession, et en attendant on résolut de tenir ferme. Comme le secret de la confession du roi au curé n'était qu'entre trois, on l'ignore, mais on vit le froid de la reine continuer contre Mme de Lamballe, qui, sans y avoir égard, continua l'exercice de son emploi avec autant de fierté que d'audace et de dignité.

La grossesse de la reine avançait ; malgré la certitude que l'on avait sur le faiseur, on donnait encore plusieurs autres pères à cet enfant si désiré. Le roi, seul de sa cour, était dans l'erreur et se l'attribuait. Le plus doux des maris, le seigneur du château de Versailles se complaisait dans sa progéniture prochaine et tous les courtisans au fait du secret applaudissaient à la sottise du prétendu papa. Madame (1), experte en intrigues, et qui connaissait à fond celles de sa belle-sœur, n'était pas dupe du fait. Elle en avait instruit son mari, qui avait inscrit les détails curieux dans la collection qu'il a faite des annales savantes du règne de son illustre frère, de ce qui se passait dans son intérieur, même dans sa forge, qui n'était pas celle de Vulcain ; car il n'y fabriquait pas des las pour y enfermer les amants de sa femme, et les prendre sur le fait. Cet ouvrage érudit, du plus érudit des princes de son siècle, fera un jour l'ornement de sa bibliothèque, comme il fait actuellement l'éloge de son esprit et de ses connaissances.

L'accouchement de la reine fut long et pénible, elle fut même quelque temps en danger. Vermont, son accoucheur, qui passe pour ignorant, la sauva par une saignée

---

(1) Madame, femme du comte de Provence, belle-sœur de la reine.

qu'il ordonna contre l'opinion de la Faculté (1). Les amants et les maîtresses, pendant ce moment, étaient déroutés. Dilon était loin ; Coigny ne se montrait qu'à peine ; Laval avait été reconduit, ces trois courtisans étaient même excédés d'un bonheur qui pouvait avoir pour eux les suites les plus funestes. Le duc de Coigny surtout, à qui le public accordait l'honneur de la paternité, avait plus d'une fois pâli à la vue des élancements de joie ridicule que le roi avait montrés en prenant des mains de Vermont et tenant dans ses bras l'enfant qui venait de naître ; puis, voulant imiter Henri IV, il le montrait à l'assemblée avec l'air de la plus grande satisfaction ; et adressant la parole à M. d'Aligre, premier président du Parlement : « Voyez-moi, monsieur, et dites bien que cette fille est de moi ! »

Quand la reine fut relevée de ses couches, le tableau des amusements de Versailles changea. Plus de bals, peu de jeux, mais beaucoup de promenades nocturnes. Dès les premiers beaux jours on s'assembla le soir à l'entrée de la nuit sur la terrasse du château, au parterre du Midi (2).

(1) Le chirurgien Vermond était le frère de l'abbé de Vermond, lecteur de Marie-Antoinette. Mercy-Argenteau, l'ambassadeur de Marie-Thérèse à Paris, avait meilleure opinion de lui que l'auteur du pamphlet. « Dans l'art des accouchements [il] passe pour le plus habile sujet que l'on connaisse à Paris, » écrivait-il à l'impératrice, le 29 mai 1778. L'incident dont il est parlé ci-dessus se retrouve dans la lettre de Mercy à Marie-Thérèse, du 24 décembre 1778. La reine incommodée eut un « mouvement convulsif » qui, dans le désarroi de l'accouchement, échappa à Louis XVI. « L'accident, par la grande présence d'esprit de l'accoucheur, fut dissipé en quatre minutes au moyen de cinq palettes de sang tirées du pied. » *Correspondance secrète entre Marie-Thérèse et le comte de Mercy-Argenteau, avec les lettres de Marie-Thérèse et de Marie-Antoinette*, publiée avec une introduction et des notes par M. le chevalier Alfred d'Arneth, directeur des archives de la maison impériale d'Autriche, et M. A. Geffroy, professeur à la Faculté des lettres de Paris ; Paris, 1874, gr. in-8°, tome III, p. 279.

(2) Sur ces promenades nocturnes, qui ne sont pas de l'invention du libelliste, voyez les *Mémoires sur la vie privée de Marie-Antoinette,*

Tout Versailles s'y rendait; les femmes de toutes espèces y jouaient un rôle et y continuaient un cours de débauche. Les femmes de la cour, les femmes de chambre, les femmes des premiers commis, des bourgeois, des valets du château, et même les grisettes se mêlaient et se promenaient ensemble dans l'obscurité : on finit par se déguiser. La reine, Monsieur, M. le comte d'Artois et leurs singes couraient la terrasse et même les bosquets : les femmes avec des capotes et les hommes avec des redingotes et de grands chapeaux rabattus sur le nez. On se perdait, on se retrouvait, et tout était au mieux dans le meilleur des mondes possibles.

La musique des gardes-françaises rendait encore ces scènes plus touchantes par les airs les plus lascifs qu'elle jouait pendant plus de deux heures sous les fenêtres du château. Le vieux Biron, qui n'était bon qu'à faire ranger les fiacres, était le courtisan le mieux instruit de ce qui se passait toutes les nuits par le moyen de ses sentinelles qu'il chargeait d'épier ; en intrigant adroit, il disait tout tout bas et se faisait encore valoir par son secret.

Enfin, tant que l'été dura, ces nocturnales durèrent. Il est inouï combien la reine chercha et trouva d'aventures : hommes et femmes, elle essaya de tout. Un garde-du-corps, ne la connaissant pas, la prit sous le bras et la mena dans un bosquet, en lui tenant les propos les plus positifs, et là il se mit en devoir d'exécuter les promesses qu'il avait faites en chemin ; l'occasion et le moment n'étaient pas favorables, on se débarrassa en riant des mains du ravisseur, il fut remarqué et suivi ; aussi, le

---

reine de France et de Navarre, suivis de souvenirs et anecdotes historiques sur les règnes de Louis XV et de Louis XVI, par Mme Campan, lectrice de Mesdames, et première femme de chambre de la reine; Paris, 1823, in-8°, tome I, p. 195.

lendemain, il fut envoyé en Normandie fouetter ses lièvres, et depuis il ne parut plus à la cour (1).

Quelques jours après, notre Antoinette, alternativement conduite par sa passion pour les femmes et par le désir d'avoir des enfants, rencontra sur la terrasse une grande femme bien faite et ayant de la tournure ; elle l'accoste à l'ombre du déguisement et d'un mot de ralliement convenu entre cette femme et une de ses amies, qu'elle appelait sa sœur. Celle-ci, dupe de la ressemblance de la taille de la reine avec celle de son amie, la prend par le bras, badine beaucoup avec elle, passe en revue la plupart des femmes de la cour ; la reine même fut touchée, mais légèrement ; la femme avait de l'esprit, elle plut, et l'on se donna rendez-vous pour le lendemain à pareille heure. Antoinette, en la quittant, donna ordre qu'on la suivit et qu'on eût à savoir qui elle était, pour lui en rendre compte à son lever ; quels furent le chagrin et les regrets de la reine quand elle apprit que cette beauté si charmante qui l'avait tenue éveillée toute la nuit, et avec laquelle elle se promettait des plaisirs inconnus au reste des mortels, était la laide, la sale, la bavarde et la dégoûtante Manon Loustenau, mariée depuis dix ans à un neveu de l'abbé de la Ville, nommé Desons, qui avait eu la bravoure de lui faire un enfant étant fille, et qui, pour récompense d'un si haut fait, fut réduit à l'épouser ; c'est bien mal reconnaître un tel mérite. Cette malheureuse

---

(1) M™ Campan donne de cette aventure ce récit : « Un autre soir, un garde-du-corps de Monsieur, étant venu de même se placer auprès des princesses, les reconnut, quitta la place où il était assis et vint en face de la reine lui dire qu'il était bien heureux de pouvoir saisir une occasion d'implorer les bontés de sa souveraine ; qu'il sollicitait à la cour... Au seul mot de sollicitation, la reine et les princesses se levèrent précipitamment et rentrèrent dans l'appartement de Madame. » M™ Campan, *Mémoires sur la vie privée de Marie-Antoinette...*, tome I, p. 196.

créature, la gazette du quartier, ne manqua pas au rendez-vous, mais elle reconnut sa prétendue sœur et vit, par l'expulsion qu'on lui donna, qu'elle avait d'abord été méconnue. Quelque peu honorable que fût cette aventure pour Mme Desons, elle ne put la taire, c'est d'elle-même que l'auteur la tient.

Un autre jour, notre Antoinette, toujours imbue des mêmes principes, voulait, à quelque prix que ce fût, trouver, comme on le dit trivialement, chaussure à son pied. Elle aborda un jeune homme qui lui parut, au clair de lune, être assez bien fait et d'une jolie figure. Elle ne se trompa point, et son instinct pour cette fois la servit mieux qu'elle ne l'aurait pu désirer. Ce jeune homme était un enfant de l'amour et beau comme lui, il venait tout récemment d'avoir une place de commis au secrétariat de la Guerre, par la protection d'une comtesse qui est sa mère et qui ne put jamais distinguer qui en était le père. Tendre, sensible, doux, innocent et timide, il fut loin d'abord de deviner à qui il avait l'avantage de parler.

On le questionna sur la situation de son cœur, ses réponses et son ingénuité enflammèrent la trop inflammable princesse ; on lui passa la main sous le menton, que l'on trouva seulement garni du plus léger duvet ; sa peau douce et fine annonçait l'âge des plaisirs ; on en fut plus convaincu quand on sut qu'il n'avait que dix-sept ans et qu'il ne connaissait de l'amour que le nom.

Malgré sa timidité et son embarras, on distingua une sorte d'esprit dans le nouvel Adonis ; enfin il plut : sa figure, son ton, sa taille, tout, jusqu'au son de sa voix, se tracèrent dans le cœur de notre héroïne en traits de feu. On le quitta sans se faire connaître et on lui donna rendez-vous pour le lendemain, à la même heure et au même lieu.

On sait que le sommeil et l'amour s'accordent mal ensemble; le même sentiment qui avait fait du progrès sous les lambris dorés du château de Versailles avait suivi notre jeune homme dans sa petite solitude. L'aventure, après l'avoir étonné, l'avait enflammé à son tour. Nature et jeunesse lui firent sentir que jusqu'à ce moment il avait existé dans un néant qui n'était pas fait pour lui, ou, pour mieux dire, qu'il n'avait pas existé. Il ne ferma pas l'œil de la nuit; la journée lui parut un siècle, les distractions, l'ennui, le découragement et un malaise, jusqu'alors inconnu, s'emparèrent de ses sens et l'accablèrent jusqu'au moment fortuné où il allait rejoindre celle qui causait tout ce ravage. Il en était de même chez Antoinette, à la jouissance près, dont elle connaissait les délices; ce qui rendait encore son impatience d'autant plus grande. On s'occupa des moyens de connaître le héros qui devait être couronné; on y réussit, et l'on n'en fut que plus décidée à profiter de la circonstance heureuse que l'amour procurait; en conséquence, on arrangea tout pour pousser l'affaire à fin. On fit une demi-confidence à Campan, valet de chambre, chargé de la partie des plaisirs, habitué à entendre à demi-mot, et fort adroit dans l'exercice de ce sublime emploi; tout fut distribué au gré de l'impatiente et amoureuse maîtresse.

On ignore qui fut le premier au rendez-vous; mais on sait que, dès qu'ils se virent, ils s'élancèrent dans les bras l'un de l'autre, se dirent des mots entrecoupés, se donnèrent des baisers comme s'ils ne s'étaient vus depuis un siècle; qu'ils se jurèrent enfin de s'aimer toujours, avant seulement d'avoir commencé à parler d'amour; charmant effet du désir effréné de l'un, ainsi que du besoin d'aimer et de jouir de l'autre. La reine, pour qui le moindre retard pouvait être aussi dangereux que nuisible, conduisit insensiblement son futur amant dans un bosquet éclairé avec art et préparé avec soin par l'industrieux Campan. Ils furent heureux, Adonis ne connut Vénus qu'après la jouissance. La crainte et l'excès de son bonheur ne firent d'autres effets sur lui que de lui bien faire sentir la nécessité du silence. On rentra dans la foule; le jeune homme, tremblant et hors de lui, eut besoin d'être rassuré, et c'est ce que l'on fit si adroitement qu'il reprit ses sens et fut, au bout de quelques minutes, en état de répondre aux différentes questions qu'on lui fit.

L'amour disparut et fit place à l'intrigue. Depuis quelque temps on en voulait au prince Montbarrey, ministre de la guerre, on questionna le jeune homme sur son compte, sur celui de la Renard, avec laquelle vivait ce ministre, sur ses fréquentes orgies à la suite desquelles on était obligé de le mettre au lit, et enfin sur tout ce qui pouvait procurer des renseignements. Le jeune homme répondit avec adresse et prudence; il était d'ailleurs trop nouvellement au secrétariat pour être initié dans aucun mystère, on le vit bien, on le chargea d'examiner et de rendre compte. Avant de se quitter, il fallut pourvoir aux moyens de se revoir. L'aventure du bosquet devenait dangereuse pour le nouvel Adonis; Campan fut consulté. Il imagina de le charger, de la part de sa maîtresse, de copier de la musique; il promit de la porter et rapporter lui-même et donna les instructions les plus amples pour la composition d'un nouveau genre de musique, qui ne pourrait être entendue que par ceux qui en auraient la clef (1).

(1) Cette anecdote, on pouvait s'y attendre, a été contée d'une autre manière par Mme Campan. Voici sa version : « Un jeune commis de guerre, assez spirituel et d'un fort bon ton, ne reconnaissant pas ou feignant de ne pas reconnaître la reine, lui adressa

Monsieur et M. le comte d'Artois ne perdirent pas leur temps pendant ces promenades ; c'est là où Monsieur fit la connaissance de Mme du Terrage, et c'est sur ces gazons où il quitta sa grandeur pour s'armer de la houlette du charmant berger Tircis. C'était le nom de ralliement qu'ils s'étaient donné sur la terrasse.

Inconstante en amants comme en maîtresses, notre Antoinette ne tarda pas à renvoyer le duc de Coigny. Elle s'autorisa d'une multitude de raisons; les propos devenaient si forts qu'ils faisaient craindre que le roi ne prît un parti violent. Les certitudes trop physiques de cet engagement donnaient de trop fortes armes à la méchanceté et alarmaient notre amante. Le pire pour M. de Coigny, c'est que la reine n'avait fait qu'une fille, et ce n'était pas là son compte; son vœu n'était pas plus rempli que le motif qui l'avait déterminée à une démarche aussi dangereuse. Le duc de Coigny fut disgracié, et notre reine, tout en suivant l'aventure du bosquet, revint à son penchant naturel pour les femmes.

Mme la princesse de Lamballe fit place à Mme de Polignac, appelée Mme la comtesse Jules. Cette belle passion

la parole : la beauté de la nuit et l'effet agréable de la musique furent le motif de la conversation; la reine, ne se croyant pas reconnue, trouva plaisant de garder l'incognito; on parla de quelques sociétés particulières de Versailles, que la reine connaissait parfaitement, puisque toutes étaient formées de gens attachés à la maison du roi ou à la sienne. Au bout de quelques minutes, la reine et les princesses se levèrent pour se promener et saluèrent le commis en quittant le banc. Ce jeune homme, sachant ou ayant découvert qu'il avait parlé à la reine, en tira quelque vanité dans ses bureaux. On le sut, on lui fit dire de se taire, et on s'occupa si peu de lui que la révolution le trouva encore simple commis de la guerre. » Mme Campan, *Mémoires sur la vie privée de Marie-Antoinette...*, tome I, p. 195. — Il semble bien que cette anecdote ait servi de canevas au petit roman obscène *Le Cadran de la volupté*, qui, réimprimé par R. Vèze, *Les galanteries à la cour de Louis XVI...*, pp. 259 et suiv., se trouve décrit plus loin, dans la bibliographie formant la troisième partie de ce volume, n° 19.

n'avait rien d'égal que l'attachement et les sottises de Louis XV pour Mme de Pompadour. Comme cette dernière, Mme la comtesse Jules coûtait à l'État des sommes immenses, Mme Pompadour avait des amants, Mme Jules vivait publiquement avec M. de Vaudreuil, et, ce qu'il y a de plaisant, c'est qu'il était aussi bien avec la reine et le roi qu'avec la comtesse Jules (1).

Mme de Pompadour pardonnait et même procurait à son auguste amant des plaisirs de passade, Mme Jules en pardonnait et en procurait aussi à Antoinette. Mme de Pompadour vendait des emplois, des bénéfices, des charges, des évêchés, etc.; elle avait des bureaux, un tarif et un premier commis pour cet objet (tout le monde a connu son Colin).

Mme Jules vendait pareillement évêchés, bénéfices, emplois, charges, etc., et c'était Vaudreuil qui était le ministre en chef de cette partie. Mme de Pompadour enrichit sa famille et mit son frère Poisson au bleu; celle-ci en fit autant, au moins commença-t-elle par son mari, qu'elle fit duc. Elle maria sa fille avec le fils de Mme de Grammont; les grâces et l'argent devancèrent cette superbe union, le gendre fut créé duc, eut une compagnie des gardes du roi, et les choses étaient arrivées à un tel point d'indécence que la famille des Polignac et celle des Grammont envahissaient tout, demandaient tout, et que l'on ne pouvait faire un pas sans les trouver dans son chemin en opposition.

L'hiver qui suivit cette nouvelle liaison fut le même que les précédents; beaucoup de spectacles, des bals et des

---

(1) Sur le comte de Vaudreuil, amant de Mme de Polignac et soupçonné d'avoir « séduit » Marie-Antoinette, voyez le chapitre que je lui ai consacré dans *Madame de Polignac et la cour galante de Marie-Antoinette...*, pp. 73 et suiv.

jeux. La coquetterie la plus raffinée augmenta encore le luxe et la dépense. La reine prit pour son ministre, dans la partie des colifichets, la Bertin, marchande de modes, qui n'est parente ni de Bertin l'ex-ministre, ni de Bertin-Casuel (1), mais qui les vaut bien (2).

(1) Bertin, trésorier des parties casuelles, un des premiers amants de Sophie Arnould. Il est très souvent question de lui dans les rapports des agents des mœurs du lieutenant de police. (Cf. *Documents inédits sur le règne de Louis XV; Journal des inspecteurs de M. de Sartines*, Bruxelles et Paris, 1863, in-18, pp. 27, 39, 48, 50, 59, 87, 128, 193, 269, 279, 292, 304, 318.) L'*Espion anglais*, dans sa lettre VI, sur le Tiers-Etat, fait de lui ce portrait peu flatté et assez en rapport avec les bulletins de police : « Le trésorier des parties casuelles a une charge unique. Le vrai titre est : *Receveur général des revenus casuels et deniers extraordinaires de Sa Majesté*... Il ne se mêle que de manger ses gros revenus. Il a des prétentions à l'esprit : il est membre de l'Académie des belles-lettres. On lui attribue quelques petites pièces données aux Italiens, à la faveur de prête-noms soudoyés, pour lui servir de plastrons aux mauvaises plaisanteries du public. Mais sa grande réputation est du côté des filles. Trahi par l'une [Mlle Hus, de la Comédie-Française], abandonné par l'autre [Sophie Arnould], il a pris le parti d'épouser une demoiselle de qualité [Mlle de Jumilhac, fille du gouverneur de la Bastille], et terminer par l'hymen le cours de ses débauches. » L'*Espion anglais ou correspondance secrète entre milord All'eye et milord All'ear*; Londres, MDCCLXXVII, in-18, tome I, pp. 330, 331, 332.

(2) Rose Bertin, née à Abbeville, le 2 juillet 1747, décédée à Épinay, le 22 septembre 1813. Mme Campan juge assez sévèrement la condescendance de Marie-Antoinette pour la demoiselle Bertin. « Mme la duchesse de Chartres, depuis duchesse d'Orléans, écrit-elle, introduisit, dans l'intérieur de la reine, Mlle Bertin, marchande de modes, devenue fameuse, à cette époque, par le changement total qu'elle introduisit dans la parure des dames françaises. On peut dire que l'admission d'une marchande de modes chez la reine fut suivie de résultats fâcheux pour Sa Majesté. L'art de la marchande, reçue dans l'intérieur en dépit de l'usage qui en éloignait sans exception toutes les personnes de sa classe, lui facilitait le moyen de faire adopter, chaque jour, quelque mode nouvelle. La reine, jusqu'à ce moment, n'avait développé qu'un goût fort simple pour sa toilette; elle commença à en faire une occupation principale; elle fut naturellement imitée par toutes les femmes. On voulait à l'instant avoir la même parure que la reine, porter ces plumes, ces guirlandes auxquelles sa beauté, qui était alors dans tout son éclat, prêtait un charme infini. La dépense des jeunes dames fut extrêmement augmentée; les mères et les maris en murmurèrent : quelques étourdies contractèrent des dettes; il y eut de fâcheuses scènes de famille, plusieurs ménages

La reine travaillait avec elle comme le roi avec ses secrétaires d'État. Autre ministre femelle : c'était Guimard de l'Opéra (1), pour la partie des gazes et des habillements. Il est certain que les affaires de la France auraient pris depuis longtemps une excellente tournure si le roi avait mis dans le choix de ses ministres la même sagacité et le même jugement que la reine dans le choix des siens ; les Sully, les Colbert, les Richelieu ne peuvent, dans leur genre, être comparés à la Bertin et à la Guimard dans le leur. Un homme digne de foi fut témoin du départ de la Bertin pour Versailles, emportant dans un portefeuille, fermé à clef, des échantillons de modèle et ne voulant pas vendre un bonnet à une dame en état de le lui payer au poids de l'or, en disant : « Je vais à la cour, je ne puis laisser sortir cette mode de chez moi, que je n'aie fait mon travail avec la reine, à qui sûrement elle plaira, et je lui en dois la préférence. » Rien de plus plaisant que le ton de dignité que prit la grisette en tenant ce propos. Guimard, plus à portée des grandeurs, ne mettait pas sans doute tant d'importance dans son travail, mais elle n'y réussissait pas moins

---

refroidis ou brouillés ; et le bruit général fut que la reine ruinerait toutes les dames françaises. » Mme Campan, *Mémoires sur la vie privée de Marie-Antoinette...*, tome I, pp. 95, 96. — Cf. Emile Langlade, *La marchande de modes de Marie-Antoinette : Rose Bertin*, Paris, s. d. [1911], in-8°.

(1) « Elle avait encore un plus sublime emploi. De toutes les prêtresses de Vénus arrivées à une certaine célébrité, il n'en est point qui ait mieux connu le culte que cette fille. Depuis trente ans elle pratiquait avec tant de gens, avec tant d'assiduité, qu'elle fait ce que beaucoup d'autres ignorent. On lui faisait conter ses inépuisables aventures et dire ce que chacune lui avait appris de nouveau dans l'amoureux combat. Le nombre de ces précepteurs la mettait à même d'en être un elle-même supérieur à tout ce qui a existé. L'écolière allait ensuite répéter ses leçons avec cette quantité d'amants plus nombreux et surtout moins imbéciles que ceux de Pénélope. D'ailleurs on était bien sûr qu'Ulysse ne reviendrait pas. » *Note du pamphlet.*

bien; car la plus élégante catin de Paris n'était pas mieux mise que la reine.

Les plaisirs de l'été furent diversifiés; les soirées de la terrasse avaient déplu. Antoinette avait, sous ses déguisements, essuyé des apostrophes et des propos durs. Monsieur et M. le comte d'Artois avaient profité du leur pour faire des conquêtes. Mme du Terrage, la petite Bêche, et plusieurs autres de cette espèce, avaient été la proie de leurs incursions. Les maris s'en étaient aperçus et retinrent leur chères moitiés chez elles : ce n'était pas agir en mari de cour.

On changea donc ces plaisirs dans les jeux innocents et particuliers. On commença par interdire au public les promenades du parc après souper; on faisait illuminer, tant bien que mal, une partie des bosquets, dans l'un desquels on avait établi un trône de fougère, et là on jouait au Roi, comme les petites filles jouent à Madame. On élisait un roi, il donnait ses audiences, tenait sa cour et rendait justice sur les plaintes qui lui étaient adressées par son peuple, représenté par les gens de la cour et du comité, par le roi et la reine, qui venaient se dépouiller de leurs grandeurs au pied de ce trône factice. On faisait au nouveau roi les plaintes les plus originales les unes des autres; les peines et les récompenses ne l'étaient pas moins; mais au bout de quelques instants de ces plaisanteries, qui ne pouvaient faire qu'un bon effet, Sa Majesté, qui était presque toujours Vaudreuil, prenait fantaisie de faire des mariages, il mariait le roi avec une femme de la cour, la reine avec un des hommes (on remarqua qu'il se l'appropriait le plus souvent); il en faisait de même pour les autres hommes et femmes de la société, il les faisait approcher par couples au pied du trône, ordonnait que chacun se prît par la main, et là, avec tout le respect dû à ce nouveau genre de sacrement et au nouveau roi qui se mêlait ainsi du sacerdoce, on attendait le mot sacramentel qui était *décampativos*. Aussitôt prononcé, chacun avec sa chacune fuyait à toutes jambes vers un des bosquets qu'il choisissait; défense de par le roi des fougères de rentrer avant deux heures dans la salle du trône; défense d'aller plus d'un couple ensemble et dans le moindre endroit; défense de se voir, de se rencontrer, de se nuire, de se chercher ni de se parler. On assure que ce jeu plaisait fort au roi, qui trouvait très plaisant de se voir ainsi détrôné sur l'herbe par Vaudreuil.

Cette année-là, on devait ordonner les eaux à la reine pour provoquer une seconde grossesse, mais les médecins tombèrent tous d'accord que ces plaisirs nocturnes, et surtout la *décampativos*, feraient encore plus d'effet. D'ailleurs, M. Necker, qui craignait la dépense et qui n'était pas de l'avis des voyages, ayant été consulté, dit : « Que malgré que le nouveau roi du soir coûtât presque autant que s'il l'était pour toute la journée, il valait mieux s'en tenir à cette recette pour avoir un héritier du trône, qui serait encore un grand objet de dépense pour l'État, quelque part qu'il fût fait et par quel faiseur il nous fût procuré. »

Ces petits jeux innocents mirent, dit-on, le roi en humeur de détrôner à son tour quelque mari; il en fit confidence à quelqu'un des officiers de cour dont il était entouré et qui n'attendaient que le signal du désir de leur maître pour lui fournir à l'envi les moyens de le satisfaire. Dans la minute on lui procura une femme de chambre de Madame, aussi jolie que bête, et faite à tous égards pour le sale physique de notre monarque. Elle reçut ses attouchements avec respect; le roi, de son côté, mit dans cette occasion la même grâce, le même sel et la même gentillesse qu'il met en tout; jugez comme il s'y prit enfin ! On entra comme la chose était faite et on trouva Sa Majesté renouant sa braguette et riant de tout son cœur, de ce rire fin et agréable qu'il a, de l'entorse qu'il venait de donner au sacrement. Il faut convenir que depuis Henri IV les grâces et les agréments de l'amour ont prodigieusement dégénéré dans cette famille.

Mme Jules de Polignac accoucha au milieu de tous ces plaisirs ; la cour, à ce grand événement, vint passer huit jours à la Muette pour que la reine fût plus à portée de rendre des soins à sa tendre amie, qui faisait tout bonnement ses couches à Paris, dans l'appartement de Vaudreuil. Antoinette ne quitta pas le chevet de son lit et lui servit de garde-accoucheuse. Les ignorants, et ceux qui ne se connaissent pas plus aux intrigues de la cour qu'aux différents motifs qui les détruisent, trouvèrent singulier que Mme Jules n'eût pas fait ses couches au château de Versailles et ne se fût pas mise à portée de son amie ; cela paraissait plus naturel, plus décent. Ces gens-là ne savent pas que cela n'eût pas convenu ; ces fréquents voyages de Paris, ces visites avaient un but qui n'eût pas été rempli autrement ; Mme de Polignac avait fait un garçon, Vaudreuil savait donc faire des garçons ; Coigny ne faisait que des filles, *ergo, ergo*. Mme Jules s'était prêtée à la distraction de la petite Laborde, elle se prêta à celle de Vaudreuil, d'autant plus qu'elle n'en avait pas besoin pendant ses couches. D'ailleurs, que ne fait-on pas pour conserver sa faveur et son amant ?

La reine donna, en cette occasion, à Mme Jules une layette de 80,000 livres, et le roi un présent de pareille somme en argent. On devait y joindre le duché de Mayenne, qui est une bagatelle de 1,400,000 livres, mais M. Necker s'y opposa ; un instant après, il sentit qu'il avait eu tort et se rappela la chute de M. Turgot; et comme il tenait beaucoup à sa place, dont la favorite menaçait déjà de le déloger, il répara ce mouvement de son zèle indiscret en déterminant la reine à faire à sa favorite un don de 3,000,000 en dédommagement du duché en question, qui n'était pas fait pour elle (1).

Mme Jules était relevée de ses couches ; les visites de la reine avaient été continuelles. Les allées et venues que cet événement avait occasionnées donnèrent lieu à bien des discours. Le Parisien, accoutumé à respecter la décence de la majesté et l'éclat qui doit environner ses maîtres, ne put voir sans indignation l'abus que cette favorite faisait d'un crédit si vilement acquis, ainsi que la profanation que la reine faisait d'elle-même. On ne put apprendre sans murmurer la profusion avec laquelle on avait répandu des grâces, avec laquelle on avait accablé de dons et d'argent cette favorite, toute sa famille et jusqu'à ses alentours, dans un temps où la guerre et le peu de crédit de l'État rendaient l'argent si rare et les moyens si onéreux au peuple.

L'ascendant de Mme Jules sur Antoinette fut tel dans ce moment qu'à la suite de cette couche, quelques indispositions l'ayant mise dans le cas de craindre de sortir trop tôt, on lui forma de petits appartements dans lesquels il n'y avait d'introduits que ceux et celles qui étaient destinés à former sa cour ; le roi même n'y était admis que quand on avait besoin de lui.

---

(1) Ce n'était point le duché de Mayenne, mais bien la seigneurie de Bitche, dans le duché de Lorraine, que demandait Mme de Polignac. « Je suis scandalisée des prétentions des Polignac », écrivait, le 31 janvier 1780, Marie-Thérèse à son ambassadeur. De fait, l'esclandre fut retentissant. Sur toute cette affaire, qui fut un des grands scandales de la faveur de Marie-Antoinette pour Mme de Polignac, voyez *Madame de Polignac et la cour galante de Marie-Antoinette...*, pp. 43, 44, 45.

C'était dans ces assemblées que l'on délibérait sur les affaires les plus importantes du ministère. La paix, la guerre, la politique, la finance, le renvoi des ministres, le point de faveur et de crédit qu'on devait leur accorder, tout y était traité et jugé en dernier ressort ; et l'on ne faisait entrer le roi, pour ratifier les décisions de cette ridicule assemblée, que pour la forme, tant la reine était assurée qu'elle ne demanderait jamais rien en vain ; quelquefois le roi, étonné des propositions et des décisions du comité femelle, voulait passer chez le vieux comte pour y chercher un avis ; mais il en était aussitôt empêché, ou bien, s'il s'échappait quelquefois, Antoinette faisait dire un mot au mentor qui, pusillanime comme on sait qu'il était, gardait le silence ou ne contredisait pas. Le bon roi prenait ce silence pour un acquiescement et, content, il repassait au petit appartement, riait, jurait et donnait sa parole. Vaudreuil et Besenval en hommes, Mme Jules et Mme de Grammont en femmes, présidaient ce ridicule conseil, dont Mme Desmiane était le rapporteur comme ministre des affaires étrangères. Il est bon de faire ici le portrait des êtres qui dirigeaient ainsi tous les mouvements de la France et qui traitaient les affaires majeures de l'État comme ils traitaient un chiffon ou une garniture de robe.

Un Vaudreuil, qui n'avait pour lui que le nom de son père et pour fortune que celle qu'il lui laissa et qu'il avait acquise comme commandant de Saint-Domingue ; intrigant, qui se mêlait de tout sans intelligence ni suite, donnant tout au plaisir et rien aux affaires ; il chercha la fortune, elle suit son peu de valeur ; il avait abandonné ce plan ; pour lors, cette déesse bizarre vint le combler de ses faveurs. Il était à la cour, à l'aide d'un certain habitant des cantons helvétiques, le coryphée du maître, de la maîtresse et de la favorite.

Besenval était un de ces hommes dont les circonstances déterminent les idées qui, sans en avoir jamais de fixes, prennent celles que l'occasion présente à leur bonne ou mauvaise fortune ; ambitieux, dur, égoïste, mais souple et rampant comme un Italien, il laissa bien loin l'urbanité de ses concitoyens pour cultiver les intrigues des cours. C'est ce Besenval qui osa lutter de mérite et de faveur contre le comte d'Affry, dont il convoitait la place ; si l'effet dont son ambition le flattait ne réussit pas dans son entier, au moins servit-il à faire essuyer au respectable d'Affry une multitude de mortifications que lui donna le comte d'Artois, comme colonel des Suisses, mortifications d'autant plus sensibles au vieux militaire qu'il les méritait moins et qu'il ne pouvait ni les repousser ni s'en venger, parce que c'était la reine qui les dirigeait et le comte d'Artois qui les lui faisait éprouver. On sait combien peu les grossièretés, les injustices et les actes de brutalité coûtaient à ce prince. On vit ce Besenval être l'homme de tous les temps à la cour de Louis XV : un débauché, un lâche courtisan ; à celle de Louis XVI, un intrigant, un faiseur de paquets, flattant tous les caprices d'une princesse sans expérience, détestant Monsieur et Madame, parce que la reine avait pour eux l'aversion la plus décidée, encensant le comte d'Artois en méprisant la comtesse son épouse, toujours par le même motif ; se permettant impunément des discours insolents sur tout ce qui n'était pas lui, enfin à tel point grossier qu'on ne le nommait plus, à la cour, que le suisse de la porte du palais des plaisirs de la reine.

On voyait encore dans cette société Adémar, alors ambassadeur de la cour de Bruxelles ; ambitieux parce qu'on lui avait dit qu'il fallait qu'il le fût ; voulant être ministre à quelque prix que ce pût être, quoique doué pour toutes les affaires d'une nullité absolue ; sans facultés comme sans talents ; indigne même de l'inutile ambassade des Pays-Bas, de laquelle sans doute on l'eût rappelé plutôt sans le crédit et les intrigues de la comtesse son épouse ; semblable aux Noailles auxquels elle est alliée, elle n'épargnait aucun moyen pour aider aux vues de son mari qu'elle connaissait bien, qu'elle appréciait bien et dont elle ne raffolait que quand elle était loin de lui.

Un comte de Polignac, aussi sot que celui que la feue duchesse d'Orléans avait mis ainsi dans sa chanson d'adieu, qu'elle appelait son testament de mort :

> Polignac, mon très sot amant,
> Me voit mourir indécemment.
> C'est une grosse bête ;
> Eh bien !
> Bon pour le tête-à-tête....
> Vous m'entendez bien.

Un prince d'Hénin, le plus méprisé et le plus méprisable des hommes ; un chevalier de Crussol, le tartuffe le plus adroit de son siècle, qui prêchait la vertu et ne la possédait que comme le pharisien de l'Évangile ; qui, à l'ombre de ses dehors trompeurs, laissait vendre à la baronne de Grossier les bénéfices et les grâces de l'ordre de Malte. Il vivait depuis longtemps avec cette baronne et l'entraînait au château des Tuileries dans un des appartements de la reine, tandis que le mari restait complaisamment dans ses terres. Ce chevalier, qui n'était pas, comme l'on voit, le chevalier sans peur et sans reproche, possédait au suprême degré tous les moyens que donnent les vices qui naissent de l'hypocrisie ; tantôt il faisait agir Mme de Flamarin auprès du vieux comte, et tantôt le patron de Senlis, qu'il faisait mouvoir par son cagotisme. Il employait ainsi tout à la fois le sacré et le profane ; rien ne lui coûtait, tout lui était égal, pourvu que le succès couronnât ses démarches.

A propos du patron de Senlis, alors l'épouvantail de M. d'Autun, et galantin par excellence, mais qui se gênait encore un peu en attendant la mort de l'archevêque de Paris, dont il convoitait la dépouille sacrée, ce M. de Roquelaure, aussi plaisant que le duc de son nom et bien aussi gaillard, à propos, dis-je, de M. de Senlis, je ne puis m'empêcher d'insérer ici un couplet de société, fait à table, devant l'auteur, par une femme de la cour ; cet impromptu, sans être bon, amusa beaucoup :

> Il était un saint homme
> De Senlis le patron
> Qui se f... de Rome
> A Duras sans façon.
> Maniait les tetons,
> Prenait le joli C....,
> Et lui fit un poupon
> Qu'il lui paya bien bon.

On assure que cette plaisanterie lui coûta 100,000 livres, au moyen de laquelle somme Duras consentit à se taire et se dire l'enfant du nouveau-né (1). Mais revenons au comité de Mme Jules tenu par la reine, qui n'y occupait effectivement que la seconde place. Les Dilon, les Coigny, l'abbé de Vermont (2) y étaient admis pour leurs voix. Campan, être alors très important, quoique fils d'un valet de pied de la maison de Ventadour, dont il avait eu lui-même l'honneur de porter la livrée, chose qu'il oublia tant de fois malgré les soins de son honnête

(1) *Sic.*
(2) L'abbé de Vermont, né en 1735, bibliothécaire du collège Mazarin, envoyé à Vienne, en 1769, pour veiller à l'éducation de Marie-Antoinette fiancée officieusement au Dauphin ; lecteur de Marie-Antoinette après le mariage. Il avait un frère chirurgien qui fut choisi comme accoucheur pour la reine.

homme de père de lui rappeler cette époque de sa fortune, même en public. Ce Campan, si digne de la faveur d'une grande princesse, était le secrétaire perpétuel de ce comité du cabinet, même de la garde-robe ; Bonneau de nouvelle édition, mais plus intelligent que son modèle, c'est à lui à qui la reine dut la nouvelle invention de donner ses ordres et ses rendez-vous en musique.

Sous le prétexte d'en faire copier, Campan en portait au petit enfant de l'amour dont j'ai déjà parlé ; il y en avait toujours quelques lignes de la composition et de la main d'Antoinette : ces lignes étaient en style oriental connu des deux partis seulement. Ce moyen parut à M. Campan le chef-d'œuvre de l'imagination dans ce genre ; il se dit aussi que, pour un homme comme lui, il était plus décent et moins dangereux de porter quelques pages de musique à copier qu'un billet doux qui pourrait compromettre le secrétaire du cabinet et le porteur. Il ajoutait en outre que lui, qui avait toujours été gouverné par l'honneur, il souffrait moins d'agir ainsi ; c'était bien là le cas de dire : « Où diable l'honneur va-t-il se nicher ? chez Campan ! » Eh bien ! c'était donc M. Campan, huissier de l'ordre de Saint-Lazare, qui portait à copier la musique, attendait la réponse sur l'escalier, introduisait le copiste, gardait la porte et rajustait le lit.

Quelque secrets que fussent ces messages, on en parla ; les plus intrigantes et les plus adroites détournèrent l'inique de la chose sur Mme de Châtillon, qui avait été attachée à la maison d'Artois. Cette femme, on en convenait, était peu faite pour cette place, si ces places, toutefois, eussent été remplies comme elles doivent l'être.

Elle avait été portée là par le marquis d'Entragues,

qui l'avait connue à Besançon. Ce fin courtisan ne s'était jamais montré à découvert sur cette intrigue ; il en avait laissé soupçonner le prince de Montbarrey, son ami. Ce ministre, qui était depuis longtemps en butte aux tracasseries de la reine et aux méchancetés du comte d'Artois, était devenu l'objet de la haine des courtisans des deux partis. On ne se bornait pas à critiquer ses opérations ministérielles ; aucunes n'étaient épargnées, quoiqu'il prît peu sur lui et qu'elles fussent presque toutes dirigées par M. de Maurepas. On le déchirait sur sa vie domestique et sur sa vie privée. Il est vrai que ce ministre trop peu connu, et qui avait tout ce qu'il fallait pour bien servir son maître, et l'État, trop peu habitué aux affaires, les laissait quelquefois languir pour se livrer à des plaisirs indécents : une fille publique, la boue même des filles de cet état, l'avait subjugué et lui faisait faire des choses inouïes. Un nommé Daudet, malheureux couvert de crimes et d'ordures, comblé par le ministre de grâces de toute nature et revêtu par lui d'une charge honorable, le compromettait sans cesse, et encore plus Mme de Montbarrey, qui en était folle. Ce coquin vendait les grâces et les emplois qu'il surprenait à la confiance du prince et finit par donner ses audiences chez le ministre. Besenval avait entouré l'arsenal d'espions ; il savait tout, en instruisait le comité (il avait ses raisons). On résolut le renvoi du prince de Montbarrey. On n'ignorait pas qu'il quitterait au premier désagrément, quelque assuré qu'il fût d'être soutenu par M. de Maurepas et M. de Vergenne ; on le tourmenta, il donna sa démission froidement et avec noblesse. Le triomphe de la cabale fut excessif; on intrigua pour faire un ministre de la guerre. Les uns voulaient le duc du Châtelet, d'autres voulaient M. de Castries ; Caraman, Jaucourt, Besenval et Adémar même portaient leurs vues jusqu'à cette place, tant le fanatisme d'être quelque chose aveuglait ces faiseurs. Après maintes délibérations pour un choix aussi important, il tomba sur le plus nul : cela devait être. L'espoir de changer souvent et de briller dans le désordre était celui de la clique ; on prit le marquis de Ségur, et on le fit entrer sur-le-champ au conseil. Il était aux genoux de la reine, ne faisait que pour elle et affectait pour tout le reste une rigueur qui tenait de la dureté, et cela pour masquer sa basse complaisance pour Antoinette. Il disait et écrivait aux femmes qui lui demandaient des rendez-vous qu'il était trop faible et trop susceptible de tentation pour risquer avec elles des tête-à-tête, qu'il craignait même jusqu'à l'odeur de leurs billets doux. Il brillait, selon l'ancien usage, en défaisant ce que son devancier avait fait ; c'était toujours de mal en pire.

Des courses, des spectacles, des petits voyages de Trianon, des entretiens secrets ménagés par Campan, il en résulta une grossesse. La reine fut grosse une seconde fois. Cet événement se manifesta on ne peut plus singulièrement. La reine détestait cordialement M. de Maurepas et ne supportait pas davantage la vieille comtesse sa femme, l'abbé de Verry, Mme Seguin et toute cette séquelle. Ce couple antique agissait en conséquence et se tenait en garde contre les intrigues de cette étourdie. Ce fut au moment où l'on croyait les cartes plus brouillées que jamais que la reine se fit annoncer chez le comte. « Bonjour, papa, lui dit-elle ; vous êtes bien étonné de me voir à cette heure ; vous ne m'attendiez pas ? » Mme de Maurepas se pressait de sortir de l'appartement, par respect et pour ne pas gêner l'entrevue que Marie-Antoinette paraissait venir chercher avec son époux ; la reine, s'apercevant de ce mouvement, la retint. « Non, comtesse, lui dit-elle, ne sortez pas ; vous m'êtes tous les deux nécessaires, le secret que je veux confier au papa a même

Je me confesserai a 6 heure a l'abbée Modoux Mercy et l'abbée m'ayant conseillé de le prendre je n'ai point douté que vous en serez contente et le Roi en a été aussi content j'ai oublié de lui dire que j'ai ecrit hier la premier foi au Roi j'en ait eu grande peur sachant que Md. du Barry le lit toute mais vous pouvez être bien persuadée ma très chere mere que je ne ferai jamais de faute ny pour ny contre elle. Votre

LETTRE DE MARIE-ANTOINETTE

Majesté permettera que je lui envoye une lettre pour Naples dans laquelle j'avertis ma soeur d'envoyer ses lettres par Vienne. J'ai l'honneur d'être lavec la plus respectueuse tendresse

la plus tendre et soumise fille Antoinette

A SA MÈRE MARIE-THÉRÈSE

besoin de votre entremise, et avant que d'entrer en matière, commençons par oublier le passé, que la plus étroite union nous unisse ; je vous ai témoigné quelquefois de l'humeur ; mais n'en accusez que les impressions désavantageuses qu'on s'est efforcé de me donner contre vous. Voilà l'origine d'une indifférence qui n'a eu et n'aura jamais rien de réel ; je vais maintenant vous parler à cœur découvert. Je suis grosse, mon cher comte ; cet aveu paraît vous réjouir en même temps qu'il m'alarme. Je dois m'expliquer avec franchise ; le roi, qui se connaît, concevra des doutes sur cette étrange conception. Cette piegrièche de Madame et son égoïste Monsieur vont faire pleuvoir les brocards sur le roi leur frère, sur l'enfant que je porte dans mon sein et sur moi-même ; la ridicule comtesse d'Artois leur servira de boute feu, ses clameurs hébétées peuvent me nuire beaucoup. J'ai lieu d'appréhender ; mais enfin cela est fait, si je puis compter sur vous deux, je suis tranquille. »

A cet endroit de sa narration, l'adroite Antoinette se laisse tomber sur une chaise longue et feint de s'évanouir ; le vieux mentor accourt à elle et cherche à la délacer, la comtesse se jette à ses pieds, et l'un et l'autre lui jurent un entier dévouement et une fidélité à toute épreuve. « Reprenez vos sens, adorable reine ; ordonnez, nous sommes prêts à obéir, mon mari peut beaucoup, comme ministre écouté, je marcherai avec plaisir sur ses traces, disposez de vos sujets, nous vous jurons un attachement éternel. »

Après ces assurances, Marie-Antoinette revint à elle comme cela se pratique en pareilles circonstances ; et, sans quitter le ton de la persuasion, elle continua son exposé avec toute l'expression d'une douleur simulée.

« Croyez-m'en tous les deux, je suis victime de ma crédulité, ce rusé de Besenval (1) m'a perdu par ses conseils; ses lâches et perfides insinuations m'ont menée jusqu'à craindre que votre crédit n'étouffât le mien, elles m'ont représenté mon peuple indigné de mes légèretés, et le fourbe a conclu que le seul moyen de ramener à mes pieds cette foule inconstante et frivole était de donner un prince à l'État et un successeur au trône. Dans les premiers moments, je fus très éloignée de le croire; mais le perfide me fit tenir le même raisonnement par Vaudreuil et Coigny, auxquels je faisais quelquefois part de mes chagrins domestiques; tout ce qui m'approchait me peignait un époux dégoûté, un peuple m'accusant de stérilité, les horreurs du divorce, une proscription humiliante; je me suis égarée; n'ayant que trop de raisons de douter des facultés de mon époux, j'ai jeté les yeux sur un autre, et le résultat c'est que je suis grosse. Il n'y a que vous qui puissiez faire agréer au roi l'assurance de ma fécondité; m'aimerez-vous assez pour cela? » — « Que béni soit le fruit de vos entrailles! répliqua la comtesse de Maurepas. Laissez-nous faire et tout ira bien; loin de se formaliser, le monarque regardera ce rejeton précieux comme un accroissement à sa gloire, à son honneur et à la félicité de l'État. Allons, mon cher comte, voici le moment de profiter de l'ascendant que vous avez sur l'esprit du roi, n'épargnez rien pour vous rendre digne de la confiance de notre auguste souveraine. »

Marie-Antoinette était trop habile pour ne pas saisir ce mouvement d'enthousiasme; elle se jeta au col de la comtesse, l'emmena ainsi que le comte son mari à son

---

(1) « Le Barabas de la Révolution, lorsque Favras en fut le Christ; il fallait une victime populaire, tels sont les jeux cruels de la politique. » *Note du pamphlet.*

souper, et, pendant la tenue de ce repas, eut pour elle les préférences les plus distinguées. Ces témoignages de bienveillance déconcertèrent les courtisans. Tous ignoraient la cause de cette réconciliation, et à cet égard les présomptions étaient en défaut.

Quand la cour se fut séparée, le comte resta seul avec le roi; et avec les ménagements qu'il savait devoir garder, il lui annonça la grossesse de la reine. Au premier mot de l'exposé, Louis XVI fronça le sourcil; mais un reste d'amour, joint au doute, le préserva des nausées que son front commençait à essuyer, et le vieux Maurepas n'eut plus que de légers obstacles à vaincre pour lui faire avaler la pilule et agréer les honneurs de la paternité.

« C'est singulier, dit le roi, frappant des mains en signe de joie, si ce n'était vous qui me le disiez, je ne le croirais pas. Voyez un peu ce que c'est que de nous autres hommes, et comme nous opérons sans nous en douter. Cependant, monsieur le comte, j'assurerais presque le moment où le ciel a béni mes travaux. Oh! oui, très certainement, ce fut pendant le cours de cette nuit que je restai dans son lit deux grandes heures avec elle. Ah! mon cher comte, que ne vous dois-je pas? La nouvelle que vous m'annoncez me cause un ravissement inexprimable; je ne puis résister à mon empressement; je vais, je cours, je vole l'embrasser, pardonnez, je vous quitte. »

La chronique secrète de la cour assure que le monarque, satisfait de la nouvelle, au lieu de deux heures, en consacra quatre à fatiguer les appas de la reine de sa molle faiblesse, et qu'à son tour l'Autrichienne endura ses impuissants efforts avec résignation pour mieux couvrir la défectuosité de sa grossesse; il est de certains cas dans la vie où il faut se faire une vertu de la nécessité.

Une telle conduite de sa part imposait silence aux rieurs, et quand le bon roi croyait être sûr de son fait, il était dangereux d'essayer à lui persuader le contraire.

Le lendemain de cette farce, tout reprit une nouvelle face à la cour. Le monarque crédule contait son bonheur et l'effet du miracle arrivé à qui voulait l'entendre. Il cessa d'aborder les amants de son épouse d'un œil taciturne : un pressentiment secret jetait de temps à autre des doutes dans son esprit, mais il les repoussait en se disant intérieurement : « Je suis père ! » Cette illusion a fait de tout temps le bonheur des gens crédules.

Marie-Antoinette reprit alors tout son empire et son orgueil commença à reparaître ; cependant, sa dissimulation ordinaire lui prescrivait une ligne de conduite ; les obligations qu'elle venait de contracter envers le comte et la comtesse de Maurepas lui tenaient fortement au cœur et la gênaient ; mais, trop fine pour le faire paraître, elle n'appelait plus le comte que « son cher ministre », la comtesse sa « bien-aimée », et conséquemment fêtait beaucoup le comte d'Agénois.

Monsieur, malgré toute son insouciance, enrageait dans le fond de l'âme de la sécurité du roi, et son épouse, qui voyait s'évanouir tous ses projets d'animosité, n'en conçut encore que plus de haine pour la reine de France. La petite personne avait cependant mis des espions en campagne, pour être sûre de l'origine de l'héritier des fleurs de lys. Mais la prévoyance d'Antoinette avait prévenu le coup fâcheux ; il ne restait donc plus d'autre parti à prendre, pour Madame, que celui de la patience, et elle s'y résigna en attendant une meilleure occasion de recommencer ses persécutions.

L'héroïne autrichienne, délivrée de toutes ses inquiétudes sur ce chapitre, ne s'en livra qu'avec plus d'ardeur à son train ordinaire, et le monarque bonasse, respectant sa nouvelle situation, se relâcha de ces principes de sévérité et ferma les yeux sur la continuité des dérèglements de sa très peu chaste compagne. Selon lui, rien n'était comparable à sa félicité; et quoiqu'il soit en ce moment un exemple frappant que la vérité pénètre difficilement jusqu'au pied du trône, il n'ignorait cependant pas que la France tournait en ridicule ses facultés de propagation; l'amour-propre que tous les êtres masculins attachent à leur virilité l'engageait à chérir l'occasion qui lui donnait deux titres de plus (1), raison de plus pour lui pour garder le tout, sur tout ce que cette aventure pouvait avoir de douteux, et redoubler de complaisance.

Si tous les avis de la cour étaient partagés sur la conception de Marie-Antoinette, ceux de la capitale se trouvaient réunis, et, dans le même temps que le parlement et toutes les cours souveraines ordonnaient despotiquement au peuple de se féliciter de cet heureux événement, les gloseurs qui témoignaient peu de confiance aux miracles parlaient diversement de cet événement. Entr'autres pasquinades faites sur ce sujet, l'éditeur a regardé comme précieux les couplets qui lui tombèrent dans les mains en cette occurrence :

Air: *Je le compare avec Louis.*

De notre monarque Louis
Admirons tous la confiance,
Mais sur le rejeton de France
Chacun peut donner son avis.
Ce beau poupon, tige suprême,
Ce beau poupon, tige suprême,
    Est le fruit,
    Est le fruit

(1) « Ceux de cocu et de père. » *Note du pamphlet.*

Du vice lui-même,
Du vice lui-même.
Antoinette, quoiqu'un peu tard,
Craignant du peuple le murmure,
Croit pouvoir sans aucune injure,
Produire en France un beau bâtard,
Recevons-le, car notre maître
Recevons-le, car notre maître,
Dit que c'est lui,
Dit que c'est lui
Qui l'a fait peut-être,
Qui l'a fait peut-être.

Mêmes folies, mêmes inconséquences, même inconduite. Connaissant les sentiments de son époux, elle en profitait et faisait tout impunément; maîtrisant les ministres, le seul Vergennes lui résistait à force de vertus. Cependant elle ne put empêcher la chute de Necker qui, à force de sottises, de vanité et de fausses démarches, fut remplacé par le vieux Joli-de-Fleury, tout aussi incapable que son prédécesseur d'être à la tête de ce département.

Le maréchal de Castries, cet imbécile qui accédait à toutes les propositions, déconcerté de la chute de Necker, vit bien qu'il perdait par cette démission, ou plutôt son renvoi, le soutien et l'ouvrier de sa besogne, et, en cas pareil, il perdait beaucoup, vu les limites de ses connaissances.

L'important Ségur, tout bouffi d'orgueil, crevait dans sa peau; Fleury, l'âme damnée des Choiseul, tentait à expulser Miroménil, ou tout au moins à diminuer sa faveur; celui-ci, prévoyant et calculant les événements, ne serait pas parti les mains vides. Amelot, ce ministre vendu aux iniquités de la cour, et successeur de Saint-Florentin pour les lettres de cachet, ne faisait rien que par le ministère du plat Robinet, sa créature la plus affidée, de sorte qu'à le bien prendre, la cour de France

BEAUMARCHAIS FOUETTÉ A SAINT-LAZARE

était alors une pétaudière. Cette belle pureté de mœurs, que l'on avait prétendu afficher dans les commencements du règne de Louis XVI, était disparue ; Richelieu primait de nouveau et disait qu'avant de mourir, il voulait couronner ses hauts faits en faisant succéder à la prise de Mahon les suites de son emploi de maquereau auprès de Louis XVI, savoir : donner une maîtresse en titre au roi, un amant avoué à la reine, un bordel au comte d'Artois qui se serait bien passé de ses soins, puisqu'il y pourvoyait lui-même, et une putain à Monsieur, qui, cependant, dans ce temps même, s'étayait les appas de la Balby (1), et le tout afin de mourir comme il avait vécu.

Nous avons maintenant vu Marie-Antoinette suivie, dans les principaux événements qui composent cette première partie, et ses prouesses galantes, comme une femme sans mœurs et indigne du sceptre qu'elle possédait. Cependant nous n'en sommes encore qu'à l'ébauche de ses perversités ; que de monstruosités il nous reste à tracer pour l'exposer aux yeux de nos lecteurs dans son vrai point de vue ! Si l'histoire des têtes couronnées est nécessaire pour l'instruction des nations, la plume de l'historien chargé de dessiner à son siècle ce tableau d'horreurs recule en s'occupant de son ministère.

L'adultère, la débauche, la prostitution, voilà les traits que nous ne craignons pas de mettre au jour ; les traits qui caractérisent l'Autrichienne, que le Ciel en courroux

---

(1) Sur cette maîtresse du comte de Provence (Louis XVIII), on consultera avec intérêt l'inattendue apologie du vicomte de Reiset : *Les reines de l'émigration : Anne de Caumont-La Force, comtesse de Balbi* ; Paris, 1908, in-8°. — Née à la Force le 20 avril 1758, elle épousa, le 6 mai 1776, à Versailles, François-Marie-Armand, comte de Balbi, qu'avec la complicité du comte de Provence elle fit enfermer comme fou, en 1781. Elle mourut le 3 avril 1842 et fut inhumée au cimetière du Père-La-Chaise.

nous envoya de la cour de Vienne, pour préparer les fléaux destructeurs dont nous sommes maintenant les victimes.

Traçons, d'une main hardie, l'exposé des forfaits dont elle s'est rendue coupable et qui ont attisé parmi nous les feux sanglants de la discorde. Telle est la matière que nous allons employer dans ce second volume. Un frère dénaturé, une mère criminelle, des bâtards destinés à régir le trône de la France, des ministres sans pudeur, sans frein et sans délicatesse, un monarque faible, indolent, pusillanime, sans fermeté, sans énergie, occupé de frivolités, des princes du sang royal rongés d'ambition, un peuple malheureux, courbant sa tête sous le joug de l'esclavage : voilà les détails qui composeront la seconde partie d'Antoinette (1), toujours de plus en plus criminelle.

Puissent les personnes entre les mains desquelles tombera cet ouvrage apprendre, en le lisant, à resserrer leur union fraternelle, comme le seul moyen de prévenir les maux que la furie germaine n'a pas perdu de vue et qu'elle voudrait accumuler sur nos têtes !

(1) *Sic.*

Fin de la première partie.

DEUXIÈME PARTIE

La grossesse de la reine avançait et elle était monstrueuse ; elle affectait indécemment de montrer une gorge énorme et prenait plaisir à divulguer sa honte. On ne déclara pas cette grossesse, après quatre mois et demi, suivant l'étiquette de la cour, dans la crainte des sarcasmes qu'aurait pu produire cet événement. Madame surtout ne les épargnait pas, et la haine la plus complète existait toujours entre elle et la reine. La princesse de Lamballe continuait toujours à être au froid, la Jules au chaud, et les Simiane et la Borde en exercice.

La joie qu'occasionnait cette grossesse fut troublée par une incommodité dont la reine ressentit les effets ; elle consistait dans une descente ou relâchement de matrice, fruit de ses continuelles débauches et des excès auxquels elle se livrait avec les tribades, ses favorites.

La maladresse de l'accoucheur Vermond fut seule accusée de cette circonstance ; néanmoins, il conserva la faveur, de même que l'abbé de Vermond, son frère, qui par ses lectures ordurières entretenait dans sa souveraine l'abandon des mœurs et le goût de la dépravation. Le duc de Nivernais, les joueurs de la cour, les banquiers Chalabre et Poinçot, un misérable coiffeur, la lubrique Juers, la petite Campan, quelques musiciens et chanteurs, voilà la digne société à laquelle Marie-Antoinette donnait la préférence et la dignité que la fille de Marie-Thérèse portait sur le trône de France. Libertinage affreux, adultères multipliés, prostitutions méprisables, et les plus sales orgies, tels étaient les moyens que cette bacchante employait pour s'attirer le mépris du peuple, qui ne daignait plus s'occuper d'elle.

Il ne suffisait pas à cette quatrième furie d'être dédaignée du Français ; elle voulut encore s'en faire abhorrer ; les perfides conseils que lui avait donnés Joseph II, en partant de la cour d'Allemagne, étaient présents à sa pensée ; mais pour les mettre à exécution, il lui fallait de l'intelligence au ministère qui s'était toujours déclaré contre elle.

Elle n'ignorait pas la manière de se débarrasser d'un ministre récalcitrant ; la mort du vieux Maurepas lui avait garanti l'infaillibilité de la recette ; mais les soupçons avaient germé, et, au second empoisonnement, pouvaient achever d'ouvrir les yeux.

L'empereur éprouvait tous les jours de nouveaux embarras ; pour calmer les esprits irrités qui détestaient son oppression et paraissaient disposés à se soustraire au joug odieux de la tyrannie, il lui fallait de nouveaux trésors et il n'avait d'autres ressources que celle de la reine de France, qui, à l'aide du contrôleur Joli-de-Fleury, lui fit passer des sommes considérables.

Ce ministre disgracié, Antoinette intrigua pour le faire remplacer par une créature qui lui fût affidée ; mais son espoir fut trompé. Dormesson fut intraitable, et elle se vit privée de secourir son frère jusqu'au moment où le scélérat de Calonne fut en possession de dilapider les finances. Cette impitoyable sangsue, cette âme de boue, insensible aux cris de la douleur et qui se faisait un jeu de la misère publique, était toute propre à seconder les vues destructives de la mégère autrichienne.

Charles-Philippe d'Artois s'était refroidi quelque temps ; les intrigues de sa belle-sœur avaient affaibli sa passion pour elle ; ce ne fut que lorsque le respect et la crainte eurent éloigné les amants qu'il se remit sur les rangs ; en vain, pour les tenir tous attachés à son char, employait-elle les regards lubriques, les attouchements expressifs. L'idée de se trouver dans les bras de leur reine les glaçait ; elle s'en tint donc au beau-frère, qui, moins inquiet sur les dangers de la liaison, remplaça Coigny, Dilon, Vaudreuil, etc.

Les clairvoyants prétendirent que, de ce retour de tendresse, naquit le Dauphin, et l'un d'eux, bravant l'inquisition du ministre et de la police, fit ce couplet :

AIR : *de Joconde.*

Amis, la nouvelle du jour
Se débite à cette heure.
Un Dauphin paroît à la cour,
Si je mens, que je meure.
Si Louis paroît vigoureux,
  Ce n'est pas de la sorte ;
D'Artois a fait ce coup heureux,
  Ou le diable m'emporte.

Ce prince voluptueux, peu délicat dans ses jouissances, était intimement lié avec le duc de Chartres, maintenant Philippe Capet ou d'Orléans ; l'un et l'autre n'avaient rapporté, des voyages qu'ils avaient faits, qu'une ample provision de vices et de ridicules. Les coutumes, les mœurs et les modes d'Angleterre avaient séduit leur frivolisme, de manière que ces deux héros des aventures scandaleuses de l'Opéra ne s'occupèrent plus, en France, qu'à singer le peuple de la Grande-Bretagne. Les courtisans, vils adulateurs, copièrent à leur tour d'Artois et de Chartres : en peu de temps, tout fut anglais à la cour et à la ville. Le roi et l'égoïste Stanislas-Xavier restèrent seuls Français.

Chaque jour, de nouvelles courses, soit à Vincennes, soit à la plaine des Sablons, ajoutaient un nouveau vernis à la folie des princes. Le peuple français, dont la morale est celle du plaisir, se portait en foule à ces divertissements, comme à un événement mémorable ; les ouvriers désertaient leurs ateliers pour jouir du spectacle ridicule des princes travestis en palefreniers anglais. De la vigueur et de l'intrépidité des hardis jockeys dépendait l'altération des fortunes ; et ces parties ruineuses comblèrent de plus de gloire deux indignes branches du sang des Bourbons que leurs fameux exploits tant à Gibraltar qu'à l'affaire d'Ouessant.

Vêtue en amazone, et piquant un superbe palfroi, Marie-Antoinette était l'âme de ces plaisirs qui favorisaient les siens. Avant d'en donner le précis, je dois faire part à mes lecteurs d'une anecdote tendant parfaitement à établir le caractère économique de Louis XVI. Dans une de ces courses, signalées, le plus souvent, par des paris exorbitants, le monarque français, qui s'y était laissé entraîner, et qui par complaisance avait quitté sa forge, fut supplié par son épouse de s'intéresser en faveur de l'un des coureurs. Le roi refusa d'abord, mais paraissant céder aux importunités d'Antoinette, il lui répondit, avec cette simplicité qui le caractérise et un sourire stupide : « Vous le voulez ; eh bien ! soit, j'y consens. Je parie un petit écu pour les chevaux de mon frère. » Ce trait passa dans le temps pour une lésinerie de la part de Louis XVI, lorsqu'au fait, ce n'était qu'une sage leçon donnée aux fous qui se ruinaient par orgueil en prenant intérêt à ces amusements.

La course était à peine finie qu'Antoinette partait comme un éclair et se rendait à Trianon, où elle ne tardait pas à être rejointe par son voluptueux beau-frère, et ces entrevues clandestines se terminaient ordinairement par les excès les plus luxurieux ; et l'un et l'autre s'y livraient sans réserve à toutes les fantaisies libertines que leur suggéraient leurs imaginations enflammées et l'ivresse de leurs sens.

A la parfaite intelligence qui régnait entre ces illustres

incestueux, on s'imaginera, sans doute, que Charles-Philippe occupait toutes les pensées de sa belle-sœur; les moindres détails paraissaient engager à le croire; mais la lubrique Germaine était née avec un tempérament trop vicieux pour s'en tenir aux plaisirs qu'il lui procurait. Comme sa passion pour les femmes était immodérée, les moments de relâche que lui donnait le beau-frère étaient ordinairement employés, par la sensuelle compagne de Louis, aux actes révoltants des lubricités, qu'elle prenait plaisir à goûter avec son sexe.

Une des femmes de la reine, la demoiselle Dorvat, était parvenue à gagner sa confiance; son intéressante physionomie avait attiré ses regards et excité ses désirs; et quand une fois ses désirs avaient fermenté dans son sein, rien ne pouvait l'empêcher de les satisfaire.

Pour se dérober aux regards intéressés à épier ses aventures amoureuses, notre héroïne prétextait souvent des indispositions. Alors elle feignait que l'air de la cour était contraire à sa situation, que la solitude devenait pour sa santé de la plus grande utilité. Munie de ce passeport de la faculté, auquel Louis XVI souscrivait aveuglément, elle s'échappait du tourbillon, pour voler dans les différents temples de l'amour, où elle présidait en qualité de grande prêtresse; et là, méditant sur les charmes de la puissance, elle continuait ses affreux dérèglements.

Le comte d'Artois n'était certainement pas jaloux; il n'aimait point assez pour être la victime de cette odieuse passion; il ne pouvait non plus le paraître, par amour-propre; cependant les courses clandestines et les voyages d'Antoinette à Trianon l'engagèrent un jour à quereller sa belle-sœur sur ce qu'il nommait infidélité de sa part. La reine ignorait le grand art de rougir; ce fut donc avec l'effronterie qui lui est naturelle qu'elle lui fit l'aveu de son goût particulier pour les femmes, notamment pour la Dorvat, et qu'elle l'exhorta à ne pas s'en alarmer. Cette franchise d'Antoinette ne déplut pas à Charles-Philippe; entre gens peu délicats, tout s'accorde assez volontiers; il parut seulement douter de la variété et de la multiplicité de ses travaux, et lui demanda comment elle y pouvait suffire.

« Je vais bien t'étonner, mon cher frère, lui dit-elle, en t'apprenant tous les secrets de mon tempérament; mais puis-je avoir quelque chose de caché pour toi? Sa force est si violente, que sortant d'entre tes bras, dont je ne me retire que lorsqu'épuisé, tu ne peux plus te livrer à de nouveaux transports, je convoite de nouveaux plaisirs. Cependant, dans ces moments, mon état devrait naturellement être semblable au tien. Loin de là, je brûle de consommer le plaisir que tu n'as fait qu'ébaucher. Alors je vole auprès de ma chère Dorvat : d'instrumentée que j'étais, j'instrumente à mon tour. Enfin, je fais agir la complaisante Dorvat qui, réitérant le plus agréable des exercices, multiplie mes jouissances à l'infini. Cesse donc d'être étonné, si je te substitue cette charmante acolyte, et ne m'en veux pas : aussi bien je ne puis m'en passer. » — « Vous m'étonnez, ma chère sœur, lui répondit le comte, mais vous ne me persuadez pas. Pardonnez ma franchise, mais je suis si éloigné de vous croire que je parie mille louis, qu'il vous est impossible de pouvoir vous livrer à ces degrés différents de plaisirs! » — « Mille louis? » — « Mille louis! » — « Ah! vous êtes incrédule; eh bien! soit, j'accepte le pari, sans en remettre l'événement à demain! »

Sur-le-champ, les chevaux furent commandés et une voiture élégante conduisit l'heureux couple à Trianon.

Enfermés tous les deux dans le plus délicieux des

boudoirs, d'Artois coucha Marie-Antoinette sur un sopha. Mille louis et l'honneur de la vaincre lui firent trouver de nouvelles forces, il lui donna le plus vigoureux assaut ; mais ses facultés cédant à ses désirs, il perdit la moitié de la gageure. « Je me rends, lui dit-il, en se débarrassant des bras royaux qui le tenaient enlacé ; mais je ne suis pas totalement vaincu. » — « Oh ! j'en demeure d'accord, répliqua la reine ; mais je vais achever ma victoire. »

Aussitôt elle sonna. La Dorvat, prévenue, et qui était aux aguets, accourut. Antoinette l'embrassa avec cette familiarité qui décèle l'intelligence ; la présence de d'Artois n'empêcha pas cette Messaline moderne de se livrer à ses transports luxurieux. La Dorvat rougit d'abord un peu ; mais sans faire aucune attention à son embarras, Marie-Antoinette continua ses brûlantes caresses ; échauffée par le badinage du doigt royal, cette jeune déréglée passa sur les bienséances, et bientôt partageant le délire de sa maîtresse, leur réciproque emportement fit connaître au comte combien il était dangereux de défier une femme lascive. « Mes mille louis sont perdus, s'écria-t-il, mais je m'en vengerai sur les auteurs de ma perte ! » Dès ce moment, il conçut un léger caprice pour la Dorvat, et la chronique assure qu'il en essaya.

La constance n'était pas la vertu favorite de la reine de France ; à cette époque, elle commença à se dégoûter de son beau-frère. Le changement pouvait seul assaisonner les plaisirs de cette auguste passionnée, et la jouissance d'un nouvel objet flattait depuis longtemps son ambition. Le beau Fersenne, colonel du régiment de Royal-Suédois, suivant tous ses pas avec affectation, ses coups d'œil enchanteurs l'avaient décidée à ne pas faire languir longtemps après sa possession.

Il promenait un jour sa tendre et douce rêverie dans

l'orangerie du château de Versailles. Il y avait quelques minutes qu'Antoinette l'observait quand leurs yeux se rencontrèrent. Un signal intelligent qu'elle lui fit ne lui laissa plus douter de son bonheur. Rentrée dans son appartement, la reine ne médita plus sur les moyens de mettre à fin heureuse cette charmante aventure et, pour cet effet, elle députa au joli colonel L'exclaux, garçon de la chambre, qui lui remit une boîte dans laquelle était enfermé ce billet :

Flore à Zéphir.

Depuis longtemps, mon cher Zéphir, je vous vois parcourir les parterres de mon empire et regarder avec attention toutes les fleurs qui sont sous ma domination.

Votre douce haleine se serait-elle reposée sur quelqu'une? Flore en mourrait de désespoir. Songez que je suis leur reine et que j'exercerais la vengeance la plus rigoureuse sur celle qui m'aurait ravi le trésor où j'aspire. J'irai, ce soir, à neuf heures, promener mon inquiétude au petit Trianon. Si Zéphir est sensible aux tendres empressements de Flore, il viendra calmer le chagrin dont elle est dévorée. Le gouverneur de mes jardins sera chargé de l'introduire.

La reine n'attendit pas après la réponse de Fersenne, le même porteur lui rapporta la boîte dans laquelle elle trouva le billet qu'on va lire :

Zéphir à Flore.

Ce n'est qu'avec indifférence que Zéphir voit toutes les fleurs de votre empire ; lorsqu'il les regarde avec attention, c'est que parmi elles il cherche à distinguer leur reine. Lorsqu'il la voit, le respect lui ferme la bouche et ses yeux sont les interprètes muets de son cœur. Ce soir, à neuf heures, l'amour et la reconnaissance conduiront Zéphir au petit Trianon. Trop heureux si les empressements peuvent bannir l'inquiétude de Flore et la convaincre de la sincérité de son ardeur !

Exact au rendez-vous, Fersenne fut introduit dans

l'appartement où il était attendu par Marie-Antoinette avec la plus vive impatience; le confident intime Bazin fut le mercure de cette entrevue. Ce bas et rampant valet était accoutumé à cette fonction. Peu lui importait le titre de maquereau, pourvu qu'il en remplît la charge près d'une personne illustre. Il est inutile que je rapporte ici ce qui se passa entre eux. Je me contenterai de dire qu'heureux et satisfaits l'un et l'autre, ils éprouvèrent pendant deux heures consécutives des délices inexprimables. Les rendez-vous se succédèrent vivement depuis cette époque; et ce galant commerce dura jusqu'à ce qu'excédée de sa continuité, Antoinette songeât à réveiller son goût par les changements et à donner un successeur à l'épuisé Fersenne.

Elle ne savait trop sur qui jeter les yeux lorsque la comtesse Valois de la Motte lui fut présentée par la Misery, sa première femme de chambre. Cette infortunée comtesse sollicitait à la cour la reprise de possession de la terre de Fontète dont avaient joui ses illustres ancêtres.

Antoinette appuya sa requête, guidée, soi-disant, par un principe d'équité; mais le fait est que la comtesse de la Motte lui ayant plu, et la destinant à ses plaisirs, elle voulut avoir des droits à sa reconnaissance, et que ce ne fut qu'à elle qu'elle eut l'obligation de sa fortune. En conséquence elle ne fit point usage du pouvoir qu'elle avait sur Calonne pour augmenter la faible pension que cette comtesse tenait de la cour, et que ce paillard n'avait fait porter sur l'État que la somme de sept cents livres jointe avec celle de huit cents qu'elle recevait déjà pour porter dignement le nom de Valois, espérant que cette modicité conduirait infailliblement la solliciteuse de sa salle d'audience à son lit.

Le cardinal de Rohan, connu maintenant par le titre

du Cardinal-Collier, n'avait pas renoncé à ses projets de convoitise. A l'affût de tous les mouvements de la reine, il interceptait tous les regards. Il s'était aperçu, un des premiers, de l'effet que les attraits de la comtesse de la Motte avaient fait sur elle, et d'après cette observation, s'emparant de cette comtesse, il l'endoctrina et lui apprit à se prêter aux vues de sa souveraine.

Leur seconde entrevue se fit au petit Trianon, entre onze heures et minuit. La comtesse de la Motte fut introduite par la Dorvat, qui se contentait du titre d'agente de ces scènes libidineuses, après y avoir joué elle-même un rôle principal (1). D'après l'exposé du tempérament de la reine, on peut assurer leurs plaisirs.

La compagne de Louis XVI congédia, après cette séance luxurieuse, la comtesse de la Motte en l'assurant de sa faveur et en la gratifiant d'une somme de dix mille livres en billets de caisse. On observera que Calonne en

(1) Dans son curieux et rare mémoire sur l'affaire du collier, Retaux de Villette, un des complices de Mᵐᵉ de la Motte dans cette escroquerie, conte à sa manière la première entrevue de la reine et de la comtesse. « La reine, dit-il, rentrée dans son appartement, fit appeler Mᵐᵉ de la Motte qui se rendit à ses ordres : elle trouva Sa Majesté voluptueusement penchée sur une ottomane. Mᵐᵉ de la Motte, invitée à prendre place à côté d'elle, fut louée sur sa fraîcheur, sur la beauté de son teint; elle exigea même que sa gorge fût découverte: elle en fut éblouie; et, en effet, Mᵐᵉ de la Motte avait, de ce côté, tout ce que les hommes recherchent avec enthousiasme : blancheur, fermeté, séparation; ce qui provoqua dans les sens de la reine cette effervescence que la lubricité seule peut enflammer. Bientôt leurs mains s'égarèrent, le plaisir déchira tous les voiles qui pouvaient lui porter obstacle: et, s'abandonnant alternativement, l'une et l'autre, aux feux de leurs passions, elles se plongèrent dans des torrents de délices. Après une heure de débats voluptueux, Mᵐᵉ de la Motte répara un peu son désordre et repassa chez Mᵐᵉ de Polignac... » *Mémoire historique des intrigues de la cour et de ce qui s'est passé entre la reine, le comte d'Artois, le cardinal de Rohan, Mᵐᵉ de Polignac, Mᵐᵉ de la Motte, Cagliostro et MM. de Breteuil et de Vergennes*, par le sieur Retaux de Villette ; à Venise, MDCCLXL, p. 21. — Cette édition est celle faite par Gay en 1872; Neuchâtel, in-18.

était le dispensateur; ce qu'il a prouvé dans les étrennes opulentes qu'il envoya à Mme Lebrun, sa bien-aimée (1).

Rohan-le-Chapeau-rouge, qui avait ménagé cette entrevue, fit jouer tous ses ressorts pour en obtenir le succès qu'il osait s'en promettre.

Il osa écrire à la reine, qui résista longtemps à se prêter à sa justification, mais les avis secrets qu'elle recevait de l'empereur, qui le désirait en possession de la puissance ministérielle et à la tête des affaires, l'engagèrent à se prêter à la réconciliation qu'il sollicitait.

Les mémoires justificatifs de la comtesse de la Motte, imprimés à Londres, en janvier 1789, mettront les lecteurs au fait de la farce que notre héroïne fit jouer au cardinal, par la prostituée d'Oliva. En élevant le cardinal-prince jusqu'à elle, ce n'était que pour le faire plus sûrement tomber dans l'abîme, qu'elle lui entr'ouvrait par degrés; aussi sa correspondance avec lui (2) était une énigme dont il eût été difficile de trouver la clef, sans la vengeance que tira la comtesse de la Motte du procédé sanglant de Marie-Antoinette.

Le succès de cette grande entreprise faisait le sujet de toutes ses réflexions; lorsqu'elle se trouvait avec lui, très souvent elle était rêveuse et gardait le silence à ses insi-

---

(1) Il s'agit ici de Mme Vigée-Le Brun, l'artiste peintre, auteur de mémoires. Dans une liste de proscription de 1789 elle est ainsi signalée : « Une fouine qui a longtemps appartenu à M. de Calonne, quoique M. Le Brun n'ait point voulu lui céder en propre, en raison de certain talent. Cinquante francs à qui pourra la chasser du royaume. » *La chasse aux bêtes puantes et féroces, qui, après avoir inondé les bois, les plaines, etc., se sont répandues à la cour et à la capitale;* à Paris, de l'imprimerie de la Liberté, 1789, in-8°, p. 8.

(2) L'auteur du libelle renvoie à cette correspondance apocryphe, composée de trente-deux lettres, qui figure à la fin des *Mémoires justificatifs de la comtesse de Valois de la Motte, écrits par elle-même*; Londres, 1789, in-18.

nuantes protestations. L'adroit évêque sut profiter de cette inaction, et prenant ce silence pour un aveu tacite, il alla plus loin et il fut heureux.

Les Polignacs étaient heureux, la faveur se perdait tous les jours. La reine ne leur faisait plus que des demi-confidences ; souvent elle affectait avec eux le dépit et le dédain, elle paraissait même avoir renoncé tout à fait à l'amour pour ne plus s'occuper que de l'intérêt.

Cependant les indiscrétions de l'esclave (1), dont parfois les expressions tranchaient du maître, l'alarmaient. Lauzun, Luxembourg et d'Artois s'entretenaient publiquement de cette liaison.

Plusieurs confidences de sa part sur quelques particularités des charmes secrets de son amante avaient convaincu, à n'en pas douter, ceux qui étaient aussi parfaitement instruits que lui de la vérité de leur approximité.

Arriva dans ce temps la fameuse aventure du collier, de ce collier qui fixa l'attention de toute l'Europe et dont voici tout le mystère.

L'économie du roi s'opposait, depuis longtemps, à la demande qu'Antoinette lui avait faite d'une garniture de bracelets semblable à celle que portait la reine d'Angleterre. Elle avait plusieurs fois essuyé le refus le plus formel de lui donner cette parure. Calonne ne savait plus de quel bois faire flèche. Toutes les ressources étaient épuisées. Il n'y avait plus que l'intrigue qui pût lui procurer ce bijou qu'elle était infiniment jalouse de posséder.

Elle s'était plainte quelquefois devant la comtesse de la Motte de l'avarice de son époux et du désir qui la

---

(1) « Titre que prenait le cardinal de Rohan auprès de la reine. » *Note du pamphlet.*

tourmentait. La comtesse en parla au cardinal, qui, malgré la mauvaise situation de ses finances et son peu de crédit, entreprit la négociation de cette affaire, dont Antoinette seule profita, ayant toujours eu la précaution de faire agir sourdement ces deux complices de ce royal larcin.

La suite de cette affaire la conduisit insensiblement à la vengeance qu'elle méditait toujours intérieurement contre le cardinal; mais elle ne fut pas aussi complète qu'elle l'aurait désirée.

C'était sur un échafaud qu'elle l'eût voulu voir. Son ambition eût été satisfaite.

Elle l'eut enfin ce collier; Lesclaux, son messager secret, le lui apporta, et du moment qu'elle l'eut en sa puissance, elle jura qu'il serait l'instrument de sa fureur contre le cardinal. Son dessein n'était pas d'envelopper la comtesse de la Motte dans cette proscription, la circonstance seule dirigea cet événement, dont tout Paris parla diversement. Parmi toutes les chansons et les pamphlets qui parurent sur ce sujet, je place ici ces couplets, comme cadrant singulièrement à la circonstance :

CHANSON SUR LE CÉLÈBRE COLLIER

PAR UN CÉLADON A LA GRECQUE

Air : *Jeunes cœurs qui voulez faire.*

Pour enchaîner la victoire
Qu'un guerrier cherche la gloire,
   Moi, loin des combats,
   Prenant mes ébats,
Entre la brune et la blonde
Je ferai le tour du monde,
      Si ma barque allait un jour
Mouiller, er, er, er à la rade d'amour.

Qu'à Chaise-Dieu l'on enferme,
Comme un coq dans une ferme,
L'oiseau cardinal,
Pauvre original,
Dois-je craindre quelque chose ?
Si Philis m'offre une rose,
Je pourrai sans nul détour
Mouiller, er, er, er à la rade d'amour.

Pour singer la Souveraine,
Que dans un parc on entraîne
Fillette à minuit
Au joyeux déduit,
Loin de mettre un trousse-cotte
En compromis par la Motte,
J'aimerais mieux en plein jour,
Mouiller, er, er, er à la rade d'amour.

Il est inouï de se représenter toutes les horreurs que cette action frauduleuse de la part d'Antoinette fit enfanter. Je vais souiller ma plume en en traçant encore une ; puis-je détourner les yeux de ce tableau monstrueux d'iniquités :

QUATRAIN

Sur Mme de la Motte-Valois, fouettée et marquée sur les deux épaules, le 10 juillet 1786, en vertu d'un arrêt du parlement.

Quels cris aigus se font entendre au large ?
D'où vient ce tumulte au palais ?
Ce n'est rien, me répond Gervais,
C'est la Motte qui décharge.

Pour remplir l'usage qu'elle voulait faire des diamants de ce collier, il fallait le dénaturer. Cela fut bientôt fait. Les soustractions qu'y fit Marie-Antoinette lui servirent à des bienfaits, paraissant d'autant plus généreux pour elle qu'ils étaient considérables, mais d'autant plus faciles qu'ils ne lui coûtaient rien.

Ce furent ces mêmes bienfaits qui conduisirent l'infortunée comtesse à l'infâmant poteau et à l'indigne flétrissure qu'elle essuya par la main du boureau.

Il ne fallait pas moins que la plus hypocrite des dissimulations pour tirer notre héroïne d'un pas aussi délicat; elle eût été couverte d'opprobre et d'ignominie si sa basse intrigue eût été découverte. Mais, en cette occasion, elle se servit de ses principes ordinaires et sacrifia l'innocence pour sauver une légère parcelle de son honneur expirant, et elle apporta le plus grand soin à couvrir cette odieuse atrocité du voile le plus impénétrable.

La plus légère confidence sur l'article du collier lui eût été très nuisible. Aussi se tint-elle sur la réserve, et malgré le faux zèle du fourbe et rusé baron de Breteuil, ses demandes insidieuses, son air d'assurance, elle nia fermement que ce bijou eût été en sa puissance; elle assura qu'elle n'en avait pas plus de connaissance que de la comtesse de la Motte, et elle perdit ainsi cette femme par une criminelle négative. Elle fut donc absolument hors de cette procédure, dont elle méritait seule toute l'infamie, et il ne fut plus mention de Sa Majesté que pour accuser les prétendus scélérats qui, soi-disant, avaient osé abuser de son nom.

Le jugement se prononça; toutes les lois de l'équité furent violées; l'innocence succomba; mais le cardinal de Rohan échappa à sa vengeance.

Malgré le silence que l'inquisition ministérielle imposait sur cette affaire, la reine n'en fut pas moins diffamée dans l'opinion publique, sans qu'elle perdît rien de sa sécurité et qu'elle conservât précieusement trois cent cinquante-six diamants du collier qu'elle s'était si finement appropriés, et dont elle espérait un jour faire monter des bracelets pareils à ceux de la reine d'Angleterre (1).

Les intrigues et les tracasseries du comte de Vergennes, dans le cours de cette inique affaire, lui firent apercevoir combien elle avait à s'en méfier ; et comme les forfaits ne lui coûtaient rien, elle en médita un dont l'exécution suivit peu de temps après, comme on va le voir.

L'empereur se désolait, à la cour de Vienne, du mauvais succès de ses affaires et de la mauvaise tournure qu'avait prise, en France, l'affaire du collier. Son issue détruisait totalement ses projets. Malgré les témoignages qu'il avait reçus de sa sœur et de l'imbécillité du cardinal de Rohan, sa politique lui avait fait entrevoir que son ambition serait plutôt satisfaite et ses vues remplies avec ce ministre, qui n'eût point hésité à seconder le bouleversement qu'il méditait, et dont il aurait profité. Le plus exécrable des desseins occupait entièrement l'esprit d'Antoinette ; elle jouissait de toute la gloire qu'elle venait de remporter ; mais un de ses ennemis respirait encore. Cabaler pour l'expulser de la cour, il n'y fallait pas penser. Des imputations véritables n'auraient pas réussi à faire prononcer son éloignement, et les efforts de la calomnie n'auraient fait qu'ajouter à son triomphe.

Elle avait entre les mains la recette de Catherine de Médicis. Le vieux Maurepas en avait ressenti les funestes effets, au moment où elle lui jurait une déférence exacte à ses avis et une sincère réconciliation ; mais elle l'avait embrassé pour le mieux étouffer. Elle se résolut de pro-

---

(1) M. Frantz Funck-Brentano, *L'Affaire du Collier*, d'après de nouveaux documents recueillis en partie par A. Begis ; Paris, 1910, in-18, a prouvé que le comte de la Motte avait passé avec les diamants du collier en Angleterre et les avait vendus à des bijoutiers de Londres. Au reste, toute l'affaire du collier est racontée ici d'une manière dont il est superflu de souligner la haineuse fantaisie.

curer une pareille dose à Vergennes, et n'osant mettre en usage les préliminaires dont elle s'était servie avec Maurepas, elle engagea le monstre exécré de Polignac à se prêter à ce nouveau crime. D'abord elle se plaignit obligeamment que de légères brouilleries durassent encore ; elle rappela ce temps où nonchalamment couchées dans les bras l'une de l'autre, et plongées dans la plus douce ivresse, elles se faisaient les plus ardentes protestations de s'adorer toujours. Quelques feintes larmes coulèrent de ses yeux. L'androgyne y parut sensible, lui sauta au col, et après une mince explication, la paix fut conclue.

Antoinette rejeta les tracasseries qui les avaient séparées sur le compte de celui qu'elle voulait détruire ; il n'en fallait pas davantage pour irriter la duchesse. La rage étincelait dans ses yeux ; elle ne respirait plus que fureur et que vengeance. Le poison fatal fut adroitement préparé et donné. Une langueur mortelle s'empara de Vergennes, le consuma par degrés sans qu'on sût à quoi en attribuer la cause, et ne finit qu'à son dernier soupir. La réconciliation de ces deux femmes fournit matière à la médisance. Antoinette passa bientôt dans l'esprit de la Cour pour la tribade la plus déterminée ; mais elle riait de ses sarcasmes, au nombre desquels on peut admettre celui-ci. La reine est sensée s'adresser à la demoiselle d'Oliva :

LA REINE

Il te sied bien, vile catin,
De jouer le rôle de la reine !

LA DEMOISELLE D'OLIVA

Eh ! pourquoi non, ma souveraine ?
Vous jouez si souvent le mien !

L'empereur nourrissait toujours l'espoir de fomenter

la division; il communiquait ses projets à sa sœur, et elle les secondait de son mieux. Jules de Polignac devint la favorite d'Antoinette et l'âme de tous ses plaisirs, mettant à profit tous les instants que Louis XVI leur laissait. Elle le punissait de son indolence par le commerce le plus abominable, sans même prendre la peine de le cacher. Parfois le comte d'Artois se réunissait à toutes leurs orgies libertines; mais la reine craignait infiniment son approche. Ce vigoureux jouteur allait bon jeu, bon argent, et sans certain manège dont la Polignac avait donné la connaissance à Marie-Antoinette, la famille royale aurait été considérablement augmentée.

Les espérances que le Français concevait d'une amélioration dans l'établissement de l'administration des affaires générales le rendent à ses occupations ordinaires, et les nouveaux matériaux que notre héroïne lui fournit lui inspirent ces couplets :

CHANSON

Air : *Eh ! mais oui da.*

Or écoutez l'histoire
Que je vais raconter,
Elle est facile à croire,
Il n'en faut pas douter.
    Eh ! mais oui da,
Comment peut-on trouver du mal à ça ?

Notre lubrique reine,
D'Artois le débauché,
Tous deux sans moindre peine
Font ce joli péché.
    Eh ! mais oui da, *etc.*

Cette belle alliance
Nous a bien convaincu
Que le grand roi de France,
Est un parfait cocu.
    Eh ! mais oui da, *etc.*

> Polignac, cette gueuse,
> Que vomit les enfers,
> D'une main odieuse
> Sert les crimes divers.
>   Eh ! mais oui da, *etc.*

Ces couplets augmentèrent la rage qu'Antoinette avait conçu contre le Français et dès lors elle jura sa ruine.

Le moyen était facile ; le ministre annonçait depuis longtemps la ruine qu'elle avait méditée ; il ne fallait plus que la circonstance, et elle ne tarda pas à arriver.

Louis XVI sommeillait sur la garantie des apparences. Pendant ce temps, le crime veillait, et c'est alors que l'Autrichienne eut occasion de connaître au juste ce qu'était le Français.

Les princes du sang royal, issus de la branche des Bourbons, avaient donné maintes fois des preuves d'un patriotisme déclaré et d'un amour populaire ; mais elle les considérait comme autant de girouettes que le moindre vent faisait mouvoir à son gré. Elle ne trouvait rien d'aussi facile que de s'emparer de leurs idées et d'en ordonner l'administration.

Pendant ce temps, elle continuait à souffrir du caractère bouillant, impétueux et jaloux de la duchesse de Polignac, dont l'excès était monté au point qu'elle la trouvait insoutenable. Elle était donc partagée entre le désir de satisfaire ses inclinations secrètes et de trouver les moyens sûrs de faire tenir à l'empereur les fonds énormes dont il avait le plus grand besoin, et de s'asservir les princes du sang, ainsi que quelques autres créatures, en flattant leur ambition. Il fallait être ce qu'elle était pour parvenir à exécuter ces grands mouvements fourbes et dissimulés, pour ne pas dire quelque chose de plus. D'Artois, sans être jaloux de la couronne, lui prodiguait toujours ses soins ; mais la naissance du duc de

Normandie (1), qu'il avait encore procurée, lui fit verser des larmes de rage. Dès ce moment, ils formèrent le plus affreux et le plus détestable des triumvirats. Ils s'assurèrent de leurs créatures et jurèrent la destruction du peuple et la ruine totale de la France.

Ce prince abominable se livra sans réserve à ces affreux complots. Il avait en outre de fortes raisons d'en vouloir aux Français, qui l'avaient impitoyablement raillé à son retour de Gibraltar par ce quatrain :

> Fi, disait un Charlot dont l'excès de tendresse
> Avait tant vu siffler son impuissante altesse,
> Taisez-vous, vils crapauds du pied de l'Hélicon,
> J'aurais pris Gibraltar, s'il n'eût été qu'un c....

Néanmoins, les courses nocturnes et scandaleuses de Marie-Antoinette ne discontinuèrent pas plus que les couplets orduriers sur ses excès libertins et ses paillardises ; témoin ceux-ci, qui lui furent chantés aux oreilles :

LES PROMENADES NOCTURNES
DE LA MESSALINE FRANÇAISE EN 1783

Air : *Charmante boulangère.*

> Quelle est cette coquine
> Qui marche à petit bruit ?
> Je débrouille à sa mine,
> Dans l'ombre de la nuit,
> De la brillante aurore
> Qu'elle attend le retour,
> Pour dérober à Flore
> Une rose d'amour !

---

(1) C'est ce même fils de Marie-Antoinette qui, dans l'histoire, joue le rôle tragiquement mystérieux de Louis XVII, sous le nom de Naundorff.

La capote légère
Qui voile tant d'appas.
Fut-ce ou reine ou bergère,
Ne me rebute pas.
Que dis-je ? sur l'herbette,
Mon tendre cœur épris
Reconnaît Antoinette,
Rivale de Cypris.

Entrons en connaissance,
Belle reine, en ces lieux,
Qu'importe la naissance
Pour deux cœurs amoureux ?
Je sens mon v.. qui dresse,
En voyant tes attraits ;
Pour prouver ma tendresse
Il ne rate jamais.

Sans craindre la v..ole,
F...ons, jusqu'à demain.
Pour répéter ton rôle,
Prends mon v.. dans ta main.
Dans ta mot.. un peu rousse,
Je goûte avec succès
Le plaisir quand je trousse
La reine des Français.

Ton Louis band... à l'aise
Invoque saint Joseph,
Moi qui suis de Falaise,
Je me fous de son fief ;
Que t'importe le trône,
Belle sans contredit,
La plus belle couronne
Ne vaut pas un bon v.. !

Le Parlement, sur lequel il avait le plus compté, fit avorter, par une résistance inattendue, le commencement de leur entreprise.

Le plus extravagant des édits avait été dicté à Louis XVI et il avait fondé sur son enregistrement la haine que devait naturellement lui porter la nation. Dans cette circonstance le parlement se montra dur et intraitable ; la ligue, étonnée de cette fermeté, crut d'abord qu'elle n'était que feinte et engagea le lion à rugir contre cette compagnie désobéissante et à mater ce ridicule aéropage. Alors les Parisiens se mutinèrent et investirent le palais.

Cependant le Parlement fut exilé et le peuple n'en montra que plus d'humeur, quoique les rieurs de la cour et les persifleurs vendus à la conjuration cherchassent à amuser les têtes exaltées par des calembours ineptes qui plaisaient beaucoup à la reine ; on fit même sur l'exil et la rentrée de ce Sénat, maintenant anéanti, ce couplet :

Air : *Tu croyais en aimant Colette.*

Si Midas, écumant de rage,
N'osa contempler son vainqueur,
Louis seize, beaucoup plus sage,
Fait contre fortune bon cœur.

Le roi, ne faisant que ce qu'on lui faisait faire, se chargea sur d'Artois du soin de l'enregistrement et ce lâche prince commença à donner à cette époque des preuves incontestables de son caractère féroce et sanguinaire.

Aussi poltron qu'à Gibraltar, ce fut en cette qualité qu'il se montra. Jurant comme un énergumène, il monta le grand escalier tout bouillant de rage ; ses yeux étincelaient du feu de la destruction ; mais la peur ne tarda pas à glacer ses esprits, et ce fier héros en descendit l'oreille basse, trop heureux d'éviter le coup que lui préparait une main hardie et de regagner seul sa voiture, ses gardes l'ayant abandonné à la place Dauphine.

A son retour de Versailles, il déclara au roi qu'il pouvait, à l'avenir, se charger du soin pernicieux de faire exécuter ses volontés, et Monsieur, qui s'était masqué jusqu'alors au point de cacher aux yeux de tous son égoïsme et ses odieuses prétentions, voulut bien se charger d'apporter son entremise au trouble dangereux qui commençait à se déclarer.

Les bénévoles Parisiens, en suivant l'impulsion de leur caractère habituel, applaudirent à la démarche de Monsieur; les observateurs sensés et discrets n'en furent pas surpris; ils savaient par expérience que ce peuple frivole ne jugeant ordinairement de l'arbre que par l'écorce, accordait volontiers un brevet de bonté à tous ceux qui étaient porteurs de bonne figure.

Le Noir, scélérat accoutumé à commettre les plus grands crimes de sang-froid, était vendu à la ligue exterminative et exterminait de son lâche et arbitraire pouvoir toutes les victimes qui lui étaient désignées (1).

Le chevalier Dubois, son infâme agent, secondait de son mieux les horribles vexations de l'empereur des mouchards, et pour opérer plus vite la grande œuvre de la destruction qui lui était commandée, il employa la poudre et le plomb.

Tel fut le signal de l'alarme et l'affreux mobile de tous les événements arrivés depuis. Le peuple se révolta, brisa les corps de garde, et au risque d'être inhumainement fusillé par les bourreaux, commandés et mis en fonction par la horde assassine, qui se rassemblait dans les tripots meurtriers de la cour, contraignit ceux qu'il soupçonnait d'un parti contraire à ses intérêts à ployer le genou avec respect devant la statue d'Henri IV, dont la vue arrachait des larmes et excitait des regrets amers lorsqu'on pensait à la différence de ces deux règnes. C'est ce

(1) Jean-Charles-Pierre Lenoir occupa à deux reprises la charge de lieutenant de police : du 30 août 1774 au 14 mai 1775, et du 19 juin 1779 au 11 août 1785.

qui arriva au marquis de Villette (1), à ce patron déclaré des apôtres de Sodome, à cet avorton littéraire, à ce précurseur de Chaussonée ; il fut, comme les autres, contraint de se soumettre à la génuflexion, et un passant, prenant part à l'ignominie qu'il éprouvait de fort mauvaise grâce, et que j'aurais pris de moi-même, lui adressa cet impromptu :

> A genoux, vil coquin, sans faire la grimace,
> Et reçois cet affront comme un sujet de grâce ;
> Le plus humilié, sans doute, n'est pas toi :
> L'hommage d'un faquin doit outrager un roi.

On promena ensuite l'effigie de ce Dubois, cet exécrable satellite du Noir, lieutenant de police dans les rues de Paris, et on l'accrocha ensuite à une vile potence en compagnie de quelques individus aussi abjects.

La ligue voyait avec plaisir ces révolutions qui commençaient à faire naître le trouble et les dissensions, présage des calamités auxquelles elle aspirait ; mais en même temps la nécessité de la circonspection lui faisait apercevoir le danger de trop se montrer. Ainsi donc, elle en demeura là, bien résolue cependant de profiter des premières occasions.

---

(1) Le marquis Charles de Villette, né à Paris, le 4 décembre 1736, épousa le 2 novembre 1777, à Ferney, Mlle de Varicourt, dite « Belle et bonne », pupille de Voltaire. Les pamphlets du temps le rangent parmi les plus déterminés sodomistes de l'époque. L'un d'eux, à propos de son mariage, lui décoche ce trait :

> Villette pour son mariage
> Revient à de plus chastes feux.
> Voltaire, qui forma ces nœuds,
> Lui garantit un pucelage ;
> Mais l'époux en réclame deux.
> Selon lui, tout sert en ménage.

Député pour le département de l'Oise à la Convention nationale, le marquis de Villette mourut aux premiers jours de la Terreur, le 9 juillet 1793.

Antoinette profita de cette trêve pour se livrer à un autre genre d'occupation.

A la cour de France, chacun avait alors sa marotte, notre héroïne avait aussi son pantalon ; et l'illustre calembourdier, le marquis de Bièvre, était en titre d'office, et ci-devant marquis, distributeur d'épigrammes faites à loisir, devint le sapajou de la furie archiduchesse (1).

Quand elle eut adopté ce burlesque pantin pour le président de son bureau d'esprit, elle ne s'occupa plus que d'en former les membres, et il fut défendu, sous peine d'encourir le titre de criminel de lèse-fantaisie, d'y parler autrement qu'en calembours. Édits, lettres-patentes, arrêts du conseil, déclarations du roi, impôt territorial, tout était calembour, jusqu'à la majesté royale.

Elle éleva jusqu'aux nues cette petite chenille littéraire, et le conduisit enfin où elle en avait conduit tant d'autres, c'est-à-dire au voluptueux boudoir du petit Trianon.

Calonne ne pouvant plus, comme par le passé, fournir aux appointements énormes que la reine exigeait de lui pour solder ses lubricités, devint l'objet de sa haine ; elle ne tarda pas à le sacrifier à l'horrible déficit que l'un et l'autre avaient fait naître ; et cette rupture fit naître les plus violents murmures entre les citoyens patriotes.

Antoinette feignit d'être scandalisée de ces menées. Mais, jugeant bien qu'elle pouvait être compromise par la publicité des plaintes du ministre qu'elle avait envie de faire sauter, elle s'appliqua constamment à effectuer sa disgrâce. La politique lui souffla aux oreilles qu'il fallait pour cet événement un moyen qui ne fût pas ordi-

(1) On trouvera quelques calembours du marquis de Bièvre à Marie-Antoinette dans le volume du comte Gabriel Mareschal de Bièvre, *Le marquis de Bièvre, sa vie, ses calembourgs, ses comédies ; 1747-1789* ; Paris, 1910, in-8°, *passim.*

naire ; alors le mettant en usage, elle le fit avertir secrètement du danger qu'il courait à rester en place ; sur cet avis, qu'il était bien éloigné de regarder comme l'effet d'une trahison, il s'éclipsa et fut enrichir l'Angleterre de ses combinaisons désastreuses.

Alors Brienne, cet archevêque fourbe et impie, vint à son tour manier les finances, comme un patrimoine sur lequel il avait les plus grands droits. Son administration prouva tout le ridicule du choix qu'on avait fait ; il fut nommé cardinal, ce qui occasionna encore de nouvelles pasquinades et entre autres celle-ci :

SORTIE SUR M. DE BRIENNE
Évêque de Toulouse et ministre.

Si Brienne, en ministre infâme,
Au Pape demande un chapeau,
C'est qu'en se f..tant de son âme,
Le fripon veut sauver sa peau.

Cet inique cardinal ne travailla que pour son compte ; Antoinette et d'Artois, ne pouvant rien obtenir de lui, eurent recours au vol pour alimenter leur cupidité du reste des deniers royaux.

Louis XVI, dont la confiance dans les ministres était sans bornes, dévoué à sa femme et à son frère, se reposait entièrement sur eux des grands travaux de son conseil ; il signait aveuglément toutes les sottises et les horreurs auxquelles il pouvait donner une couleur spécieuse ; de temps à autre il demandait si son peuple était heureux, et l'on pressent bien la réponse qui lui était faite : « Oui, Sire », lui disait-on, et le monarque le croyait avec autant plus de facilité qu'on avait grandement soin de lui intercepter jusqu'au moindre de ses murmures.

De sorte donc que les impudentes affirmations des

sangsues ministérielles qui l'entouraient redoublaient sa tranquillité sur l'article du numéraire, qui cependant disparaissait de moment en moment ; lui seul tenait bon pour n'en pas lâcher aisément : mais de quoi la ruse ne vient-elle pas à bout quand elle est employée par des créatures perfides ?

Le ciel, qui souvent protége les ennemis du repos des peuples, s'était plu à favoriser les moyens que le sieur Pinet avait mis en usage pour augmenter sa fortune : il fut dans ce temps d'un merveilleux recours pour les affaires délabrées de la reine et du cher beau-frère ; l'un et l'autre en retirèrent des sommes considérables et garnit son portefeuille de faux et finirent par lui administrer un de ces bouillons qu'ils ménageaient comme dernière ressource.

Cet horrible manége dura quelques années. Ils pressuraient les bourses de ces agioteurs de fortune et leur donnaient en échange des sommes immenses qu'ils en tiraient, des sourires engageants, des coups d'œil flatteurs. Ces procédés étaient pour ceux qui mendiaient bassement leur faveur et leur protection. Quant à ceux qui ne traitaient avec eux que pour décupler leurs avances, ils étaient sûrs d'être royalement induits en erreur.

La plupart de ces bailleurs d'espèces s'apercevant qu'on les dupait s'en plaignirent avec aigreur et moins de ménagement et de circonspection que la politique n'en exigeait d'eux. Alors, le Noir et compagnie vinrent au secours de leurs patrons dilapidateurs ; la lettre de cachet ne tardait pas à être lancée et le plaignant faisait un tour à la Bastille ou ailleurs. Le portefeuille se trouvait en la puissance de l'ignoble magistrat, et les effets rentraient presque aussitôt dans les mains de leurs indignes fabricateurs.

Ce torrent d'iniquités grossissait tous les jours et peu de temps après les ressources furent entièrement perdues.

D'Artois, cet illustre roué, fertile en expédients, en suggéra un à notre héroïne, qui fut très avantageux à la clique luxurienne : il lui fit observer l'ascendant qu'elle avait sur l'esprit de son époux, à l'intérêt près. L'ivresse des passions tumultueuses de sa compagne l'avait éloignée de lui ; soit chagrin, soit goût particulier, le monarque avait contracté l'habitude de se relâcher de sa sévère économie en faveur de la bonne chère ; le vin surtout commençait à avoir des attraits puissants pour lui.

Le monarque français buvait de temps à autre ; dans ces moments bachiques, son amour redoublait ; et dans cette critique position, elle lui aurait fait signer l'abdication de son royaume ; et fidèle à ses engagements, lorsqu'on pouvait lui prouver que sa signature n'était pas apposée, ils résolurent de la lui extorquer, par l'emploi de ce moyen favorable. Elle ne pouvait guère réussir dans ce projet qu'en flattant sa manie.

Rien ne pouvait lui plaire davantage, et il la vit caresser complaisamment son penchant et sa manie. Les deux époux royaux buvaient donc ensemble, l'un par goût et l'autre par intérêt : elle apportait cependant beaucoup de soins à redoubler la dose à son égard et quand elle le voyait en bonne disposition, elle employait les larmes, les prières, prenait la plume et lui guidait la main ; et le nom de Louis, qu'elle lui faisait tracer, la mettait en possession d'un bon de caisse d'une somme considérable qu'elle partageait ensuite avec d'Artois, comme auteur de l'invention. Alors le Brienne cessa d'être farouche et commença à comprendre, comme Calonne, qu'il ne jouirait sans crainte du fruit de ses larcins qu'en consentant à les partager. Ces bons le firent trembler et rassurer en même temps la conscience archiépiscopale. D'ailleurs la signature du roi devenait un titre légitime de justification en cas d'événement; ainsi donc les fonds commencèrent à rentrer.

Il devait paraître étonnant à Louis XVI que son épouse eût redoublé d'ardeur au moment où il était le moins en droit d'y compter : ses intentions lui donnaient de l'ombrage ; et son empressement à le faire écrire, chaque fois qu'elle le voyait bien disposé, ne contribua pas peu à augmenter le soupçon qu'il commençait à ressentir que ses caresses n'étaient pas naturelles.

Il résolut de vérifier ses conjectures et Antoinette fut prise à la feinte que, pour la première fois de sa vie, sans doute, il mit en usage. Brienne fit un saut pour passer au ministère d'État qui s'en serait bien passé et les bons cessèrent d'avoir lieu. Ce fut alors que notre couple libertin se trouva encore une fois dans la crise.

Ils jugèrent alors qu'il était temps de se réunir pour consommer l'entreprise qui avait avorté, lors de la catastrophe du palais de justice. D'Artois bornait toutes ses occupations à rallier les mécontents. Lorsque sa belle-sœur lui communiqua qu'elle ne pouvait plus compter sur les bons, il s'employa dès ce moment, et d'après son avis, à jeter les fondements de la plus détestable aristocratie.

Comme on doit bien le pressentir, tous les Polignacs furent initiés, et la favorite Jules fut chargée de ne rien épargner auprès des princes pour s'en faire des créatures pour quelque temps.

Marie-Antoinette fit trêve avec ses plaisirs : la destruction du trône, l'affermissement du despotisme, la haine des peuples occupaient tous ses moments ; les Besenval, Broglie, d'Autichamp, et autres, entrèrent avec ardeur dans cette ligue infernale. La tribade, compagne chérie de la reine, ne négligea rien pour compléter cette monstrueuse association ; elle se prostitua, promit des pensions, des dignités, des faveurs, qui ne se seraient jamais réalisées ; et cependant, malgré le peu d'évidence, elle réussit ; elle amena au comité d'Antoinette, non seulement les princes du sang royal, Condé, Conti, Bourbon, mais encore quantité de mécontents, quelques membres du clergé et des lâches obligés.

On commença alors les conférences et, à huis clos, se forma le plus horrible des plans.

D'une voix unanime Antoinette, fut nommée chef de cette horrible conspiration. Les rênes de cette scélératesse ne pouvaient être mieux tenues que par cette mégère abominable. D'Artois fut nommé mestre de camp ; la Polignac aide-major ; Condé, Conti, Bourbon, les conseillers de l'entreprise, et le reste opinant ; les chefs dressèrent eux-mêmes les principaux articles, et la furie autrichienne se chargea de les prononcer.

Article premier

Le plus horrible serment que la rage puisse inventer sera prononcé, avant de procéder en aucune manière aux conventions des faits ; et la mort suivra de près la plus légère transgression... *Approuvé.*

Art. 2.

Ayant toujours eu pour le sang français une horreur invincible et dans lequel, moi, reine de France, aurais voulu me baigner à loisir, chacun des membres de cette honorable ligue emploiera les moyens les plus sûrs pour en faire couler des flots... *Approuvé.*

Art. 3.

Chacun des colonels ou commandants des troupes de Sa Majesté réunira tous ses efforts pour s'assurer des chefs subalternes, officiers de fortune et étrangers des régiments en leur puissance, sans cependant leur donner une parfaite connaissance de nos desseins, afin qu'ils puissent, au moindre signal, disposer, comme d'eux-mêmes, de tous les soldats des troupes de ligne soumises à leur commandement et les soumettre à une obéissance aveugle.

Art. 4.

Le prince de Lambesc, ici présent, s'obligera à nous assurer que ses Allemands, sur lesquels il a tout pouvoir, nous donneront, jusqu'à leurs derniers soupirs, des témoignages d'une inviolable fidélité.

Art. 5.

Nommons pour généralissime de nos troupes, et lui faisons sur-le-champ prêter serment en cette qualité (1).

Art. 6.

Ces articles établis, chaque prince du sang royal travaillera dès cet instant, de son côté, à s'assurer des créations (2) et à leur inspirer des sentiments de haine et de fureur pour la patrie.

Art. 7.

Proscrivons le duc d'Orléans, comme populaire et rebelle à nos intentions (3).

Art. 8.

Comme notre intérêt exige vigilance, exactitude, prestesse et fidélité, jointes à un nombre infini de précautions, et qu'il est très important de ne rien entreprendre à la légère, remettons à la pluralité des avis secrets, pour la sûreté générale desquels nous avons des émissaires gagnés de tous les côtés, à prononcer sur le sort des personnes employées au ministère et qui ont en main l'autorité royale.

Art. 9.

Le comité général se tiendra chaque semaine ; et le particulier, toutes les nuits, en le changeant de place suivant l'occurrence.

(1) « On n'oubliera pas que ce serment fut prêté par Victor Broglie, quoi qu'en ait prononcé le fameux Châtelet révoqué. » *Note du pamphlet.*

(2) *Sic.* Lisez : *créatures.*

(3) « Philippe Capon, Capet ou Capot, avait en ce moment bien d'autres vues, il cherchait lui-même à se placer au trône, et à cet égard ses arrangements étaient bien pris. » *Note du pamphlet.*

17

ART. 10.

Il sera prononcé un serment solennel qu'au premier signal de la destruction il ne sera épargné personne, nos amis exceptés, de même que ceux qui seront venus se ranger sous nos bannières.

Ces articles confirmés par la voie du serment, Antoinette ne s'occupa plus, ainsi que son lieutenant et son aide de camp, à déposer toutes les personnes qui jadis avaient partagé leur confiance, mais sur la fermeté desquelles on ne pouvait pas compter, et à prendre entre eux des mesures particulières pour disposer du trône à leur gré en détruisant les rejetons; et, pour combler leurs infâmes manœuvres, ils déterminèrent ce qu'ils feraient de leurs complices après l'événement.

Breteuil avait cédé la place à l'ambitieux de Brienne par l'entremise de la cour; ce dernier avait pour substitut de ses iniques entreprises de Juigné, archevêque de Paris (1). Presque dans le même temps, Brienne fut nommé cardinal, et le Saint-Père témoigna alors toute sa condescendance pour les abominations qui se forgeaient à la cour de France.

Cette nomination mit les rieurs en train; et l'on ne tarda pas à voir renouveler cette plaisanterie :

SUR BRIENNE,
évêque de Toulouse et ci-devant grand ministre.

Si Brienne, en ministre infâme,
Demande à Saint-Père un chapeau,
C'est qu'en se f..tant de son âme,
Ce fripon veut sauver sa peau.

Pour en revenir au cafard de Juigné, à cet illustre

(1) Antoine-Éléonore-Léon Le Clerc de Juigné, né en 1728, évêque de Châlons, archevêque de Paris, député à la Constituante, mort en 1811.

connaisseur en vins de Champagne, et stupide jusqu'à la méchanceté, Necker faisait avec lui de graves spéculations sur les désastres dont la France paraissait être menacée ; et ce lâche fourbe, cet apôtre mécréant fournit par la suite une preuve incontestable de son attachement aux vues d'Antoinette.

Les États-Généraux furent convoqués, et de là provinrent les événements qui firent échouer les projets exécrables de la reine de France, qui, comptant fermement sur la noblesse, contemplait de loin l'agréable perspective pour elle de voir Paris en cendres.

Le 22 juin 1789, le Tiers-État commença à prouver de la fermeté ; sitôt le duc d'Orléans, qui était aux aguets pour favoriser le parti du peuple auquel il paraissait fanatiquement attaché, employa le secours de ses poëtriaux et, le lendemain, la ville de Paris fut infestée de cet opuscule :

AIR : *Monseigneur, vous ne voyez rien.*

Laissons, amis, le Tiers-État
Se débattre avec la noblesse,
De notre large potentat,
Respectons au moins la faiblesse ;
En dépit de nos calotins,
Qui font vainement les mutins,
    Tout va... tout va bien,
Mais il ne faut jurer de rien.

A quoi bon les jeux, les plaisirs,
Quand l'esprit n'est pas à son aise ?
Il faut modérer ses désirs,
Sous le règne de Louis seize ;
Ce grand réformateur des ris
Veut que l'on chante dans Paris,
    Tout va... tout va bien,
Mais il ne faut jurer de rien.

Du bon Henri la poule au pot
Devait combler notre espérance;
Mais hélas! un mendiant tripot
L'arracha des mains de la France;
Trop éloigné de ces temps-là,
Nous ne craindrons jamais cela;
    Tout va... tout va bien,
Mais il ne faut jurer de rien.

Chrétien et mari tour à tour,
Louis, au trône de la gloire,
Voulait nous offrir, en ce jour,
Du bon Charles neuf la mémoire;
Grâce à notre ami Necker,
Nous mangeons toujours le pain cher.
    Tout va... tout va bien,
Mais il ne faut jurer de rien...

Célébrons le comte d'Artois,
Qui, pour les beaux yeux d'Antoinette,
A Versailles, d'un feu grégeois
Voulait amorcer l'allumette.
Il n'y manquait plus qu'un pétard,
Et la France était au F...ard.
    Tout va... tout va bien,
Mais il ne faut jurer de rien.

Dans le temps de cette crise, Villedeuil, une des âmes damnées de Marie-Antoinette, passa de l'intendance au ministère. Il avait inculqué dans sa cervelle tous les principes de la logique des Richelieu et Saint-Florentin; il savait protéger les uns, détruire les autres. La calomnie fut mise en œuvre dans le comité de notre illustre héroïne, pour exécuter les plus abominables forfaits.

Quoi qu'il en fût, dans ce moment où la nation, plongée dans un sommeil léthargique, gémissait en silence sur ses pertes et dévorait ses chagrins sans oser faire éclater sa douleur, Antoinette se reposait au sein de nouveaux plaisirs de la fatigue des travaux criminels, où l'entraînait la nouvelle conjuration projetée par elle et les siens.

Depuis longtemps, elle n'avait visité sa nouvelle acquisition de Saint-Cloud ; elle brûlait du désir de consommer encore quelques sacrifices à l'amour, dans les voluptueux boudoirs de ce palais, construit à tant de frais du plus pur sang des malheureux. Elle résolut d'ajouter à la barbarie de ses complots odieux en commettant ses forfaits dans ses appartements que l'élégance a décorés.

A cet effet, elle prépara des entrevues et y donna des rendez-vous. Son cher beau-frère était un des tenants le plus ferme, et elle y renouvela avec lui ces orgies scandaleuses, ces scènes libertines, ces postures ravissantes qui l'avaient tant de fois plongée dans le délire. Elle y joignait de temps à autre la duchesse de Polignac, comme essentiellement utile à ses desseins. Ces séances luxurieuses se terminaient toujours par les plus atroces résolutions, leurs trois corps entrelacés devaient sans doute former le groupe le plus rare et le plus intéressant. Énervés par leurs fatigues et leurs plaisirs, ils n'y faisaient trêve que pour insulter à la misère publique.

Necker refusait toujours de l'argent avec une fermeté stoïque. Les conjurés voulaient l'éloigner ; mais ils ne pouvaient engager le roi à se prêter à leurs désirs. Il n'y avait plus qu'un moyen à employer, c'était celui de la religion. Louis XVI n'en rejetait pas la voie ; mais avant de rien entreprendre et de mettre en usage le ministère de M. de Juigné, qui témoigna à la clique qu'il était un sujet utile, il fallait porter le grand coup, et de ce grand coup dépendait une partie de la réussite.

Fin de la deuxième partie.

TROISIÈME PARTIE

La France avait un dauphin ; et de telle manière que les choses eussent tourné, l'héritier présomptif du trône y avait un droit exclusif ; or, il était important d'annuler avec sa vie le moyen héréditaire. Le comité perfide résolut donc d'opérer ce grand œuvre. Notre héroïne connaissait tous les moyens. Vergenne l'avait éprouvé malheureusement avec quelques autres. Ainsi donc, elle savait très bien comment disposer de la destinée de l'embryon royal qui gênait alors, sauf dans le temps où une seconde mort pourrait devenir nécessaire à envoyer le duc de Normandie tenir compagnie aux autres par le même moyen.

Pour éviter toute crainte de ce côté, elle mit donc la main à l'œuvre et distilla elle-même ce jus apporté de Colchos par la fameuse Médée.

La faible constitution du dauphin secondait merveilleusement les vues de Marie-Antoinette ; d'abord elle lui en administra une légère dose ; elle vit alors quelles précautions elle avait à prendre par le succès de sa première tentative.

Aux premières annonces de la maladie de l'héritier de la monarchie, le peuple commença à raisonner sur les causes de cet événement ; mais les effets ne pouvant s'en démontrer, Antoinette passa outre ; elle redoubla sa magique potion et, de cette nouvelle administration, arriva ce que les personnes sensées avaient conjecturé, annoncé : la mort du présomptif.

Le duc de Normandie fut épargné à cause de sa grande jeunesse et fut proclamé dauphin de France ; il fallait donner le temps aux soupçons de s'anéantir ; et puis, la clique n'était-elle toujours pas à même de s'en débarrasser ?

Néanmoins la cabale grossissait tous les jours, et le moment funeste de l'exécution qu'elle se proposait était prêt d'arriver. Ce qui pouvait seul le retarder était la grande confiance que le roi avait au ministre Necker ; il fallait l'éloigner ou s'en défaire : point d'autre parti. Marie-Antoinette procéda au premier, se réservant la facilité de recourir au second, en cas que le premier fût sans effet.

Dès que Juigné l'archevêque fut admis au nombre des confédérés, on commença à nourrir son esprit et à flatter son ambition. Lorsqu'on le crut au point où on le désirait, Antoinette se chargea de lui expliquer les intentions de son comité destructeur. « Eh quoi ! dit-elle à ce prélat, n'est-il pas horrible que nous souffrions à la tête des affaires un homme qui en contrarie les plus justes opérations ? Aidez-nous de votre ministère. La religion a remis en vos mains des armes assurées, servez-vous-en pour écraser cette hydre qui maîtrise tout et qui voudrait tout dévorer. Vous seul vous pouvez vous servir de la faiblesse et de l'ascendant que le roi vous donne : vous le connaissez, servez-vous de cet extérieur imposant qui vous sied si bien, nous osons tout en attendre. De votre côté, attendez tout aussi de la faveur et de la protection. »

Ainsi embouché, ce cafard au ton abject et hypocrite fut trouver le roi, et ce scélérat, ce tartufe, proscrit avec raison par la nation, lui dit : « Sire, quoi, vous êtes roi ? Et l'irréligion règne conjointement avec vous. C'est un athée qui, sous le nom d'un roi chrétien, donne des lois à la France ; quel est le but que vous osez en attendre ? espérez-vous que la religion favorisera cette perversité ? Craignez, craignez plutôt de voir tomber sur vous, sur votre famille et sur votre peuple l'effet de la vengeance du Très-Haut. Le voici votre Dieu, continua-t-il en lui présentant le crucifix : il vous ordonne, par ma voix, de proscrire Necker, ce mécréant qui perd la nation, qui vous avilit dans l'esprit des Français, qui outrage le catholicisme dans ses saints ministères, troublé de ne pas obéir à sa voix ! »

Cet insolent discours eut tout l'effet qu'en attendait Louis XVI : effrayé de l'incartade du prétendu prélat, il crut déjà voir les foudres du ciel tomber sur sa tête et ne put résister en ce moment à la crainte qui le dominait ; il envoya demander le portefeuille au ministre et lui fit injonction de se retirer sous vingt-quatre heures.

La fourberie, le bigotisme servaient donc à consommer cet acte affreux du despotisme et de la rage qui dominaient notre héroïne.

Enfin arriva la veille où la tragédie sanglante allait s'exécuter, c'est-à-dire le 14 juillet 1789. Les confédérés étaient prêts. Antoinette jouissait de tous les charmes de l'espérance, elle en savourait les délices dans les bras du beau-frère et de la politique, quand Lambesc, par son imprudence, mit obstacle au succès de leur crime.

Lorsqu'ils apprirent que les Parisiens avaient pris les armes, que la Bastille était conquise, que l'impitoyable gouvernement avait été massacré et le reste, la rage s'empara de leur cœur. Comme en France, les événements les plus sinistres finissent par des actes de gaîté et que tout s'accommode par des chansons, on fit un vaudeville sur les événements des 13 et 14 juillet, sur cet air qui prédit que tout doit finir par des chansons :

Air : *Du mariage de Figaro.*

Tout le peuple est en alarme
Dans la ville de Paris ;

Chacun crie au meurtre, aux armes,
Comme du temps des Henris.
Pour apaiser ces vacarmes,
En payant les violons,
Tout finit par des chansons :
Qu'a-t-on besoin de canons ?

A quoi bon chercher castille,
Au plus benêt de nos rois ?
On démolit la Bastille
Adieu nos gothiques lois !
D'aise le cœur nous sautille,
En payant les violons ;
Tout finit par des chansons :
Qu'a-t-on besoin de canons ?

Entraîné jusqu'à la grève,
Un perfide gouverneur
Avec lui son monde y crève,
Et le prévôt imposteur.
Chacun croit que c'est un rêve,
En payant les violons ;
Tout finit par des chansons :
Qu'a-t-on besoin de canons ?

Louis, à la populace
Jette un regard de bonté :
Le Tiers-État prend sa place,
Respirant l'égalité ;
Il faut bien rompre la glace,
En payant les violons ;
Tout finit par des chansons :
Qu'a-t-on besoin de canons ?

Quelques jours après, la Polignac, d'Artois prirent la fuite. Le roi vint à l'Hôtel-de-Ville, où Antoinette le vit aller avec satisfaction, malgré ses larmes feintes pour l'en empêcher.

Le roi se dessilla les yeux d'après cet événement. D'Artois et le reste de la clique, entendant sonner le tocsin de l'alarme, s'éclipsèrent, et bientôt l'aurore de la nouvelle constitution venant à échauffer les esprits, notre héroïne fut obligée de se soumettre à la circonstance sans cependant rien diminuer de ses idées luxurieuses.

Mothier ou La Fayette devint le général du peuple, Antoinette le trouva utile, de manière qu'après les journées des 5 et 6 octobre, elle en fit son consolateur.

Un jour que, prenant avec lui des mesures très sages pour se rétablir dans l'opinion publique, elle errait avec lui dans un bosquet de Saint-Cloud, l'élève de Washington, échauffé par la vue des appas que lui découvrait la reine de France et enhardi par la souveraineté qu'il partageait, ce général des Bleuets eut l'audace de faire à Marie-Antoinette l'aveu des transports qu'il ressentait.

L'entreprenante Autrichienne n'était pas femme à rien refuser; le galant vainqueur de la poudre rousse était prêt d'en venir à l'abordage; il levait déjà le jupon de la reine, lorsque le compagnon d'exploits de la polissonnerie du trône, le fils du jardinier, gouverneur des lapins blancs de l'héritier de la monarchie, vint faire hommage d'un superbe nid d'oiseaux dont il venait de faire l'acquisition. Son arrivée déplut beaucoup à la femme du pouvoir exécutif et au pouvoir exécutif lui-même, c'est-à-dire au moyen des espèces nationales; le porteur du nid disparut et l'œuvre se consomma.

Les dilapidations énormes faites par Antoinette, les mille et un millions d'intrigues amoureuses qu'on impute à l'archiduchesse d'Autriche, les jouissances de tout genre que s'est permises l'amante de Joseph II, le caractère altier de la sœur de Léopold, tout cela eût obtenu encore le pardon des Français. Malgré l'affreuse situation où ils ont été réduits par les débordements d'une reine qui n'en mérite plus le nom, oui, ils auraient pardonné si, ouvrant les yeux sur le précipice qu'elle creusait à elle-même et à ses ci-devants sujets, sur l'abîme qu'elle cherche encore à approfondir, elle eût fait preuve d'un repentir sincère, moins par l'aveu de ses crimes que par une conduite dont la publicité n'eût laissé aucun doute sur ses véritables sentiments. Mais la persévérance est manifeste; et pardonner, ce serait de nouveau courber un front esclave au joug de ses tyrans.

Depuis la Révolution, le club monarchien dont Antoinette est l'âme n'a cessé de faire des tentatives. Chacun des membres qui le composent a puisé dans le vagin de l'Autrichienne le poison qu'il s'efforce de distiller.

Cet antre pestiféré est le réceptacle de tous les vices, et là chacun vient se pourvoir abondamment de la dose qui lui est propre. Jusqu'à quand, peuple trop facile, reculeras-tu l'époque de ta tranquillité? Jusqu'à quand souffriras-tu, dans le sein même de tes législateurs, des hommes qui se nomment tes pères et ne sont que tes bourreaux? Jusqu'à quand un Mauri, un Cazalès, un Duval, etc., insulteront-ils impunément à ta faiblesse, je dis plus, à ton insouciance? Jusqu'à quand, trop aveugle dans le choix de tes chefs ou dans la confiance dont tu les crois dignes, jusqu'à quand ne doreras-tu l'épaule que de ceux dont le cœur est gangrené? Jusqu'à quand, enfin, te laisseras-tu museler par des valets de l'ancien régime qui ne sont devenus les tiens que pour arracher la main qui les nourrit ou les décore?

Imite, crois-moi, les marchands de statues; ils brisent leurs idoles quand il leur plaît; mais en brisant les tiennes, que ce soit de manière à ce que les morceaux ne soient plus propres à rien.

Un de ces écrivains dont la feinte modestie ou la crainte pusillanime affecte l'impartialité a craint de se prononcer sur le caractère de l'Autrichienne ; voici comme il s'exprime :

Je ne dirai rien de Marie-Antoinette, trop louée peut-être autrefois, trop dénigrée aujourd'hui ; elle ne mérite vraisemblablement ni les éloges excessifs prodigués à la dauphine, ni les atroces imputations dont la reine est l'objet. C'est à ceux qui nous suivront à en juger. Je n'examinerai point si son attachement pour un frère a quelque part à l'épuisement de nos finances et aux sacrifices nouveaux que la France a faits à la maison d'Autriche. Je me contenterai d'observer, ajoute ce même impartial, qu'il est bien difficile, pour ne pas dire impossible, de dépouiller sans réserve tout sentiment de tendresse pour le pays qui nous a vus naître, pour les parents qui ont fourni à nos premières caresses, pour ceux qui ont les premiers développé dans notre cœur ces affections aimantes, qui font le bonheur de tous les hommes, d'oublier toutes les relations de fille, de sœur, de parente, de compatriote ; il semble même qu'un pareil oubli ne ferait guère d'honneur à l'âme qui en serait capable. Que faire donc pour prévenir les dangers auxquels l'hymen d'une reine étrangère expose un État ? C'est que le roi se marie dans son pays. Cette alliance pouvait paraître peu digne du sang royal, dans un temps où il n'y avait qu'un maître et des sujets.

Aujourd'hui que le roi n'est que le premier citoyen, il n'est point de prince qui se déshonore en donnant sa main et son cœur à une citoyenne libre, et qui ne peut manquer d'avoir le cœur français. Je sais que c'est éveiller l'ambition de la famille où la reine de France serait choisie. C'est un mal sans doute ; mais c'en est un moindre que tous ceux qu'on a pu remarquer dans cette esquisse rapide ; et, d'ailleurs, en ce cas, on aurait à lutter contre une famille ; au lieu que dans l'usage reçu, on a un ou plusieurs empires à craindre ou à combattre ; l'un amènerait quelquefois des tracasseries domestiques ; l'autre, souvent des guerres, et presque toujours de ruineux sacrifices. Dans la première hypothèse, c'est à l'Assemblée nationale d'enchaîner l'ambition de la famille préférée. Dans la seconde, l'influence d'une reine qui n'a pas le cœur français sera toujours active et dangereuse. J'ai cru qu'il était utile de rendre cette idée publique. Elle est, du moins, assez importante pour mériter la discussion, et j'aurai peut-être au moins le mérite de donner à quelque publiciste ou quelque écrivain plus habile que moi, l'occasion de traiter la question avec plus d'étendue et de succès.

« Je ne dirai rien de Marie-Antoinette... » C'est ainsi que débute notre impartial... Et moi je dirai tout. Je dirai que le choc préparé à l'empire par ses premiers souverains n'a été aussi violent que par les efforts de notre plus cruelle ennemie. Je dirai que ce fut par elle que M. de Vergenne mourut empoisonné. Je dirai que de tous les temps elle eût voulu voir s'écraser la France pour jouir de la barbare satisfaction de laisser l'empire de son frère sans concurrence. Je dirai que ce fut elle qui força le comte d'Artois à devenir l'assassin de son frère, après avoir été l'*inquinateur* de sa couche. Je dirai que des milliers d'hommes, qui avaient servi à ses plaisirs, ont été immolés par sa propre main. Je dirai que ce fut cette bacchante qui, à la fameuse orgie des noirs, souffla dans leur cœur le feu de la guerre civile. Elle n'ignorait pas cependant combien ce projet était insensé ; mais il lui fallait du sang, n'importe de quelles veines il coulât. Je dirai que, malgré son aversion pour l'habit national, elle n'a pas rougi d'accorder ses faveurs au général Mothier, pour concerter avec lui ses moyens de vengeance. Je dirai que c'est par son organe que l'assassin Bouillé a été nommé à l'expédition de Nancy. Je dirai qu'elle s'écria à l'instant où on lui compta le nombre des victimes : « Que vingt-trois millions de ces forcenés n'ont-ils subi le même sort ! » Je dirai que sa propre main arma les chevaliers du poignard. Je dirai que le poison dont Mirabeau est mort a été distillé dans son propre mortier. Je dirai que ses insinuations meurtrières ont seules dénaturé le cœur naturellement bon du plus faible des princes. Je dirai que c'est par ses conseils pernicieux que le massacre de la Chapelle avait été projeté. Je dirai que c'est elle qui, tout récemment encore, exposa son mari aux plus dures humiliations, en le forçant à s'éloigner de la capitale dans un temps où sa présence y est le plus nécessaire, où ses jours sont le plus en danger. Je dirai que toutes nos discussions intestines, toutes les invasions qui se préparent, en un mot, toutes nos calamités passées, présentes et futures, ont toujours été et ne seront jamais que son ouvrage.

« C'est, continue notre impartial, à ceux qui nous suivront à juger. » C'était donc à la postérité à prononcer sur le sort des Mandrin, des Cartouche, de la Lescombat et de tant d'autres meurtriers dont les crimes ne sont que des enfantillages au prix de ceux de notre héroïne? Plaçons ici un adage trivial, mais qui peint autant la véracité du peuple que sa faiblesse : « Les petits coquins, dit-il, sont exécutés ; mais on respecte les grands. » Suivons notre impartial : « Je n'examinerai point si son attachement pour un frère a quelque part à l'épuisement de nos finances... » Il n'examine point si les monceaux d'or et d'argent qui ont été envoyés à ce même frère ont contribué à l'épuisement de nos finances ; qu'examinera-t-il donc? Un axiome bien reconnu cependant, c'est que, plus on en ôte, moins il en reste !

« Je me contenterai d'observer, continue-t-il, qu'il est bien difficile, pour ne pas dire impossible, de dépouiller sans réserve tout sentiment de tendresse pour le pays qui nous a vus naître, pour les parents qui ont fourni à nos premières caresses, pour ceux qui ont les premiers développé dans notre cœur ces affections aimantes, qui font le bonheur de tous les hommes, d'oublier toutes les relations de fille, de sœur, de parente, de compatriotes ; il semble même qu'un pareil oubli ne ferait guère d'honneur à l'âme qui en serait capable... » Il faut avouer qu'une pareille morale est parfaitement conforme aux sentiments de l'archiduchesse. Courage, ami, vous parviendrez au giron d'Antoinette. Ainsi donc une femme aura le droit, devra même sacrifier à ses parents les devoirs d'épouse et de mère ! Voilà ce que j'appelle de la logique à la mode du haut clergé, pour qui l'Évangile n'a rien de sacré, dès le moment qu'on a mis un frein à ses dissolutions. J'ai cru cependant que l'Évangile prononçait formellement sur le devoir des époux, lorsqu'il a dit : « Tu quitteras ton père et ta mère pour t'attacher à une femme. » La femme serait-elle dispensée de ce qu'on prescrit à l'homme ? Une semblable exécution serait le comble de l'absurdité et de la dépravation.

Comment ! pour favoriser les desseins ambitieux de son frère, de sa famille, une femme pourra impunément opérer la destruction de son ménage et celle de tous ceux qui l'entourent ? Elle pourra, sans être citée au tribunal de l'opinion publique, trahir un mari, préparer la ruine de ses enfants ? Non, la femme privée qui se permet une pareille conduite est un monstre ; et la femme publique à qui on la reproche, celle qui ne craint point de souiller la majesté du trône, de prostituer les lys, de compromettre, en un mot, la tranquillité, les propriétés, la vie de vingt-trois millions d'hommes, cette femme, dis-je, est dix mille fois plus coupable et doit être arrachée à la société dont elle machine la perte.

Sans contredit, ce serait un grand bien que le premier fonctionnaire du peuple choisît parmi ses propres concitoyens la femme qu'il voudrait s'associer ; mais puisque la politique des empires exige de ces alliances ultramontaines, n'en dérangeons pas le cours. Que nous importera le penchant de celle qui viendra se placer à côté de notre chef, si, fermes dans le courageux dessein de maintenir la liberté, nous ne craignons point d'attacher à ses pas de sûrs observateurs qui nous répondent de ses démarches? Alors le voile sera toujours levé et la crainte de la censure publique la maintiendra dans les devoirs que la vertu impose.

Au moment où j'écris, on rappelle dans toutes les sections de la capitale. Tous les soldats prennent les armes. Et pourquoi, citoyens? Pourquoi? C'est que le général Bleuet, qui jusqu'à présent s'est efforcé d'acquérir la vertu du pavot, pour pouvoir endormir la vigilance du citoyen, c'est que Blondinet, dis-je, veut à toute force faire accepter sa démission et qu'à toute force on ne veut pas qu'il se démette, à moins que ce soit un bras ou une cuisse. Et pourquoi veut-il quitter un commandement où son amour-propre trouvait si bien son compte? Ah! pourquoi? C'est que le peuple eut l'impudence de s'opposer à ce qu'il favorisât le départ du roi pour Saint-Cloud, qui de là pouvait aller ailleurs. Comme l'appétit vient en mangeant, le désir de voyager redouble à mesure que l'on voit du pays. Le peuple a donc eu l'effronterie de mépriser les ordres du général qu'il avait nommé; et ce même peuple aujourd'hui se présente en foule à son hôtel pour le supplier de vouloir bien continuer à le trahir, ou peut-être le motif de cette députation n'est-il autre que de le conserver jusqu'à la fin de la constitution.

Ici se bornent les principaux événements de la vie de notre héroïne. Pleins de vigilance pour l'instruction de nos concitoyens, nous les prévenons qu'il n'échappera à la femme de Louis XVI rien qui ne nous parvienne et dont nous ne leur fassions partager les connaissances les plus secrètes; c'est ce qui donnera lieu incessamment à une quatrième partie.

Fin de la troisième et dernière partie parue.

MARIE-ANTOINETTE
D'après une gravure publiée à Londres en 1805

TROISIÈME PARTIE

Bibliographie critique
et analytique
DES PAMPHLETS POLITIQUES, GALANTS ET OBSCÈNES
contre Marie-Antoinette

NOTICE

En publiant ici le résultat de patientes et longues recherches, je ne prétends point être le premier à donner une bibliographie utile et à peu près complète des pamphlets contre Marie-Antoinette, de quelque nature qu'ils soient. Ébauchée par Quérard et Ch. Brunet, en 1856 (1), reprise par M. de la Sicotière, conjugué de M. Mathurin de Lescure, en 1865 (2), complétée, pour la première fois, d'une manière conforme aux exigences historiques modernes, par M. Maurice Tourneux, en 1906 (3), cette bibliographie se trouve continuée ici d'une manière que je crois, sinon neuve, du moins propre à intéresser, en même temps qu'elle rendra quelques services aux chercheurs. Chaque libelle a été soigneusement décrit ; j'ai vu presque tous ceux que je mentionne, à quelques rares exceptions près ; j'ai indiqué les réimpressions, les contrefaçons, les particularités qui distinguent les diverses éditions. C'est là pur travail de bibliographie, ingrat et difficile, et dont peuvent attester ceux que l'amour des livres condamna à ces obscurs labeurs. Cette tâche, j'ai tenté de la compléter en citant de chaque pamphlet les fragments les plus curieux, les plus typiques. Les quelques lignes que j'en ai tirées étaient quelquefois les seules qui méritassent d'être connues. Le simple curieux évitera ainsi la peine d'inutiles recherches.

(1) *Le Quérard*, 1856, 2ᵉ année, pp. 401 et suiv.
(2) M. de Lescure, *La Vraie Marie-Antoinette...*, pp. 189 et suiv.
(3) M. Tourneux, *Bibliographie de l'histoire de Paris pendant la Révolution française...*, tome IV, p. 86.

Tous les pamphlets contre Marie-Antoinette se trouvent-ils signalés dans mon travail ? J'en doute. Il en est qui, fort certainement, ont pu et dû m'échapper, quelque soin que je pris à les relever dans les catalogues les plus divers. J'attends de l'attention de chercheurs plus heureux les compléments que je serai heureux d'ajouter à cet essai dans une nouvelle édition. Mes lacunes doivent principalement porter sur les libelles publiés à l'étranger, surtout à Londres, dans les années qui précédèrent immédiatement la Révolution. Mais de ces oublis, quel que soit le nombre, j'ai pu ajouter aux pamphlets connus contre la reine une dizaine d'articles qui avaient échappé à mes prédécesseurs. Enfin, ce que j'ai trouvé a été classé à l'ordre alphabétique du titre, le seul à adopter dans une bibliographie où, sur plus de cent numéros, il est à peine possible de pouvoir mentionner dix noms d'auteurs.

J'ajoute que, systématiquement, j'ai rejeté de ce travail les pamphlets relatifs à l'affaire du collier, et dont les *Mémoires justificatifs* de Mme de la Motte, avec leurs innombrables contrefaçons et éditions, ouvrent la vaste série. Ces écrits particuliers ont déjà été catalogués, classés, décrits (1). S'il y a lieu, quelque jour, en écrivant de cette ténébreuse et équivoque escroquerie historique, je reprendrai cette partie de la bibliographie des volumes et brochures hostiles à Marie-Antoinette. Pour le présent, je me suis borné aux généralités de la vie de la reine. La matière était assez riche pour m'écarter des particularités que, par avance, le cadre de ce livre condamnait. Telle que, cette bibliographie offrira, je l'imagine, un tableau d'ensemble significatif de la littérature ennemie de la reine, de la fureur qui en appela aux presses clandestines pour attester la postérité de l'exécrable gloire de la dernière reine de l'ancien régime.

(1) Cf. M. Tourneux, *Bibliographie de l'histoire de Paris pendant la Révolution française...*, tome IV, pp. 101 et suiv.

1

Les adieux de La Fayette ou de Cadet Capet à Antoinette et sa dernière correspondance en fuyant les terres de la Liberté; s. l. [Paris], de l'imprimerie d'un citoyen qui a juré de vivre libre ou de mourir; s. d. [1762], in-8°, 8 pp.

Ce libelle accuse La Fayette d'être l'amant de la reine et lui fait donner ce conseil à sa maîtresse : « Caresse, dorlote le « bonhomme qui t'aime; prodigue-lui ces noms si doux et si « passionnés, qui, je le sais, ont tant de force dans ta bouche; « fais-lui croire enfin que tu ne soupires, que tu ne brûles que « pour lui... » Sur l'intimité de Marie-Antoinette et du général, l'auteur donne quelques détails : « Tout le monde sait, dit-il, « que le plat courtisan de La Fayette allait tous les jours chez « Antoinette, mais tout le monde ne sait pas que lorsqu'il se « présentait, tout le monde se retirait, jusqu'au mari, que, s'il « ne s'en allait pas, madame lui disait et prenait pour pré-« texte de l'envoyer à son conseil. Ah! pauvre Louis XVI, si tu « est (*sic*) plus roi de France, tu est (*sic*) bien le roi des « cocus. » Le même pamphlet invite en ces termes La Fayette au retour :

Reviens, Cadet Capet,
Présenter ton toupet
A la belle machine
Q'on nomme guillotine.

Et Marie-Antoinette :

Et toi, en place de collier,
Comme voleuse et libertine,
Avec ton gros banqueroutier,
Vous irez à la guillotine.

2

Les adieux de la reine à ses mignons et mignonnes; s. l. [Paris], de l'imprimerie des Patriotes; s. d. [1793], in-8°, 8 pp.

Signé : Bernelot, garde national. — On trouvera ce libelle réimprimé dans mon volume *Les pamphlets libertins contre Marie-Antoinette...*, pp. 311-316 ; et par J. Hervez, *Les galanteries à la cour de Louis XVI...*, pp. 199 et suiv.

3

Les amours de Charlot et Toinette, pièce dérobée à V... ; s. l. (Londres], MDCCLXXIX, in-8º, 8 pp.

Ce pamphlet obscène en vers est parmi les plus fameux de ceux publiés contre la reine. Goëzman, envoyé à Londres pour en négocier l'achat et la destruction auprès du libraire Boissière, conclut l'affaire pour 17,400 livres, ce dont témoigne le reçu délivré par Boissière :

« Je soussigné, tant en mon nom que comme me portant fort
« pour le propriétaire d'un ouvrage en vers français intitulé :
« *Les amours de Charlot et Toinette*, avec figures, ensemble
« des planches desdites estampes, reconnaît que M. de Thurn (1)
« m'a payé, pour toute l'édition de cet ouvrage, les estampes
« et les planches, la somme de dix-sept mille quatre cents
« livres, argent de France, ensemble une lettre de change de
« cinquante louis, payable par mondit sieur à Ostende, au
« trente du mois prochain, promettant en foi d'homme d'hon-
« neur, et sous peine de tous dommages et intérêts, que jamais
« il ne paraîtra de ma part ni de celle du propriétaire, aucun
« exemplaire dans le monde ; en foi de quoi j'ai signé les pré-
« sentes auxquelles j'ai apposé mon cachet.

« Fait à Londres, ce 31 juillet 1781.

« Boissière (2). »

L'ouvrage, on le voit, était illustré. Par des lettres de Goëzman au lieutenant de police Lenoir, on sait que ces illustrations « représentaient un roi qui se soumettait devant ses « docteurs à la cérémonie du congrès, et une reine couchée « sur un sopha (3). »

Toute l'édition ayant été détruite à la Bastille, le 13 mai 1783 (4), ces exemplaires avec les planches constituent de

---

(1) Pseudonyme, on le sait, de Goëzman dans ses expéditions de police.

(2) Pierre Manuel, *La Police de Paris dévoilée...*, tome I, pp. 237, 238.

(3) Pierre Manuel, *La Police de Paris dévoilée...*, tome I, p. 237.

(4) Pierre Manuel, *La Police de Paris dévoilée...*, tome I, p. 38.

LES AMOURS

DE

CHARLOT et TOINETTE

Piece dérobée A V.......

Scilicet is superis labor est, ea cura quietos sollicitat.......
                                   Virg. Æneid.

MDCCLXXIX.

véritables raretés, payées leur poids de billets de banque. Deux libelles ainsi illustrés ont passé jusqu'à présent en vente ou dans des catalogues. Le premier, faisant partie de la collection Leber, est actuellement à la bibliothèque de Rouen. On a joint à notre exemplaire, dit Leber, « le dessin, attribué à Desrais, « d'une reine couchée sur un sopha, qui avait été particulière- « ment dénoncé au lieutenant général de police, et l'un de « ceux dont les gravures étaient destinées à compléter l'œuvre « du libelliste. Ces gravures n'ont jamais paru (1). » Le second exemplaire, provenant de la collection Hankey, a figuré dans la vente Alfred Bégis (2). Il a été adjugé 925 francs à M. Ed. Rahir. Ce pamphlet a été condamné à la destruction, par jugement du tribunal correctionnel de la Seine, en 1865 (3). Voici le relevé de quelques réimpressions anciennes et modernes :

4

Les amours de Charlot et Toinette, pièce dérobée à V...; S. l. MDCCLXXXIX, in-8°, 8 pp.

Contient une planche obscène : La Fayette jurant fidélité à la « constitution » d'une personne impudiquement étalée.

5

Les amours de Charlot et de Toinette, pièce dérobée à V....; S. P. [Paris], 1789, in-8°, 8 pp.

6

Momus redivivus ou les Saturnales françaises ; Biblia jovialis ad usum compagnorum ad huc ridentirum ; editio modernissima grandissimus soinis collecta, excusa et amendata, a minimo grandissimi Merlini Cocaii fileo, sumptibus achetantium atriusque sexus ; à Lutipo-

---

(1) *Catalogue des livres imprimés, manuscrits, estampes, dessins, cartes à jouer, composant la bibliothèque de M. C. Leber, avec des notes par le collecteur ;* Paris, 1897, in-8°, tome I, p. 355, n° 2281.

(2) *Catalogue de la bibliothèque de M. Alfred Bégis, de la Société des Amis des livres ;* 2ᵉ partie; Paris, 1897, in-8°, p. 50, n° 274.

(3) Fernand Drujon, *Catalogue des ouvrages, écrits et dessins de toute nature, poursuivis, supprimés ou condamnés...*, p. 22.

lis, de l'imprimerie du libraire amateur [Paris], 2496, [1796], in-8°, tome II, p. 105.

Ce recueil de pièces galantes, dû à Mercier (de Compiègne), contient, avec la *Complainte des filles auxquelles on a refusé l'entrée des Tuileries à la brune, Les réclusières de Vénus,* l'*Épître à la lesbienne, Les sultanes nocturnes contre les reverbères*, et autres morceaux, une réimpression des *Amours de Charlot et de Toinette*. Un jugement de la Cour royale du 16 novembre 1822 l'a condamné à la destruction (1).

7

Les amours de Charlot et de Toinette, précédés de l'*Autrichienne en goguette,* pièces révolutionnaires réimprimées textuellement sur les éditions originales de 1779 et de 1789, avec une notice bibliographique ; Strasbourg, 1871, in-16.

Réimpression Gay, tirée à 100 exemplaires. — Ce libelle a été en outre réimprimé par Ad. Van Bever, *Contes et conteurs galants du* xviiie *siècle;* Paris, MDCCCCVI, in-8°, pp. 280 et suiv., et Jean Hervez, *Les galanteries à la cour de Louis XVI...*, pp. 223 et suiv.

8

Antoinette d'Autriche ou dialogue entre Catherine de Médicis et Frédégonde, reines de France, aux enfers, pour servir de supplément et de suite à tout ce qui a paru sur la vie de cette princesse ; Londres, 1789, in-8°, 16 pp.

Dans ce dialogue, Frédégonde et Catherine de Médicis avouent naturellement qu'en lubricité et fureur elles sont dépassées par Marie-Antoinette. « Il ne faut, dit Frédégonde, que jeter
« un coup d'œil rapide sur la vie d'Antoinette pour apercevoir
« que son cœur est le foyer de tous les vices, plutôt que l'asile
« de la plus faible vertu. L'inceste, l'adultère, la lubricité la
« plus infâme et la plus honteuse, le renversement de l'ordre
« sacré de la nature furent des jeux pour cette impudique Mes-
« saline ; que dis-je, Messaline fut moins coupable sans

---

(1) Fernand Drujon, *Catalogue des ouvrages, écrits et dessins de toute nature, poursuivis, supprimés et condamnés....*, p. 264.

« doute... » On a fait à cette brochure l'honneur de la réimprimer sous un autre titre et de lui accorder la médiocre auréole du plagiat. — Voyez le numéro suivant.

9

Le petit Charles IX ou Médicis justifiée; s. l. [Paris], in-8°, 76 pp.

Même pamphlet que le précédent. Le titre seul est changé.

10

Apparition de Thérèse philosophe à Saint-Cloud ou le Triomphe [de] *la volupté; dédié à la reine;* ouvrage volé dans la poche d'un aristocrate par M. Barnave, président et directeur général de nos augustes sénateurs; à Saint-Cloud, chez la mère des Grâces; 1790, in-12, 34 pp.

11

L'Autrichienne en goguette ou l'orgie royale; opéra-proverbe, composé par un garde du corps et publié depuis la liberté de la presse, et mis en musique par la reine; s. l. [Paris], s. d. [1791], in-8°, 16 pp.

Épigraphe : *Veni, vidi.* — Pamphlet libre, attribué, comme on l'a vu plus haut, à l'acteur Mayeur Saint-Paul. Condamné à la destruction par jugement du tribunal correctionnel de Lille du 6 mai 1868 (1), il a été réimprimé dans mon volume *Madame de Polignac et la cour galante de Marie-Antoinette...*, pp. 163-174. — Pour une réimpression de Gay, voyez plus haut le n° 3, article *Amours de Charlot.*

12

Bordel national sous les auspices de la reine, à l'usage des confédérés provinciaux; dédié et présenté à Mlle Theroigne, présidente du district des Cordeliers et du club

---

(1) Fernand Drujon, *Catalogue des ouvrages, écrits et dessins de toute nature poursuivis, supprimés ou condamnés...*, p. 46.

des Jacobins, auteur de cet établissement patriotique; 1790, in-18, 60 pp.

Épigraphe : *Lancea carnalis vulnera nulla facit;* Ovide. (La flèche de l'amour ne fait point de blessures.) Deux gravures obscènes accompagnent ce texte. La description qu'en fait l'auteur, exception faite pour la première, est impossible à reproduire ici. Voici ce qu'il dit du frontispice : « Il représente
« la statue de Priape, sur un piédestal, la reine à gauche,
« tenant d'une main une guirlande de fleurs, dont elle l'en-
« toure, et de l'autre chatouillant le père du genre humain qui
« fait tant de plaisir aux femmes. La reine se pâme de plaisir,
« en pressant ce membre charmant contre son sein. Mlle The-
« roigne est à droite de la statue, tenant de la main droite le
« bout de la guirlande et de la gauche les deux c......s, en
« chantant un hymne à la gloire du dieu de la Foutrie. Elle
« paraît moins passionnée que la reine, parce que le patrio-
« tisme et la philosophie tempèrent un peu ses sens, quoi-
« qu'elle soit aussi voluptueuse dans l action. » Avant d'être mise en scène dans cette pièce obscène, Marie-Antoinette est violemment attaquée dans l'*Épître dédicatoire de Mlle Theroigne* qui ouvre le volume. Je reproduis ici cette épître, seul morceau du pamphlet qui puisse se citer :

« Mademoiselle,

« Vos grâces insinuantes, votre commerce de galanterie et
« d'amour, votre réputation sur les sophas du plaisir m'ont
« fait sentir que je ne pouvois adresser mon hommage à une
« Phryné, à une Laïs plus engageante que vous. Les services
« tant multipliés que vous rendez à la jeunesse vigoureuse
« font un honneur immortel à la chaleur de votre concupis-
« cence inextinguible. Vos fureurs amoureuses, vos transports
« dans les actes vénériens, votre flamme insatiable vous donnent
« le pas sur les prostituées antiques et modernes. La nation est
« informée de la protection que Marie-Antoinette, reine de
« France, accorde à votre établissement patriotique, établisse-
« ment d'un genre neuf et utile, pour mettre à l'abri des entre-
« prises téméraires des Céladons libertins l'honneur des hon-
« nêtes femmes et des jeunes pucelles, en dispensant les
« hommes de tous soupirs, en assouvissant leurs passions
« lubriques. Notre reine ne vous a donné la préférence que
« parce qu'elle connaît votre talent manuel, votre art de soula-
« ger le boyau de la joie et votre mouvement souple et irri-
« tant la passion de l'homme. Notre reine se connaît dans les
« exploits de Cythère et son estime assure votre gloire.

« Continuez de mettre le comble à votre renommée. Commen-

BORDEL NATIONAL
SOUS LES AUSPICES
DE LA REINE,

A l'ufage des Confédérés Provinciaux;

DÉDIÉ ET PRESENTÉ
A Mlle. THÉROIGNE,

*Préfidente du Diftrict des Cordeliers,
& du Club des Jacobins,*

Auteur de cet Etablissement patriotique.

Lancea carnalis vulnera nulla facit.
OVID.
La flèche de l'Amour ne fait point de blessures.

A CYTHERE,
Et dans tous les Bordels de Paris.

1790.

« cez à donner des leçons de foutrie à la jeunesse des deux
« sexes; que les femmes libidineuses se désespèrent de n'avoir
« point votre art à manipuler le membre viril et à le repous-
« ser pour l'enflammer davantage et en pomper les semences
« délicieuses qui font le ravissement de l'homme et de la
« femme. Que les plus lascifs paillards expirent dans les tré-
« moussements de votre c..n velu.

« Perfectionnez l'art manuel d'enfiler les v....s les plus étroits
« et les plus rebele (sic).

« Apprenez à connaître les moyens d'escamoter la vérole et
« de n'avoir point recours aux *redingotes d'Angleterre,* qui
« diminuent l'ivresse de la jouissance.

« Opérez une heureuse révolution dans la foutromanie. Fou-
« tez-vous du *qu'en dira-t-on,* courez à grands pas à l'immor-
« talité par le canal de la volupté. Le plaisir vaut mieux que
« la gloire de résister aux douces sensations de la nature. C'est
« en vous conformant à ces principes constants, que vous avez
« mérité les éloges des illustres membres qui composent l'au-
« guste Diète de la nation, et des citoyens des deux districts
« auxquels vous présidez; je ne crains point, mademoiselle,
« d'offenser votre modestie, c'est vous-même qui m'avez prié,
« sollicité, de mettre au jour cet ouvrage intéressant et de vous
« le dédier. Si les obligations infinies que vous ont tous les
« ribauds et les libertins dans les plaisirs des sens sont des
« titres à leur reconnaissance, plus célèbre que Léontium, que
« Ninon de l'Enclos, la Paris, la Déricourt, la Dumas et la Mon-
« tigny, vous serez en vénération à la postérité, comme la plus
« aimable et la plus effrénée libertine de tous les siècles. »

Il est difficile de caractériser le but de l'auteur du *Bordel
national*. Son écrit diffame et les royalistes et les révolutionnaires, Marie-Antoinette comme la maîtresse de Mirabeau,
Marat comme Lafayette et Danton au même titre que le comte
de Provence. On peut supposer que l'obscénité rare et vigoureuse seule le guidait. Pour les réimpressions et autres éditions
de son libelle, voyez les trois numéros suivants.

13

*Bordel patriotique, institué par la reine des Français
pour les plaisirs des députés à la nouvelle législature,
précédé d'une épître dédicatoire de Sa Majesté à ces
nouveaux Lycurgues;* aux Thuileries et chez les marchands d'ouvrages galants, 1791, in-18, 72 pp.

Réimpression du *Bordel national* sous un autre titre.

14

Vaudeville curieux de la comédie du Bordel national, chanté à M. d'Orléans à l'instant de son arrivée; s. l. [Paris]; s. d. [1791]; in-18, 8 pp.

Réimpression de quelques couplets tirés de l'édition originale du libelle et augmentée de quelques lignes qui ne se trouvent pas dans les deux éditions précédentes.

15

Le Bordel royal suivi du Bordel national, reproduction textuelle, intégrale et sans commentaires de deux pièces révolutionnaires très rares, imprimées en 1790 et dont les auteurs sont restés inconnus; Neufchâtel 1872, in-18°, 58 pp.

Réimpression faite par Gay à 100 exemplaires. On en trouvera quelques fragments dans Jean Hervez, *Les galanteries à la cour de Louis XVI...*, pp. 229 et suiv.

16

Bord... R..., *suivi d'un entretien secret entre la reine et le cardinal de Rohan, après son entrée aux États-Généraux;* le B. se trouve à Versailles, dans l'appartement de la reine ; s. l. [Paris], s. d. [1790], in-8°, 16 pp.

Pamphlet obscène dialogué, où les propos de Marie-Antoinette sont d'une verdeur sans égale. Mais, explique l'auteur, « telles sont les expressions familières de cette femme lascive. « Nous rapportons mot à mot sa conversation, qui réellement « a eu lieu depuis l'arrivée du cardinal de Rohan. Le lecteur « nous pardonnera notre exactitude à rapporter les faits. Nous « ne sommes que l'écho de cette Messaline. » Cet écho a été condamné à la destruction par le tribunal correctionnel de la Seine le 12 mai 1865 (1). Il a été réimprimé par M. Jean Hervez, *Les galanteries à la cour de Louis XVI...*, pp. 239 et suiv. — Pour une réimpression Gay, voyez le n° 15, article *Bordel national*.

(1) Fernand Drujon, *Catalogue des ouvrages, écrits et dessins de toute nature, poursuivis, supprimés ou condamnés...*, p. 58.

17

Bouquet qui a été présenté à Marie-Antoinette, épouse du ci-devant roi, par un sans-culotte, et mention des événements de la Saint-Laurent, qui cadrent avec ceux de la Saint-Barthélemi ; s. l. [Paris], chez Guilhemat, imprimeur de la Liberté, rue Serpente, nº 23 ; s. d. [1792], in-8º, 8 pp.

Signé *L. Boussemart, moustache, patriote.* Les premières lignes expliquent les intentions de l'auteur : « Marie, apos-« trophe-t-il la reine, c'est aujourd'hui ta fête, la nation te dois « un bouquet : elle va te l'offrir par ma plume, et si ton cœur « est encore sensible, tu conviendras qu'il est juste et mérité. » Le citoyen Boussemart avait bonne opinion de sa prose. Il achève, prometteur : « Je ne serai point flatteur ; la rose sera « jointe aux épines ; tu n'y trouveras point des lys, cette fleur a « perdu sa santé et toute sa blancheur. Le souci ornera ta « guirlande, la fleur d'épine l'entourera. Pour remplir le but « que je me suis proposé à cet égard, je vais te faire le récit « des horreurs qui ont été commises le jour de la Saint-« Laurent, jour affreux qui cadrera avec celui de la Saint-« Barthélemi, où la cruelle Médicis guidait la fureur de « Charles IX. » Ce jour de la Saint-Laurent, — qui ne l'a deviné ? — n'est autre que celui du 10 août.

18

Le Branle des capucins ou le mille-et-unième tour de Marie-Antoinette, petit opéra aristocratico-comico-risible, en deux actes ; à Saint-Cloud, de l'imprimerie des Clairvoyants, cul-de-sac des recherches, 1791, in-8º, 24 pp.

Voyez plus haut la notice bibliographique en tête de la réimpression.

19

Le cadran de la volupté ou les aventures de Chérubin ; à Paris, au théâtre de la Montansier ; s. d., in-32, 108 pp. — 2 figures obcènes.

J'ai donné, dans un précédent volume, avec ma notice, l'introduction de ce libelle érotique (1). Depuis il a été réimprimé (2). Je renvoie le lecteur à ces deux publications. Attribué, sans preuves aucunes, est-il besoin de le dire? à Philippe-Égalité, *Le cadran des plaisirs* a joui d'un étonnant succès. que sont venus confirmer les divers arrêts de justice qui l'ont condamné à la destruction. Pour l'avoir possédé, vendu et colporté, la Cour d'assises de la Seine a condamné, le 9 août 1842, Regnier-Becker, commissionnaire en marchandises, à six mois de prison et 600 francs d'amende. Une autre condamnation a été prononcée par la Cour d'assises de la Seine le 10 février 1852 (3). J'ignore de quand date l'édition originale de ce pamphlet. Un auteur allemand le dit imprimé pour la première fois à Cologne, vers 1795 (4). C'est possible, mais peu vraisemblable. En effet, portant la firme d'édition de Paris, on retrouve des exemplaires datés de 1790. Au reste, sans prétendre les énumérer toutes, je donne ici quelques-unes des éditions qu'il m'a été permis de relever.

20

Le cadran des plaisirs de la cour ou les aventures du petit page Chérubin, pour servir de suite à la Vie de Marie-Antoinette, ci-devant reine de France, suivi de la Confession de Mlle *Sapho*; Paris, 1790, in-8°.

Exemplaire vendu 195 francs à la vente Nadaillac (5).

21

Chérubin ou l'heureux libertin; Lyon, 1796, in-8°.

Cité par M. Tourneux, *Bibliographie de l'histoire de Paris pendant la Révolution française...*; t. IV, p. 91, n° 21055.

(1) Cf. mon volume *M*[me] *de Polignac et la cour galante de Marie-Antoinette...*, pp. 242, 243, 244, 245.

(2) Jean Hervez, *Les galanteries à la cour de Louis XVI...*, pp. 259 et suiv.

(3) Fernand Drujon, *Catalogue des ouvrages, écrits et dessins de toute nature poursuivis, supprimés ou condamnés...*, p. 63.

(4) *Vier neue curiositaten-bibliographieen; bayerischer Hiesel; amazonen-litteratur; halsband prozes und Cagliostro; bibliotheca selecta erotico-curiosa Dresdensis, samtich zum ersten male übersichtlich zu sammengestell*, von Hugo Hayn; Iéna, 1905, in-8°, p. 48.

(5) *Prix d'adjudication des livres, journaux, pamphlets, caricatures sur la Révolution française composant la bibliothèque de M. le comte B. de Nadaillac*; Paris, 1885, in-8°, p. 3.

22

Le cadran de la volupté ou les aventures du prince Chérubin ; **avec figures** ; à Amsterdam, 1766, in-16, 67 pp. — 3 figures obscènes.

Édition tronquée, complétée par une *Lettre de Julie à Pauline sur quelques goûts bizarres de certains hommes avec lesquels elle s'est trouvée*. Malgré la date du titre, la composition et les gravures indiquent une édition faite vers 1840.

23

Le cadran de la volupté ou les aventures du prince Chérubin pour servir à la vie de Marie-Antoinette ; à Paris, chez les marchands de nouveautés, 1870 [in-12], 38 pp.

Réimpression ordinairement attribuée à Gay. « Ce volume « fait-il réellement partie de la collection Gay ? s'est demandé « M. Georges Vicaire. Il n'est pas cité dans la *Liste des publi-« cations* de cet éditeur, mais il porte sur le titre un fleuron « souvent employé par lui (1). » Il est probable qu'il s'agit ici d'une des contrefaçons dont Gay a été quelquefois la facile victime.

24

Le cadran de la volupté ou les aventures du prince Chérubin, pour servir à la vie de Marie-Antoinette ; s. l., 1891, in-12.

Enfin, à divers catalogues de librairie, je relève des éditions faites en 1792, en l'an III, et à Stuttgart, en 1850 (2).

25

Catherine de Médicis dans le cabinet de Marie-Antoinette à Saint-Cloud ; s. l. [Paris], de l'imprimerie royale ; s. d. [1792], in-8°, 8 pp.

(1) Georges Vicaire, *Manuel de l'amateur de livres du XIX° siècle, 1801-1893* ; Paris, 1895, in-8°, t. II, col. 609.
(2) Cf. aussi *Bibliographie des ouvrages relatifs à l'amour...*, t. I, col. 448.

A la fin du premier numéro de cette publication on lit : « Ce
« dialogue paraîtra trois fois par semaine, le mardi, jeudi et
« samedi. Il dévoilera l'origine des malheurs de la France sous
« le règne de Médicis et de celui d'Antoinette ; il dénoncera les
« complots et les dangers qui menaceraient la monarchie ;
« enfin, il préviendra politiquement des complots des gens en
« place. » Quatorze numéros ont paru, tous in-8º, de 8 pages,
paginés séparément. Les numéros 13 et 14 ont un titre différent
des douze premiers : *Catherine de Médicis dans le cabinet de
Marie-Antoinette, à l'instant que Louis XVI reçoit une
députation des 48 sections de la ville de Paris, présidée par
M. Bailly ;* treizième dialogue ; et *Catherine de Médicis ;*
quatorzième dialogue. Le dernier numéro, brusquement contre-
révolutionnaire, porte la firme de l'imprimerie du Chaudriet,
rue de Chartres, et se montre favorable à la reine. Au reste,
comme les précédents, ce n'est qu'un entretien sur les affaires
politiques du jour.

26

*La cause de la Révolution française ou la conduite
secrète de M... A...n...tte d'Autr... R. de France ; enrichie
d'une collection de notes intéressantes et critiques sur
les auteurs de cette Révolution, comme sur celles des
autres parties de l'Europe,* par un de ses témoins, le
Chev. de... ; s. l. [Londres ?], à l'enseigne de la Liberté,
1790, in-8, 30 pp.

Épigraphe : *Frans sublimi regnat in Aula ;* Senec. in Hipp.
— Voyez la notice en tête de la réimpression des *Vérités
dédiées à Marie-Antoinette d'Autriche, reine de France,*
plus haut.

27

C'est ce qui manquait à la collection.

Voyez le nº 89, article *Ode à la Reine.*

28

*La chasse aux bêtes puantes et féroces, qui, après
avoir inondé les bois, les plaines, etc., se sont répandues
à la cour et à la capitale ; suivie de la liste des proscrits
de la nation et de la notice des peines qui leur sont*

infligées par contumace, en attendant le succès des poursuites qui sont faites de leurs personnes ou l'occasion ; par ordre exprès du Co... [Comité] Per... [Permanent], et en vertu d'une délibération unanime d'icelui, à laquelle ont assisté tous les citoyens de cette ville ; à Paris, de l'imprimerie de la Liberté ; 1789, in-8°, 31 pp.

L'article premier de ce pamphlet est consacré à Marie-Antoinette : « On est fortement convaincu qu'une Panthère, « échappée à la cour d'Allemagne a séjourné en France « quelques années sans y commettre de ravages ; on l'a « aperçue à Versailles, dans plusieurs parcs, quelquefois aux « promenades. La douceur du climat paraissait avoir apaisé sa « férocité, le roi même se plaisait à la voir ; mais depuis un « certain temps elle a repris toute la rage germanique. Fixons « sa mort à quarante mille livres. Elle est forte, puissante, les « yeux enflammés et porte un poil roux, ci...... 40,000 liv., qui « seront payées sur-le-champ au Palais-Royal au chasseur assez « habile pour ne la pas manquer. »

Dans la *Liste particulière des proscrits de la nation* figure cette promesse de châtiment réservé à une « dame de Versailles » : « Aux Madelonnettes, aux Filles repenties, ou à « Sainte-Pélagie à perpétuité, suivant le choix de son époux. » Ce libelle a eu un complément : *Chasse nouvelle aux bêtes puantes et féroces qui continuent à dévaster le royaume, suivie d'une nouvelle liste des aristocrates inconnus jusqu'alors et des peines que la nation leur inflige par contumace en attendant l'heureux instant qui les mettra en sa puissance ;* seconde partie ; à Paris, de l'imprimerie de la Lanterne, 1789, in-8°, 32 pp. — Dans ce complément, Marie-Antoinette est épargnée.

29

Chérubin ou l'heureux libertin.

Voyez le n° 19, article *Le cadran de la volupté.*

30

Confession de Marie-Antoinette à M. de Tallerand-Perrigord, ci-devant archevêque de Reims, et depuis escamoteur de la Sainte-Empoule ; grande querelle entre Charles Libre et Louis l'Esclave, détenu au Temple comme banqueroutier ayant fait fallite (sic) *à l'honneur et à la probité*; s. l. [Paris], de l'imprimerie de Feret, rue du Marché-Palu, vis-à-vis celle Notre-Dame; s. d. [1792], in-8, 8° pp.

Signé : *Je suis Louis l'Esclave, Charles Libre, je me nomme Boussemart, et suis patriote, sans moustache.* — La confession annoncée sur le titre est en vers, sur l'air du *Confiteor*. Comme il n'en existe pas de réimpression récente, je la donne ici, y compris ses libertés avec l'orthographe :

> Grand imposteur, à vos genoux
> Voyez une âme pénitente,
> Qui fit cocu son cher époux,
> Et fut toujours trop indulgente ;
>   M. Remy,
>   M. Remy
>   Vous a remi
> Le pouvoir de m'absoudre ici.
>
> Lorsque jadis Rohan-Colier
> M'arracha des bras de ma mère,
> En route il me fit le premier
> Ce que Louis m'aurois du faire,
>   Ce saint prélat,
>   Ce saint prélat,
>   Fit ça si bien,
> Que Veto n'en çu jamais rien.
>
> Aussi-tôt que l'Ambassadeur,
> Qu'on nommait la Belle Éminence,
> Vit son embonpoint, ma fraîcheur,
> Il fit cocu le roi de France ;
>   D'après cela,
>   D'après cela
>   Mamant lui dit :
> M'en voilà quitte, et ça suffit.
>
> Les Français m'ont joué d'un tour,
> Qui n'étoit pas des plus honnêtes,
> Et pour m'en vanger en ce jour,
> Je leur fait cadot d'Antoinette ;
>   Autant voudroit,
>   Autant vaudroit,
>   Pour leur salut,
> Qu'on leur envoyât Belzébu.

Je fus présentée à ce sot,
Il me trouva gentille et belle,
Rohan-Colier lui dit un mot,
Et le nigot me crut pucelle ;
  Grâce à d'Artois,
  Grâce à d'Artois,
  Et ses amis,
Je donnois un fils à Louis.

J'avois juré à ma maman,
En m'éloignant de sa présence,
De tremper mes mains dans le sang
Des braves citoyens de France ;
  Et Lafayette,
  Et Lafayette,
  Et son Bailly,
Me l'avois bien aussi promis.

J'aurois cru que le Saint-Laurent
Eut écrasé les Sans-Culottes,
Mais par malheur ses braves gens
Sont les ennemis des despotes.
  Ils ont prouvés,
  Ils ont prouvés,
  Au camp d'honneur,
Que sans-culotte on a du cœur.

Mon père, j'ai manqué mon coup ;
Mes suisses ont mordus la poussière,
Et les Provenceaux sont des loups,
Que n'épouvantent point la guerre ;
  Ils ont choisis,
  Ils ont choisis,
  Pour leur refrein,
Et le canon et le tocsins.

Dans la prose qui suit, il est déclaré que « les tetons « d'Agniesse Saurel, à la vérité, valoient bien ceux d'Antoi- « nette », et, répétition de la chanson, qu'un « brigand mitré » fit le « premier à Antoinette ce que vous auriez du lui faire. » Quant au roi, le patriote sans moustache Boussemart se « persuade « que Dieu a fait un miracle en votre faveur, en voux ôtant la « cervelle, sans vous casser la tête. » Malgré son indigence et sa platitude, Gay a cru que ce pamphlet réimprimé serait trouvé digne d'être recueilli par les amateurs. — Voyez le numéro suivant.

31

Confession de Marie-Antoinette à M. de Talleyrand-Périgord, suivie de la *Confession dernière et Testament de Marie-Antoinette,* pièces révolutionnaires rares, textuellement reproduites; Neuchâtel, octobre 1873, petit in-12.

Tiré par Gay à 100 exemplaires.

32

La confession de Marie-Antoinette, ci-devant reine de France, au peuple franc, sur ses amours et ses intrigues avec M. de La Fayette les principaux membres de l'Assemblée nationale, et sur ses projets de contre-révolution; s. l. [Paris], de l'imprimerie du cabinet de la reine; s. d. [1792], in-8°, 16 pp.

Dans ce pamphlet, où les accusations de libertinage contre Marie-Antoinette ne manquent pas, la reine s'étonne des reproches que lui font les libelles sur ce chapitre. « Quoi! parce que j'ai cédé aux douces impressions de la nature, et qu'imitatrice des charmantes faiblesses de toutes les femmes de la cour de France, je me suis livré (*sic*) aux douces impulsions de l'amour, vous me traitez comme la dernière des Messalines de l'Europe, et vous me tenez, pour ainsi dire, captive dans vos murs ? » Pour modifier ces sentiments, Marie-Antoinette projette de faire une confession sincère. L'auteur lui fait largement tenir cette promesse. — Ce libelle a été plusieurs fois réimprimé : par Gay, Neuchâtel, 1877, petit in-12, iv-44 pp., à 100 exemplaires, la même année à Bruxelles (1), et plus récemment à la bibliothèque des Curieux (2).

33

Confession dernière et Testament de Marie-Antoinette, veuve Capet, précédée de ses dernières réflexions, mis au jour par un sans-culotte; à Paris, chez la

---

(1) *Bibliographie des ouvrages relatifs à l'amour...*, t. I, col. 652.
(2) Jean Hervez, *Les galanteries à la cour de Louis XVI...*, pp. 213 et suiv.

citoyenne Lefèvre, rue Percée, l'an deuxième de la République [1793], in-8°, 32 pp.

Épigraphe :
Tranquille dans le crime et fausse avec douceur. Le frontispice, que j'ai naguère reproduit (1), représente le portrait de la reine coiffée d'un grand chapeau, dominant une guillotine. La légende, renversée, est placée au haut de la gravure :

La tête en bas ! ah ! quel funeste sort !
Je l'ai bien mérité, mais quelle affreuse mort !

Réimprimé intégralement plus haut.

34

Correspondance de la reine avec d'illustres personnages.

Voyez le numéro 106; article *La reine dévoilée.*

35

La cour de Louis XVI dévoilée ou mémoire pour servir à l'histoire des intrigues secrettes, actions et débordemens de Marie-Antoinette, reine des Français, dispensatrice et usurpatrice du pouvoir exécutif sur le royaume de France, ornée de vingt-six gravures en tailles douces, en deux volumes et trois parties; à Paris, se vend aux Thuileries et ailleurs; s. d. [du 1er juin 1791], in-24, 2 vol.

Le premier volume a 144 pages ; le second, 142 pages. — Voyez plus haut la notice bibliographique placée en tête de la réimpression intégrale. — Voyez le numéro suivant.

36

Vie privée, libertine et scandaleuse de Marie-Antoinette d'Autriche, ci-devant reine des François, depuis son arrivée en France jusqu'à sa détention au Temple;

---

(1) Hector Fleischmann, *Les pamphlets libertins contre Marie-Antoinette...*, en regard de la page 240. — Une erreur typographique a fait placer la légende à sa place naturelle.

ornée de vingt-six gravures; aux Thuileries et au Temple, et se trouve au Palais-Égalité, ci-devant palais royal, chez les marchands de nouveautés, l'an premier de la République; in-24°, 2 vol.

C'est la réimpression, sous un autre titre, du pamphlet ci-dessus. Le tirage et l'exécution des gravures de cette édition sont extrêmement défectueux.

37

Les crimes des reines de France depuis le commencement de la monarchie jusqu'à la mort de Marie-Antoinette, avec les pièces justificatives de son procès, publiés par L. Prud'homme, avec cinq gravures; nouvelle édition corrigée et augmentée; à Paris, au bureau des *Révolutions de Paris,* rue du Marais, F. S. G. [faubourg Saint-Germain], an II de la République une et indivisible, in-8°, xvi-532 pp.

L'édition originale est de 1791. Je cite celle de 1793 parce qu'elle est la plus complète. L'article qui concerne Marie-Antoinette occupe de la page 433 à 464. Le reste du volume est consacré aux pièces justificatives du procès de la reine. Ce fragment suffira à juger le livre : « Une plume républicaine, et
« qui respecte ses lecteurs, se refuse à souiller les pages de
« l'histoire du récit des turpitudes commises dans le cours des
« premières années du règne de Marie-Antoinette; qu'il nous
« suffise de vouer à la malédiction des siècles à venir les noms
« des personnages, agens et complices des crimes privés de la
« femme Capet : Dillon et Coigny; Lambesc, Lausun (*sic*) et
« Jersen (*sic*), Vaudreuil et Bièvre, la Guéméné, la Lamballe et
« la Polignac, la Montensier (*sic*), directrice de théâtre, la Ber-
« tin, faiseuse de modes, le coëffeur Léonard, Bézenval, Cam-
« pan et Bazin, Breteuil et Terray, Clugny et Calonne..., la
« faveur de tous ces bas valets suffit pour servir de témoignage
« aux mœurs de leurs maîtresse, et indique assez les causes de
« ce déficit énorme qui poussa le peuple français à bout. Les
« courses d'ânes et de chevaux, les proverbes ordurlers joués à
« grands frais dans les petits appartemens de Versailles et de
« Trianon, les sommes prodiguées pour payer le vice et claque-
« murer la vertu, les fêtes clandestines, les caprices ruineux
« d'une cour blasée et insatiable de jouissances...; tous ces
« détails ne doivent pas entrer ici, et tenir la place du récit

« rapide des crimes publics de l'étrangère. » Ce passage fait comprendre pourquoi la Restauration proscrivit rigoureusement la vente du livre (1). Peu après sa parution, un officier d'infanterie, de nom de Rocheplate, tenta de le réfuter en une brochure parue sous le titre : *Dénonciation du livre portant pour titre « Les crimes des reines de France »* ; 1792, in-8° (2). Il existe de l'ouvrage publié par Prudhomme, et attribué quelquefois à Mme de Kéralio, née Robert, une édition faite à Neuchâtel en 1792, format in-12. Le chapitre relatif à Marie-Antoinette a été tiré à part : *Les crimes de Marie-Antoinette d'Autriche, dernière reine de France, avec les pièces justificatives de son procès, pour servir de supplément aux premières éditions des Crimes des reines de France*, publiés par L. Prudhomme ; à Paris, au bureau des *Révolutions de Paris* ; an II de la République ; in-8°, 18 pp.

38

Les derniers soupirs de la garce en pleurs.

Voyez le n° 31, article *La garce en pleurs*.

39

Descente de la Dubarry aux enfers, sa réception à la cour de Pluton par la femme Capet devenue la furie favorite de Proserpine ; caquetage entre ces deux catins ; à Paris, chez G.-F. Galetti, imprimeur du *Journal des lois de la République française*, aux Jacobins Saint-Honoré ; s. d. [1793], in-8°, 8 pp.

C'est là un des derniers pamphlets dirigés contre Marie-Antoinette morte. « Ce cas de cannibalisme politique est isolé », dit M. Maurice Tourneux (3). L'auteur, cependant, a cru utile de le revendiquer et de le signer. Il est dû à un sieur G.-H. Du-

---

(1) Fernand Drujon, *Catalogue des ouvrages, écrits et dessins de toute nature poursuivis, supprimés ou condamnés...*, p. xx.
(2) L. de la Sicotière, *Bio-bibliographie de Marie-Antoinette*, dans M. de Lescure, *La vraie Marie-Antoinette...*, p. 212, n° 101.
(3) M. Tourneux, *Bibliographie de l'histoire de Paris pendant la Révolution française...*, t. IV, p. xvi.

lac, qui en a formellement réclamé la paternité (1). Aveu assez rare à trouver parmi les libellistes pour être signalé ici. — Ce libelle a été réimprimé par Jean Hervez, *Les Galanteries à la cour de Louis XVI...*, pp. 187 et suiv.

40

Désespoir de Marie-Antoinette de se voir, elle et son mari, enfermé au cachot dans la tour du Temple, demandant à faire divorce avec son mari et à s'en retourner en Allemagne; et les reproches du petit Veto à sa mère; s. l. [Paris], de l'imprimerie de Feret, rue du Marché-Palu, vis-à-vis celui Notre-Dame; s. d. [1792], in-8°, 8 pp.

C'est là un des nombreux pamphlets suscités par la captivité de la famille royale au Temple, au lendemain du 10 août. Dans celui-ci, signé Girardot, on voit Louis XVI avouer ses erreurs et ses crimes, et gémir à l' « infâme Autrichienne » : « Vous n'êtes point mon Antoinette; je ne puis vous recon-« naître pour ma femme ». Répudiation bientôt suivie d'une plus véhémente algarade : « Monstre ! je t'ai aimé, je te déteste; « je t'ai chéri, je t'abhore : je t'ai tout sacrifié, prends garde « que je ne t'écrase, que je ne t'étouffe, que je ne te déchire « moi-même, et que je ne jette au peuple irrité ton corps, mor-« ceau par morceau, infâme Autrichienne, opprobre de ton « sexe, la honte de la nature, fuis de ma présence, je serois « encore plus criminel si je la souffrois d'avantage *(sic)* ». Ce à quoi, calmement, la reine se contente d'exposer son mépris pour la France et sa haine pour le peuple français. Le citoyen Girardot l'a fait en des termes qui permettent de douter de l'exactitude de ces déraisonnables propos.

41

Description de la ménagerie royale d'animaux vivants établie aux Thuileries, près de la terrasse nationale, avec leurs noms, qualités, couleurs et propriétés; s. l. [Paris], de l'imprimerie des Patriotes; s. d. [1792], in-8°, 8 pp.

(1) H.-G. Dulac, *Aux représentants du peuple composant le comité de sûreté générale;* s. l., [Paris], imprimerie Renaudière; s. d. [1794], in-4°, 8 pp.

Signé : *F. Dantalle*. — C'est la première version du pamphlet qui sera décrit plus loins, n° 123, *Vente nationale de la ménagerie royale*. Mais, tandis que dans ce dernier il est rendu hommage à la beauté de la reine, elle est représentée ici comme étant d'une « grande taille, laide, ridée, usée, « fanée, hideuse, affreuse ». Ce texte a été réimprimé par Jean Hervez, *Les Galanteries à la cour de Louis XVI...*, pp. 179 et suiv.

42

La destruction de l'aristocratisme, drame en cinq actes en prose, destiné à être représenté sur le théâtre de la Liberté, à Chantilly, imprimé par ordre et sous la direction des princes fugitifs ; 1789, in-8°, 128 pp.

Attribué à Gabriel Brizard. En tête du premier acte, seul intéressant comme pamphlet contre Marie-Antoinette, que j'ai réimprimé (1), on trouvera une notice détaillée sur cette brochure. Elle a été remise en circulation sous un autre titre l'année suivante. Je mentionne cette édition ci-après. Comme dans le *Bord.. R....*, l'auteur s'excuse d'avoir fait parler des personnages, sans leur avoir fait ménager les expressions. « La familiarité avec laquelle on s'exprime ici devant la reine, « dit-il, ne paraîtra invraisemblable qu'aux gens dénués de « raison. Confondue avec des scélérats, adoptant leurs vues « criminelles, les ayant même fait naître, il n'en faut pas « davantage pour faire évanouir le rang et la majesté. »

43

Les imitateurs de Charles neuf ou les conspirateurs foudroyés, drame en cinq actes en prose, orné de cinq gravures, par le rédacteur des *Vêpres siciliennes* et du *Massacre de la Saint-Barthelemi* ; à Paris, de l'imprimerie du clergé et de la noblesse de France, dans une des caves ignorées des Grands-Augustins ; 1790, in-8°, 128 pp.

---

(1) Hector Fleischmann, *Madame de Polignac et la cour galante de Marie-Antoinette...*, pp. 101 et suiv. — Le même volume contient la reproduction d'une curieuse planche de ce libelle, représentant la reine et Mme de Polignac enlacées.

Épigraphe :
Eh! quoi, deux jours plus tard, tous ces forfaits divers;
Nous préparoient la mort ou nous chargeoient de fers.

44

Dialogue de la tigresse Antoinette avec la guillotine le jour de son exécution ; s. l. [Paris], s. d. [1793], in-12°, 4 pp.

Chanson par Tenand (?). — M. Tourneux, *Bibliographie de l'histoire de Paris pendant la Révolution française...*, t. I, p. 376, n° 4165.

45

Dissertation extraite d'un plus grand ouvrage ou avis important à la branche espagnole sur ses droits à la couronne de France à défaut d'héritiers, et qui peut être mesme très utile à toute la famille de Bourbon, surtout au roi Louis Seize ; à Paris, MDCCLXXIV.

Signé : G. A. [Guillaume Angelucci]. C'est le titre du pamphlet, objet de la mission de Beaumarchais contée plus haut. Son titre est inexactement donné par M. Henri d'Alméras, *Les amoureux de la reine Marie-Antoinette* ; Paris, s. d. [1907], in-8°, p. 395.

46

Essais historiques sur la vie de Marie-Antoinette d'Autriche, reine de France, pour servir à l'histoire de cette princesse ; à Londres, 1789, in-12, 58 pp.

L'exemplaire ici cité est celui de ma bibliothèque. Sur ce pamphlet je renvoie le lecteur au chapitre qui lui est consacré, et pour les descriptions bibliographiques aux articles de M. Tourneux, dans la *Bibliographie de l'histoire de Paris...*, t. IV, pp. 87 et suiv.

47

Étrennes aux fouteurs démocrates, aristocrates, impartiaux, ou calendrier des trois sexes ; almanach lyrique orné de figures analogues au sujet ; à Sodome et à Cythère, et se trouvent plus souvent qu'ailleurs dans la poche de ceux qui le condamnent ; 1790, in-12, 44 pp.; 9 figures obscènes.

Je fais figurer ici cet ouvrage en raison de la note dont Gay a fait précéder la réimpression qu'il en a donnée à Bâle (1). « On sait, dit-il, que les *Étrennes* aux fouteurs parurent pour « la première fois en 1790, puis en 1792, enfin en 1793. Ce « livre, très érotique, est, au fond, un violent pamphlet dirigé « contre la reine Marie-Antoinette et autres personnes de « l'époque. » Je crains fort que Gay ne se soit abusé sur le véritable sens de ce recueil obscène. Je n'y trouve qu'une allusion à Marie-Antoinette, dans la préface rimée qui l'ouvre :

Depuis qu'une Autrichienne en rû
A tout venant montre le cu...

Ce qui suit n'est que paillardise tournée en couplets où, avec la meilleure volonté du monde, il n'est pas possible de discerner une attaque à la reine.

48

Étrennes de la déesse Hébé à la Messaline royale.

Voyez le n° 62, article *Le godmiché royal*.

49

Les fantoccini français ou les grands comédiens de Marly, intermède héroï-histori-tragi-comique ; dédié au vénérable reverbère, n° 5 ; s. l. [Paris], s. d. [1789], in-8°, 16 pp.

C'est un pamphlet en forme de dialogue, où Marie-Antoinette joue le rôle de « prima amorosa », en compagnie de l'abbé Maury, « il signor Pantaloné », et du père Duchesne, souffleur. Mme de Polignac intervient dans la comédie pour tenir de violents propos contre-révolutionnaires, ce qui lui vaut, de la part de l'abbé Maury ce cri d'admiration : « Cette coquine s'énonce assez bien pour une put... » Pamphlet exclusivement politique.

---

(1) *Étrennes aux fouteurs ou calendrier des trois sexes ;* à Sodome et à Cythère et se trouvent, plus qu'ailleurs, dans la poche de ceux qui le condamnent ; s. l., s. d., in-8°, 95 pp.

50

Fureurs utérines de Marie-Antoinette, femme de Louis XVI ; au Manège et dans tous les bordels de Paris ; 1791, in-8°, 58

Épigraphe : *La mère en proscrira la lecture à sa fille.* — Ce poème, — car le libelle est en vers, — outrageusement obscène, est suivi, sans que rien ne l'explique, de *Le Triomphe de la fouterie ou les apparences sauvées,* en deux actes et en vers, 1791, dont le sujet, purement obscène, sans aucune allusion à la reine ou aux événements politiques, n'a nul rapport avec les *Fureurs utérines.* L'édition de 1791, ci-dessus citée, n'est pas la première. Au catalogue de la bibliothèque Bégis j'en trouve deux, toutes deux de 1790, la première, in-24, 72 pp. ; la second, in-24, 18 pp. (1). *Le Triomphe de la fouterie* a été réimprimé dans le *Nouveau théâtre Gaillard ;* Concarneau [Bruxelles] ; 1866, in-8°, tome I, pp. 129 et suiv., et a été tiré à part à 100 exemplaires. *Les Fureurs utérines* figurent dans l'édition de 1867 du *Nouveau théâtre gaillard,* tome II, pp. 125-158 (2). Condamné à la destruction par arrêt du tribunal de Lille du 6 mai 1868 (3).

51

La Garce en pleurs, seconde édition revue et corrigée ; au bordel et se trouve au magasin dans les petits appartements de la reine ; l'an de la fouterie 5790 [1790], in-8°, 12 pp.

L'épigraphe se compose de deux vers obscènes. Le frontispice, obscène également, est colorié et porté en légende : « Bougre, je vengerai l'injure de mon cul. » C'est un pamphlet extrêmemen libre, dirigé contre la reine, qui n'y est, toutefois, point nommée. Il est extrêmement rare. A ce propos, la *Bibliographie des ouvrages relatifs à l'amour* observe qu'on ne connaît que deux exemplaires de ce poème : « l'un qui est « à la Bibliothèque nationale, est incomplet du titre et l'autre « figure au *Répertoire* de la librairie Morgand, en 1882, au

---

(1) *Catalogue de la bibliothèque de Alf. Bégis...;* 2ᵉ partie, p. 53, nᵒˢ 295 et 296.

(2) *Bibliographie des ouvrages relatifs à l'amour...;* t. II, col. 362.

(3) Fernand Drujon, *Catalogue des ouvrages, écrits et dessins de toute nature poursuivis, supprimés ou condamnés...,* p. 381.

LA
GARCE
EN PLEURS

En... r est d'un Dieu,
Se br... r est d'un homme.

Seconde edition revue et corrigée.

✳✳✳✳✳
✳✳✳✳

AU BORDEL,
Et se trouve au Magasin dans les petits appartemens de la Reine.

L'an de la fouterie 5790.

« prix de 1,200 francs (1) ». J'en connais, tout au moins, pour ma part, un troisième exemplaire : celui que je décris ici. C'est un poème d'une obscénité outrageante, plat et sale. Il a eu une suite, du moins quant au titre. Je décris ce complément ci-après.

52

Les Derniers soupirs de la garce en pleurs, adressés à la ci-devant noblesse, et dédiés à la triste, sèche et délaissée Désullan, libraire au Palais-Royal, en qualité de garce au premier chef; à Branlinos et se trouve chez toutes les putains du Palais-Royal, la demoiselle Désullan, le rédacteur de ses idées, dans tous les bordels comme il faut et particulièrement chez les religieuses de l'Ave Maria ; l'an de la bienheureuse fouterie 5790 [1790], in-8°, 15 pp.

Même épigraphe que la *Garce en pleurs*. Le frontispice est imité de ce dernier, mais tiré en noir. Le texte se compose d'une *Épître anodine à la délaissée Désullans par sa chère sœur* (2) *la garce en pleurs*, pp. 3, 5 ; *Mes Derniers soupirs*, pp. 3, 11 ; *Réponse de Philippe Capet au nom de la ci-devant noblesse, aux derniers soupirs de la garce en pleurs*, pp. 11, 15. A propos de cette dernière partie, l'auteur observe : « On reconnaîtra par le style de cette réponse que
« Philippe Capet n'a pas oublié les expressions qui lui étaient
« si familières du temps qu'il fréquentait les taudions avec
« Lamballe, d'Artois et autres. » Le tout paraît être dirigé contre une libraire du Palais-Royal, la dame Désullan, coupable, à en croire le pamphlet, d'avoir fait rédiger un libelle
« par un de ses maquereaux à gages, qu'elle paye avec le con-
« trat de 1,200 livres qui lui reste, les plus atroces calomnies
« contre Mme Gattey, Mme Petit, Mme Cussac, etc..., dont les
« conduites sont irréprochables. » Ces « atroces calomnies » se trouvent dans une petite brochure scandaleuse : *Les Confédérés vérolés*, où les dames Cussac et Gattey sont déshonorées par les petits articles que voici :

« Cussac, libraire. Son mari est un grand c.....n, de Cussac,
« en Auvergne, qui est venu à Paris sans savoir quel état il

(1) *Bibliographie des ouvrages relatifs à l'amour...*, t. II, col. 389.
(2) « C'est ainsi que se nomment entre elles toutes ces garces. » Note du pamphlet, p. 4.

« prendrait ; un de ses cousins le plaça chez le libraire Méri-
« got, qui lui apprit un peu de librairie. Après quelque temps
« de domesticité il rencontra une demoiselle fort laide, dont il
« fit sa femme. Elle trouva dans les amants qu'elle avait eus,
« quoique fort laide et fort bête, mais bonne f......e, des hommes
« qui lui prêtèrent des fonds avec lesquels il s'établit rue du
« Colombier, faubourg Saint-Germain, puis de là au Palais-
« Royal. Cette femme a le loisir de se faire b....r à son aise par
« les jeunes écrivailleurs qui viennent piquer sa table. Ces
« avortons du Parnasse ont eu des suppléants, dans la per-
« sonne de gros lourdauts d'Auvergnats, députés de la Limoge.
« Le plus grand d'entr'eux, celui qui portait des épaulettes sur
« un habit de toile, s'est vengé d'elle pour quelques picote-
« ments à la v...e, en lui donnant le fouet en présence de son
« mari, qui n'a pas osé se fâcher, dans la crainte, sans doute,
« d'être victime de la juste colère de ce brave défenseur de la
« patrie ».

« GATTÉ, aussi libraire. Oh! pour celle-là, elle mérite bien
« d'être vérolée et dénoncée. C'est la f......e des aristocrates, des
« archevêque d'Aix, des abbé Mauri, des Riquetti Cadet, des
« Cazalis, et d'une partie des noirs de l'Assemblée nationale,
« qui la f.....t en c.l, en c.n, en tétons. Ils partagent cet hon-
« neur avec MM. leurs valets qu'elle paie, afin de se dédomma-
« ger avec eux des dégoûts que lui causent les caresses de leurs
« maîtres. Plusieurs députés du régiment de Royal-Allemand
« ont remporté d'elle, pour récompense de s'être parjurés à
« l'hôtel de la Patrie, la vérole la plus complète qui se soit
« jamais donnée (1). »

La dame Désullan est-elle véritablement l'auteur de ces audacieuses affirmations ? Je n'ai pas à l'éclaircir ici. C'est de
biais, et par Marie-Antoinette, que j'ai dû me faire l'écho de
cette querelle privée.

53

*La grande colère d'Antoinette contre le citoyen Égalité
de ce qu'il a voté pour la mort de Louis Capet, son cou-*

(1) *Les Confédérés vérolés et plaintes de leurs femmes aux
putains de Paris ; réponse de Mlle Sophie, présidente des bordels ;
liste des bourgeoises qui ont gâtés les députés provinciaux* ; à Paris,
chez Mlle Gauthier, maîtresse maquerelle au coin de la rue de Rohan,
avec approbation de Mitouflet, procureur-syndic de la commune de
Paris ; Neuchâtel, septembre 1873, in-18, pp. 16, 17.

sin germain ; s. 1. [Paris], de l'imprimerie de P. Provost; s. d. [1793], in-8°, 8 pp.

D'après l'exemplaire du British Museum, French Revolution, n° 263, 10. — « Dialogue plein d'invectives grossières « échangées entre la reine et le duc d'Orléans. » M. Tourneux, *Bibliographie de l'histoire de Paris pendant la Révolution française...*, tome IV, p. 110, n° 21,204ª.

54

Grand complot découvert de mettre Paris à feu et à sang à l'époque du 10 août jusqu'au 15 ; de faire assassiner les patriotes par des femmes et par des calotins déguisés en femmes ; Marie-Antoinette (d'Autriche), d'infernale mémoire, sur la scélette (sic); *interrogatoire de cette scélérate, comme complice avec les traîtres qui ont livré Condé, Mayence et Valenciennes, avec les rebelles de la Vendée, avec le sélérat* (sic) *Pitt, ministre anglois, qui vouloient offamer Paris, et assassiner les braves Sans-culottes* ; s. l. [Paris], de l'imprimerie de l'*Ami des Sans-Culottes* [Le Bois), rues Mouffetard, n° 386, et Neuve Saint-Médard, n° 592 ; s. d. [1792], in-8°, 8 pp.

Signé : *Le Bois, l'ami des Sans-Culottes et l'ennemi des Jean-foutre*. — « Pour sauver la République, déclare Le Bois, il faut que la guillotine soit permanente ». Il convient, en outre, que « l'infâme, la scélérate, la sanguinaire Médicis-Antoinette » aille expier ses forfaits, « et une foule d'autres crimes que l'étendue de cette feuille ne me permet pas de transcrire », dans la lunette « de l'aimable guillotine ».

55

Grand débat dans les cachots de la Tour du Temple, entre un Marseillois, un Lillois et un habitant de Longwy, en présence de Louis l'Esclave, sa coquine et son fils, accompagné d'Élisabeth, sœur du Veto, devant Charles Libre, et véritable Lillois, patriote à petites moustaches ; s. d. [Paris], de l'imprimerie de Feret, rue du Marché-Palu, vis-à-vis celle Notre Dame ; s. d. [1792], in-8°, 8 pp.

Les divers personnages énumérés dans ce titre se sont introduits dans la chambre de Louis XVI, au Temple, et en usent pour traiter devant lui, sans aucune retenue, de sa personne et de celle de la reine. Indignée de cette familiarité, Marie-Antoinette rappelle le Marseillais au respect :

MADAME VETO

« Vous êtes un insolent, Monsieur de Marseille, de parler de la sorte à votre maître ! »

LE MARSEILLOIS

« A mon maître ? Prends-tu un provençal comme moi pour une araignée de carosse ; garce, on est toujours insolent avec toi lorsque l'on te dis des vérités. »

MADAME ÉLISABETH

« Marseillois, comme vous traitez ma sœur ! »

LE MARSEILLOIS

« Grosse toupie, voilà un Lillois qui sera sûrement plus honnête ; interrogés-le ! »

LA DAME VETO

« Que venez-vous faire ici, Monsieur le Lillois ? »

LE LILLOIS

« J'y viens pour avoir le plaisir de foutre un coup de poingt *(sic)* patriotique sur le groüin de ce cocu qui vient d'être cause que mon fils est tué et ma maison réduite en cendre. »

MADAME VETO

« Quoi ! vous n'auriez aucun respect pour le nez des bourbons ? »

LE LILLOIS

« Depuis des siècles, ces nez-là sont si long *(sic)* que je me ferois un devoir de les raccourcir. »

Cet énergique dialogue se termine par cinq couplets sur l'air : *Du serein* (sic) *qui te fait envie*, et le tout est signé : *Boussemart, patriote à petites moustaches*.

56

Grande dispute entre Marie-Antoinette et ses fournisseurs, traiteurs, tailleurs, marchands de modes, etc., etc., etc., se voyant forcée à les payer et la nation ne voulant plus lui fournir des fonds; s. l. [Paris], de l'imprimerie de Feret, rue du Marché-Palu, vis-à-vis celle Notre-Dame ; s. d. [1792], in-8°, 8 pp.

Signé : *Prévost*. — Petit dialogue grossier et comique que j'ai réimprimé textuellement dans mon volume *Le musée secret de l'histoire : Les prisons de la Révolution, d'après les mémoires du temps et les lettres des guillotinés;* Paris, 1908, in-18, pp. 164-173.

57

Grande fête donnée par les m*** de Paris à toutes les p..., le jour de l'arrivée du Roi, de la Reine et de leur famille, en réjouissance du retour de leurs père et mère, suivie d'une souscription des m*** pour subvenir aux frais de cette fête patriotique; le soir illumination générale et bal gratuit dans tous les b...; Paris, 1791, in-12, 36 pp.

Cité dans le *Catalogue de la bibliothèque de M. Alf. Bégis...;* 2ᵉ partie, p. 45, nᵒ 246.

58

Grandes fureurs de la ci-devant reine de France renfermée dans la Tour du Temple; sa colère de ce qu'on a la hardiesse de lui faire son procès; son invitation à toutes les puissances et couronnes de la venir délivrer de sa prison et de la soustraire à la guillotine; ses remords et le pardon qu'elle demande à la République française pour tout le mal qu'elle a fait; s. l. [Paris], de l'imprimerie de Feret, rue du Marché-Palu, vis-à-vis celle Notre-Dame ; s. d. [1792], in-8º, 8 pp.

Signé : *Girardot*. — Petit écrit rédigé en forme de confession de Marie-Antoinette et qui se termine sur cette supplique :
« Pardon, nation généreuse, pardon ! Je suis indigne de votre
« pitié, mais cependant voudriez-vous porter sur l'échafaud la
« tête d'une femme, autrefois votre reine, mais qui maintenant
« ne vaut pas la plus pauvre des femmes de la République ?
« Pardon, Français, pardon, je suis coupable de tout le mal
« que vous avez éprouvé. Il est peut-être trop tard pour obte-
« nir votre indulgence ; mais, hélas ! ne puis-je espérer que
« vous voudrez bien m'épargner ? Le sang de l'innocence
« demande vengeance, je le sais, mais laissez-moi la vie, lais-
« sez égaler vos douleurs par mes remords, et souffrez que je
« vive pour vous témoigner mon repentir. »

59

La grande maladie de Marie-Antoinette, sa rage et son désespoir à l'idée de la terrible guillotine : s. l. [Paris]; s. d. [1793], in-8°, 8 pp.

M. M. Tourneux, *Bibliographie de l'histoire de Paris pendant la Révolution française...*, t. I, p. 375, n° 4154.

60

Grande motion des citoyennes de divers marchés; nouveau genre de supplice à mort destiné à la ci-devant Reine, pour punition des noirceurs, crimes et forfaits qu'elle a commis envers la nation; s. l. [Paris], de l'imprimerie des citoyennes du marché Saint-Jean; s. d. [1792], in-8°, 8 pp.

Dialogue en style poissard où la reine recueille la fleur des injures des halles. « La sacré mon...stre ! s'écrie une de ces « dames du carreau, la sacré monstre ! Non contente de faire « cocu son mari, c't'autre jeanfoutre, v'là qu'elle s'amusoit à « faire des enfans à la Polignac ! eh ! ha ! fi ! si elle avoit évu « un singe, cette sacrée Marsailline auroit pondu un magot. »

61

Les grands reproches des enfans ci-devant royaux.

Voyez le n° 109 ; article : *Reproches des enfans ci-devant royaux.*

62

Le Godmiché royal; s. l., 1787, in-8°, 16 pp.

Je donne en fac-simile l'*Avis de l'éditeur*. C'est un pamphlet en vers, dont la première partie est en forme de dialogue obscène entre Junon et Hébé. Elle est suivie d'une autre pièce rimée, fort injurieuse pour la reine, intitulée : *Le mea culpa R...* Réimprimées récemment (1), elles ont toutes deux fait l'objet d'une brochure de Gay, tirée à 100 exemplaires : *Le Godmiché royal, suivi du Mea culpa et de deux autres pièces révolutionnaires : la Garce en pleurs et les Derniers*

---

(1) Jean Hervez, *Les Galanteries à la cour de Louis XVI...*, pp. 247 et suiv.

LE
GODMICHÉ
ROYAL,

1789.

AVIS DE L'ÉDITEUR.

Fatigué des patrouilles & des factions que j'avois faites, & me trouvant, à trois heures du matin, sur la terrasse des tuilleries, ne voyant & n'entendant personne, la frayeur s'empara de moi, & je me cachai aussi bien que je pus dans ma guérite. Le sommeil vint me tranquilliser; mais ce ne fut pas pour long-temps. J'entendis une voix qui me dit bien distinctement: Pourquoi portes-tu un habit que ton courage ne te permet pas d'avoir, au lieu de rester dans ta boutique à faire vivre ta femme & tes enfans? prends ce manuscrit: vas l'imprimer, & le distribue dans toutes les villes, & pense que si, sous vingt-quatre heures, le public n'est point instruit des faits contenus dans ce cahier, et que tu aies encore l'uniforme sur le corps, tu seras pendu: la peur qui m'avoit endormi me fit tomber le nez contre terre; j'appellai au secours, personne ne vint; comme il pleuvoit à verse, je me relevai pour me mettre à l'abri. Quelle fut ma surprise de trouver le manuscrit, que je m'empresse de vous faire passer, de crainte d'être pendu ! je vous engage, mes chers citoyens, à quitter vos uniformes, si vous n'avez pas plus de courage que moi : si vous contestez la validité de ce manuscrit je ne pourrai pas vous en donner les preuves ; vous savez comme il m'a été remis, je m'en lave les mains.

AMEN.

Les trois pages ci-dessus reproduites sont un fac-similé d'une édition originale de ce très rare pamphlet contre Marie-Antoinette.

soupirs de la Garce en pleurs; toutes les trois en vers, dirigées contre la Reine, publiées en 1790 et devenues très rares; réimpression textuelle; Neuchâtel, octobre 1873, petit in-12. — Voyez le numéro suivant.

63

Étrennes de la déesse Hébé à la Messaline royale pour l'année 1791; pour l'année de la contre-révolution 1791; se trouve aux Tuileries et chez le portier du général bleu (1); de l'imprimerie nationale; in-32, 20 pp. — Frontispice obscène finement exécuté.

Le volume porte en épigraphe :

Tant que le général La Fayette,
Pour le malheur du genre humain,
F.... la royale putain,
Nous serons tous dans la disette.

Le texte est le même que celui du *Godmiché royal,* mais ici Junon devient la reine. A la fin, une scène obscène, en prose, a été ajoutée. Se livrant à des privautés sur Marie-Antoinette, le général Lafayette lui demande : « Sentez-vous, madame, le plaisir divin de la volupté nationale ? » Ce à quoi, avec quelques verts propos, la reine riposte : « Ah ! je me pâme ! quelles « délices !... Que les dieux, que les déesses me parlent en vers, « j'aime mieux votre prose. Les poètes n'ont que des paroles, « et vous f... comme un Hercule ; vous êtes un f... comme en « politique un grand homme, un héros de la nation française. » Ce n'était évidemment point sur ce terrain-là que Paris, en 1791, plaçait la popularité de La Fayette. Sur les accusations des pamphlets sur ce chapitre, voyez la présente bibliographie, nos 32 et 114.

64

Histoire d'un pou françois ou l'espion d'une nouvelle espèce tant en France qu'en Angleterre, contenant les portraits des personnages intéressans dans ces deux royaumes, etc., etc.; à Paris, MDDCCLXXI, in-8°, 112 pp.

M. Maurice Tourneux (2) a rangé ce libelle dans les pam-

(1) Sobriquet populaire de La Fayette.
(2) Maurice Tourneux, *Bibliographie de l'histoire de Paris pendant la Révolution française...,* tome IV, p. 87, n° 21048.

phlets contre Marie-Antoinette sur la foi de cette note de la Correspondance secrète, dite de Saint-Pétersbourg : « *4 no-*
« *vembre 1780* : Il circule en France une douzaine d'exem-
« plaires d'un libelle atroce contre les personnes les plus res-
« pectables de la cour. Il est intitulé *Le Pou*. L'animal immonde
« se promène sur les cuisses les plus augustes, de là sur diffé-
« rentes parties du corps de nos plus illustres personnages :
« enfin, il se fourre dans un vieux carton où se trouve un
« manuscrit dont il rend compte et qui contient les détails les
« plus infâmes et les plus extravagants sur toute la cour. La
« calomnie, dont ce vil insecte est l'organe, a principalement
« la Reine en vue. Les anecdotes que cette infâme brochure
« renferme sont fausses ou controuvées. Elle est l'objet des
« plus sévères perquisitions de la police, et l'on envoie un
« émissaire en Hollande pour s'emparer de l'auteur et de l'édi-
« tion (1). » J'imagine que le rédacteur de cette correspondance
secrète a mal lu le libelle en question, car il est impossible d'y
trouver les « atroces calomnies » dont il s'indigne contre
Marie-Antoinette. Un seul chapitre est consacré à la reine
(chap. III, pp. 12, 13, 14), et je le reproduis ici pour faire juger
du droit que possède l'*Histoire d'un pou françois* pour être
classé dans l'enfer des écrits contre la reine. Ce morceau, au
reste, fera juger de la brochure, particulièrement dirigée contre
Beaumarchais et la chevalière d'Éon.

Le pou s'est logé chez une « petite élégante » qui l'emmène
à la cour, à une présentation de Marie-Antoinette. Que le pou
parle : « Si ce jour ne fut pas le plus heureux de ma vie, il en
« fut au moins le plus brillant, comme vous allez voir. Mon
« hôtesse étant dans l'appartement de la Reine, et en la pré-
« sence de cette auguste majesté, je voulus contempler une
« princesse dont j'avois tant entendu dire de bien par-tout où
« je m'étois trouvé, et qui avoit le cœur de tous ses sujets ; je
« me plaçai donc sur le bord du falbalas et j'étois en extase
« des charmes de la divinité de la France, lorsqu'un mouve-
« ment que fit mon hôtesse, et auquel je ne m'attendois pas,
« me fit tomber aux pieds de la Reine ; heureusement que l'on
« ne fit point attention à ma personne ; mais, malgré l'indiffé-
« rence que l'on me témoignoit, je craignois toujours quelque
« pied indiscret, qui eut été très funeste pour moi. Par un plus
« grand bonheur, Sa Majesté, bienfaisante à tous ses sujets, le

(1) M. de Lescure, *Correspondance secrète inédite sur Louis XVI, Marie-Antoinette, la cour et la ville, de 1777 à 1792*, publiée d'après les manuscrits de la bibliothèque impériale de Saint-Pétersbourg, avec une préface et des notes ; Paris, 1866, in-8°, t. I, p. 331.

fut aussi pour moi. Elle laissa tomber, comme par mégarde, un mouchoir blanc. Malgré la promtitude *(sic)* avec laquelle on se précipita pour le ramasser, j'eus l'adresse de m'y attacher, et je fus ainsi remis très respectueusement entre les mains de S. M., qui me reçut avec l'accueil le plus gracieux et en remerciant affablement celui qui me présentoit.

« Jugez de l'orgueil qui devoit m'enflâmer dans ce moment ; mais ce n'étoit point encore là le faîte de ma gloire. Mon auguste maîtresse porta le mouchoir, où j'étais, à son visage ; je crus alors qu'il étoit tems d'en sortir, et je me laissai tomber sur un sein d'une blancheur éblouissante, et doux comme un satin. Que je me trouvois bien placé ! Je voyois des deux côtés, des boucles flottantes de cheveux dont la couleur m'enchantoit, et où j'espérois bientôt pouvoir me réfugier ; je voyois des princes, des ministres, et les premiers seigneurs du Royaume s'approcher avec vénération de Nous, n'oser Nous regarder en face, ni s'asseoir devant Nous. Je vis l'auguste époux de la princesse s'approcher seul de l'air le plus tendre et la prendre par la main pour lui parler en particulier. Je pus facilement alors contempler ses traits radieux et sa noble personne ; j'étois si enivré de mon élévation que, quoique je n'eusse rien pris depuis plus de vingt-quatre heures, je ne pensois point à chercher aucune nourriture.

« La Reine, après ce court entretien dont j'avais été témoin, reparut dans le cercle de ses courtisans plus belle que jamais, et tout le monde s'empressoit à Nous admirer, lorsqu'un Prince du sang, fixant avec plus d'attention que les autres les yeux sur le trône où j'étois triomphant, m'apperçut et me distingua. Il alla sur le champ le dire à l'oreille de la Princesse son épouse, qui, s'approchant de sa sœur, se mit à rire en me regardant, et nous prenant à l'écart pendant que je l'admirois, elle eut la cruauté de vouloir me chasser du poste où j'étois, avec le bout de son gant ; je fis tous mes efforts pour résister, mais il me fallut céder à la force, et je tombai sur le bord d'une glace de la croisée qui étoit ouverte ; je vis qu'ainsi expulsé on me cherchoit encore, je ne sais à quelles intentions ; mais, par précaution, je me cachai le mieux que je pus, et l'on ne me trouva point.

« J'ai su depuis que ma présentation à la Cour et l'honneur que j'ai eu de m'asseoir sur un trône aussi agréable que celui où je m'étois placé, avoient fait du bruit tant à Versailles qu'à Paris, même dans les pays étrangers, et que mon auguste maîtresse avoit rougi lorsque je fus congédié. Je lui demande bien humblement pardon de la témérité que j'ai

« prise et je puis l'assurer que j'ai expressément défendu, sous
« peine de la vie, à tous mes frères et concitoyens, de jamais
« approcher de sa personne sacrée, trop jaloux d'être le seul
« qui ait joui d'un avantage aussi glorieux. Mais, plus ma
« vanité a été flattée de mon triomphe, plus aussi elle a été
« rabaissée par la position qui a suivi mon élévation. » Ce
texte ingénu et bénin est dû, s'il en faut croire Barbier, à un
sieur Delauney (1). Il parut avoir plu, car de sa drôlerie on
connaît, au moins, une autre édition. Voyez le numéro suivant.

65

Histoire d'un pou français, ou l'espion d'une nouvelle espèce, tant en France qu'en Angleterre, contenant les portraits des personnages intéressants dans ces deux royaumes, et donnant la clef des principaux événements de l'an 1779 et de ceux qui doivent arriver en 1780; Paris, de l'imprimerie royale; 1781, in-8°, 115 pp.

Cité par Barbier, *Dictionnaire des anonymes...*, tome II, col. 659, et M. Tourneux, *Bibliographie de l'histoire de Paris pendant la Révolution française...*, tome IV, p. 87, n° 21048.

66

Les imitateurs de Charles neuf.

Voyez le n° 42, article : *La Destruction de l'aristocratisme.*

67

J'attends la tête de l'infâme Marie-Antoinette sous mon tranchant, pour tous ses crimes de lèse-nation au premier chef; s. l. [Paris], de l'imprimerie de P. Provost; s. d. [1793], in-8°, 8 pp.

M. Tourneux, *Bibliographie de l'histoire de Paris pendant la Révolution française...*, tome I, p. 377, n° 4155.

68

La Journée amoureuse ou les derniers plaisirs de

---

(1) Ant.-Alex. Barbier, *Dictionnaire des ouvrages anonymes;* troisième édition ; Paris, 1882, in-8°, tome II, col. 659.

THEVENEAU DE MORANDE
EST REÇU DANS L'ORDRE DES MOUCHES
PAR L'INSPECTEUR RECEVEUR

(Frontispice satirique du *Diable dans un Bénitier*)

M... Ant..., comédie en trois actes, en prose, représentée pour la première fois au Temple, chez Louis Capet ; l'an premier de la République, in-18, 69 pp.

Épigraphe : *Dans l'Olimpe, aux enfers, je veux f....e partout.* — Le pamphlet se termine par cette note : « Pour « prouver l'authenticité des faits que je viens d'exposer au « public, je prie le lecteur de jeter un coup d'œil sur la *Vie « privée, libertine et scandaleuse de Marie-Antoinette,* 3 vol. « in-18, avec 32 figures ; ouvrage recherché, très véridique, et « dont les principales anecdotes qu'il renferme ne sont con- « nues que de très peu de personnes, notamment le troisième « volume qui vient de paroître. » Cette édition renferme quatre figures, dont trois obscènes. Son prix, dans les ventes, est fort élevé. L'exemplaire de la collection Ducoin a été adjugé 335 francs. « Cet ignoble et odieux pamphlet, dit la *Bibliographie des ouvrages relatifs à l'amour,* est devenu très rare, ainsi qu'on pouvait s'y attendre (1). » Et, comme on pouvait s'y attendre, il a été réimprimé plusieurs fois. Voyez ci-après deux de ces rééditions. Pour une troisième, plus moderne, voyez le n° 98, article *Porte-feuille d'un Talon rouge.*

69

La journée amoureuse ou les derniers plaisirs de Marie-Antoinette, comédie en trois actes, en prose, représentée pour la première fois au Temple, le 20 août 1792 ; imprimé au Temple et se vend à la Conciergerie ; l'an deuxième de la République ; in-18, 70 pp.

Cette édition, ayant la même épigraphe que la précédente, diffère d'elle par cinq nouvelles pages de texte ajoutées à la fin, et qui ne sont que des variations libres sur de scabreux sujets par Marie-Antoinette et la princesse de Lamballe. Elle n'a que deux figures, toutes deux obscènes, différentes de l'édition de 1792. La seconde de ces figures a servi quelquefois pour des réimpressions modernes du *Rideau levé* de Mirabeau. Aux exemplaires de 1793 fait suite cette liste d'ouvrages « qui se « trouvent chez le même libraire, jolies éditions et jolies gra- « vures » :

Le Portier des chartreux ou le mémoire de Saturnin, 2 volumes in-18.

---

(1) *Bibliographie des ouvrages relatifs à l'amour...,* t. II, col. 735.

L'Académie des Dames ou le Mursius français, 2 volumes in-18.

La vie privée, libertine et scandaleuse de Marie-Antoinette d'Autriche, 3 volumes in-18.

Les Putains cloîtrées, parodie des *Visitandines*, opéra.

La Bougie de Noël ou la Messe de minuit, vaudeville en prose en deux actes, fig.

La vie de la reine d'Espagne, avec fig., in-18.

La belle Libertine, in-18, avec fig.

C'est à tort que Gay, dans sa réimpression de 1872, a cru que c'était là l'édition originale. Voyez le numéro suivant.

70

La Journée amoureuse ou les derniers plaisirs de Marie-Antoinette, pièce révolutionnaire, réimprimée textuellement d'après l'édition originale et rarissime de l'an II (1793) ; Neuchâtel, 1872, in-16.

Tiré à 100 exemplaires.

71

Jugement général de toutes les p...tains françaises et de la reine des g...ces, par un des envoyés du Père Éternel; s. l. [Paris], de l'imprimerie des Séraphins; s. d. [1793], in-8º, 16 pp.

72

Lettre de la reine à M. de Bouillé; à Paris, chez Piron, rue de la Calandre, nº 67 ; s. d. [1792), in-8º, 8 pp.

Dirigée surtout contre Bouillé, à propos de son rôle dans la fuite à Varennes.

73

Lettre de la Reine au ci-devant prince de Condé, contenant tout le détail du complot de la fuite du Roi, avec les noms de tous ceux qui trahissoient le peuple et qui ont trempé dans cette conspiration ; laquelle lettre a été surprise et découverte chez la dame de Rochechouart, confidente de la Reine; s. l. [Paris], s. d. [1792], in-8º, 8 pp.

C'est, dit l'éditeur, une « nouvelle preuve de la scélératesse de la Frédégonde, de la Médicis de notre siècle ». Mais le plus surprenant de cette brochure, hermétiquement anonyme, est l'éloge inattendu de Marat, l' « Oracle de la vérité », qui la termine, et qui peut, peut-être, faire soupçonner la main de l'Ami du Peuple dans sa fabrication.

74

Lettre de la reine envoyée au comte d'Artois avec la réponse du comte d'Artois à la Reine, trouvées sur la route de Compiègne, par un postillon, dans un petit porte-feuille, avec d'autres intrigues que je ferai paroitre; s. l. [Paris], de l'imprimerie de Valois; s. d. [1791], in-8°, 8 pp.

75

Lettre secrette et curieuse de Marie-Antoinette à Bouillé, trouvée nouvellement dans les boiseries de son appartement au château des Tuileries; s. l. [Paris], de l'imprimerie de Dieudonnez, rue de la Huchette; s. d. [1792], in-8°, 8 pp.

En lisant cette lettre, prétend son éditeur, « on connoîtra à fond les replis tortueux de cette misérable Autrichienne, à qui la fortune, toujours aveugle en ses dons, avoit procuré le premier trône de l'univers, pour consomer le malheur de la nation française qui avoit encore la faiblesse de la chérir ».

76

Lettre véritable du ci-devant comte d'Artois à Marie-Antoinette; interceptée par un patriote de Cambrai, et envoyée au citoyen Bernard avec les réflexions de ce dernier; s. l. [Paris], de l'imprimerie républicaine, rue du Marché-Palu, vis-à-vis celle Notre-Dame; s. d. [1792], in-8°, 8 pp.

« Français ! que dites-vous de cette impertinente lettre? » demande le patriote Bernard, en tête de ses réflexions. Qu'en dire, en effet? Sinon que son invention fait peu d'honneur à l'imagination du patriote Bernard. Il est difficile, à la vérité, de trouver plus plate élucubration.

77

Le Lever de l'Aurore; 1774.

Ce pamphlet est totalement inconnu. Il n'est point imaginaire, cependant, car le *Porte-Feuille d'un talon rouge* y fait allusion, le déclarant un « petit libelle, plat, obscur et « méprisable ». Par Mme Campan nous savons que c'est « une pièce de vers (1), et par un auteur moderne, qui la paraphrase, en n'en sachant pas davantage, une « abominable chanson (2) ». Sans être imprimée, elle courut, sans doute, manuscrite comme les nouvelles à la main, la cour et la ville. Il est certain qu'elle fut connue du roi et qu'elle l'irrita vivement. Il fit procéder à une enquête, laquelle aboutit, le 28 juillet 1774, à l'embastillement de l'abbé Mercier, soupçonné d'être l'auteur de la chanson (3). A ces détails se borne la bibliographie du *Lever de l'aurore,* dont le texte demeurera, vraisemblablement, à tout jamais inconnu.

78

Liste civile, suivie des noms et qualités de ceux qui la composent, et la punition due à leurs crimes; récompense honnête aux citoyens qui rapporteront des têtes connues de plusieurs qui sont émigrés, et la liste des affidés de la ci-devant reine; s. l. [Paris], de l'imprimerie de la Liberté, place du Carrouzel; s. d. [1792], in-8º, 24 pp.

Signé : *Sylvain.* — Pamphlet rédigé en forme de petit dictionnaire où cet article est consacré à la reine : « *Marie-* « *Antoinette d'Autriche,* reine de France. Mauvaise fille, mau- « vaise épouse, mauvaise mère, mauvaise reine, monstre en « tout, ne mérite aucun égard, et l'on peut dire que c'est elle « qui a tiré sur le peuple le 10 août; elle est au Temple; elle « seroit mieux trois minutes au Carrouzel. » Ce vœu a toute sa saveur pour qui sait qu'à cette date « l'aimable guillotine » opérait à la place du Carrousel. Le texte de la *Liste civile* est

---

(1) Mme Campan, *Mémoires sur la vie privée de Marie-Antoinette...,* t. I, p. 93.

(2) Jacques de la Faye, *Amitiés de reine ;* préface du marquis de Ségur, de l'Académie français, Paris, 1910, in-8º, p. 123.

(3) Hector Fleischmann, *Les pamphlets libertins contre Marie-Antoinette...,* p. 103.

suivi, dans cette édition, de la *Liste de toutes les personnes avec lesquelles la reine a eu des liaisons de débauches.*

79

N° II ; Liste civile et les Têtes à prix des personnes soldées par cette liste, dont la plupart étoient poursuivies par la cour martiale, et les autres prisonniers qui sont à Orléans, ainsi que ceux qui ont échappé à la vengeance du peuple, et qui se font enrôler pour les frontières ; avec l'abrégé de leurs crimes ; mort de la royauté ; à Paris, de l'imprimerie de la Liberté, place du Carrouzel ; 1792, in-8°, 52 pp.

80

N° III ; Liste civile des personnes soldées par cette liste dont la plupart étoient poursuivies par la Cour martiale, et les autres prisonniers qui sont à Orléans, ainsi que ceux qui ont échappé à la vengeance du Peuple, et qui se font enrôler pour les frontières ; avec l'abrégé de leurs crimes ; à Paris, de l'imprimerie de la Liberté, place du Carrouzel ; 1792, in-8°, 32 pp.

81

Louis XVI et Antoinette traités comme ils le méritent ; à Paris, de l'imprimerie des Amis de la Constitution ; s. d. [1792], in-8°, 16 pp.

Le traitement infligé à la reine est sommaire et se borne à quelques lignes imprécatoires. « Nous ne parlons pas ici, est-« il dit à Louis XVI, de ta femme, il y a long-tems qu'elle a « foulé aux pieds le masque de la vergogne, et qu'elle a pros-« titué son honneur et ses devoirs de mère et d'épouse d'un « roi aux plus vils déréglemens comme à la plus criminelle « ambition, à la plus meurtrière vanité. » — Voyez le numéro suivant.

82

Suite de Louis XVI et Antoinette traités comme ils le méritent ; s. l. [Paris], de l'imprimerie de Langlois fils, rue du Marché-Palu, au coin du Petit-Pont ; s. d. [1792], in-8°, 15 pp.

Exclusivement politique.

83

Marie-Antoinette dans l'embarras ou correspondance de La Fayette avec le roi, la reine, la Tour du Pin et Saint-Priest ; s. l. [**Paris**], s. d. [1790], 48 pp.

Recueil de lettres apocryphes, dont le morceau de résistance est une missive du roi, envoyant à La Fayette un prétendu dialogue de Marie-Antoinette, du comte de Provence et de sa maîtresse, Mme de Balbi. Dans ce dialogue on trouve la confession que voici de la reine : « A dix ans et demi,
« entraînée par une fureur utérine que je ne pouvois réprimer,
« et d'autant plus étonnante qu'elle est plus rare dans les cli-
« mats qui m'ont vu naître, je m'amusai successivement avec
« dix à douze comtesses lombardes, florentines et milanaises,
« qui me firent, à la vérité, éprouver les délicieux élans de la
« plus grande volupté, mais m'exténuèrent au point que je
« faillis en périr... Fatiguée des femmes et de la timidité des
« jeunes seigneurs allemands, qui trembloient comme la
« feuille d'être obligés de m'épouser si je devenois grosse, je
« reçus les vœux du voluptueux prince Louis, depuis cardinal
« de Rohan, et alors ambassadeur à Vienne, qui fut si fier de
« sa conquête, que l'imprudent, peu content de savoir que
« tout le monde en Autriche envioit son bonheur, eut la sot-
« tise, d'autres diroient la lâcheté, de l'écrire à Versailles, où
« Louis XV, trop avili avec la Dubarry, pour réfléchir sur mon
« compte, désira m'avoir pour bru, et me fit épouser son petit-
« fils, qui a cru sottement avoir eu mon pucelage. » Tous ces beaux propos sont précédés d'un frontispice obscène, assez bien exécuté, mettant en scène Marie-Antoinette, en situation très audacieuse, sous la légende : *Bravo ! Bravo ! La Reine se pénètre de la Patrie !* Cette légende, le libelle charge La Fayette de l'expliquer dans une lettre au roi : « On parla, dit-
« il, il y a quelques jours, à l'auguste compagne de votre
« majesté, d'une personne qui lui avoit dit de prendre la fuite,
« la nuit du 5 au 6 octobre ; elle se rappela aussi-tôt cet événe-
« ment, et marqua un désir extrême d'en voir l'auteur. On lui
« présenta, un matin, le grenadier en question. Ses femmes
« venoient de sortir après l'avoir habillée, et elle plaçoit elle-
« même sa jarretière au dessus du genouil. Je crois superflu
« de rappeler à sa majesté que la reine, depuis fort long-temps,

« est accoutumée à ne faire aucun cas de ces précautions dans
« lesquelles les femmes du peuple font consister la décence de
« leur sexe. Surprise et pénétrée à la fois du plaisir d'entendre
« une voix que son cœur reconnoissant n'avait jamais pu
« oublier, ne pensant point à ses jupons, et surtout à sa che-
« mise, relevés beaucoup plus haut que ses cuisses qui étoient
« également très écartées, elle lui tendit les bras. Le grena-
« dier, à son tour, transporté du bonheur d'être si bien reçu
« de sa souveraine, se précipita entre les genoux de la reine,
« qui, se penchant en arrière, l'approcha si fort d'elle qu'il
« sembloit qu'elle ne fît plus qu'un avec son libérateur, lequel,
« de son côté, pour lui témoigner son respect et sa sensibilité,
« la tint quelques minutes étroitement embrassée. Dans cet
« instant, quelques officiers patriotes surviennent, se mettent
« à rire indécemment et crient : *bravo !* C'est le mot, Sire, des
« révolutionnaires lorsqu'ils sont contents. Si votre auguste
« compagne eut éprouvé des feux criminels, elle se fut, sur le
« champ, retirée dans son cabinet, pour se soustraire à la
« honte d'être trouvée dans une espèce de désordre ; mais, au
« lieu de s'affecter de la présence des spectateurs (la con-
« science est toujours tranquille quand on ne craint rien), il
« sembla, au contraire, qu'elle ne servit qu'à l'encourager à
« être plus reconnoissante envers le grenadier, qui, comblé des
« bontés de la princesse, tomba comme en extase, et en bénis-
« sant le ciel de son bonheur, qu'une basse jalousie fit envier
« hautement. » Ce pamphlet n'a jamais été réimprimé. C'est
une faveur dont le garde sa platitude générale.

84

La Messaline Françoise ou les nuits de la duch... de Pol... et aventures mystérieuses de la Pr....se d'Hé... [Henin] *et de la...* [Reine] ; *ouvrage fort utile à tous les jeunes gens qui voudront faire un cours de libertinage, par l'abbé compagnon de la fuite de la Duch... de Pol... ;* à Tribaldis, de l'imprimerie de Priape ; 1789, in-24, 101 pp.

Pour la bibliographie de ce pamphlet, je renvoie le lecteur à la notice que je lui consacre en tête de sa réimpression, dans mon volume *Madame de Polignac et la cour galante de Marie-Antoinette...,* pp. 177 et suiv. — Il a été traduit en anglais sous le titre : *The french Messalina or the nights of the Duchess of Polignac ;* Tribaldis, 17... [London. 1820], in-12, avec fig. — L'édition française a été condamnée par la Cour d'assises de la Seine, par arrêt du 9 août 1842. Les obscénités auxquelles se livre, dans ce libelle, Marie-Antoinette autorisent la sévérité de ce jugement de destruction.

85

Les nouvelles du ménage royal sens dessus dessous ou la fluxion de Marie-Toinon et Louis, son mari, garçon-serrurier au Temple, avec un détail de leur grande dispute et les nouvelles de leur ménage envoyées à Coblentz, par M. Sans-Culotte ; s. l. [Paris], de l'imprimerie de Feret, rue du Marché Palu ; s. d. [1792], in-8°, 8 pp.

Écrit facétieux signé : *N. Prévost*. — Je l'ai réimprimé textuellement dans mon volume *Les Maîtresses de Marie-Antoinette...,* pp. 235-243.

86

La Nouvelle Messaline, tragédie par deux amateurs; manuscrit.

Ce pamphlet paraît être demeuré inédit. Je ne le connais que par la mention qui en est faite par France, *Description historique et bibliographique de la collection de feu M. le comte de la Bédoyère, sur la Révolution Française, l'Empire et la Restauration;* Paris, 1862, in-8°, p. 146, n° 714, 3°.

87

Nouvelle scène tragi-comique et nullement héroïque entre M. Louis Bourbon, maître serrurier au Temple, et Madame Marie-Antoinette sa femme, archiduchesse d'Autriche, reine de France, et blanchisseuse de surplis des desservants des chevaliers du ci-devant ordre de Malthe, et ouvrière en corps d'enfans; s. l. [Paris], de l'imprimerie de Tremblay, rue Basse, Porte Saint-Denis, n° 11; s. d. [1792], in-8°, 8 pp.

Dialogue en vers, où, parodiant les imprécations cornéliennes de Camille contre Rome, Marie-Antoinette exprime sa haine contre la France. « J'aurois cru affaiblir les sentimens « d'Antoinette, explique l'auteur, si j'avais mis dans sa bouche

« d'autres paroles que celles que met Corneille dans la bouche de Camille. » Cependant Louis XVI ne l'entend point ainsi, car à ces imprécations il riposte par « un soufflet de main de serrurier » et deux vers énergiques :

Ah! monstre, tu naquis du sang d'une tygresse,
Reçois le juste prix de ta scélératesse.

88

Les Nuits de Marie-Antoinette; Angers, 1774.

Je n'ai jamais rencontré ce pamphlet. Son existence est affirmée dans la *Vie de Louis XVI, revue, corrigée et augmentée*, par M..., Londres, 1790, in-24, p. 52.

89

Ode à la Reine; à Villefranche, de l'imprimerie de la Liberté; 1789, in-8°, 7 pp.

Poème fort violent, ordinairement attribué à Pons-Denis-Écouchard Le Brun. *La Reine Dévoilée*, qui en cite le fragment suivant, lui donne pour auteur La Harpe :

Monstre échappé de Germanie,
Le désastre de nos climats,
Jusqu'à quand contre ma patrie
Commettras-tu tes attentats ?
Approche, femme détestable,
Regarde l'abîme effroyable
Où tes crimes nous ont plongés ?
Veux-tu donc, extrême en ta rage,
Pour consommer ton digne ouvrage,
Nous voir l'un par l'autre égorgés ?
En vain je cherche en ma mémoire
Le nom des êtres abhorrés,
Je n'en trouve point dans l'histoire
Qui puissent t'être comparés.
Oui, je te crois indigne Reine,
Plus prodigue que l'Égyptienne
Dont Marc-Antoine fut épris ;
Plus orgueilleuse qu'Agrippine,
Plus lubrique que Messaline,
Plus cruelle que Médicis !

A été réimprimé sous un autre titre. Voyez le numéro suivant.

90

C'est ce qui manquait à la collection; à Vienne, en Autriche ; 1789, in-8°, 8 pp. et 1 feuillet non chiffré.

D'après M. Maurice Tourneux, *Bibliographie de l'histoire de Paris pendant la Révolution Française...*, tome IV, p. 105, n° 21,168.

91

Les Passe-tems d'Antoinette; Londres, vers 1781.

Ce libelle, dont aucun bibliographe moderne n'a vu un exemplaire, n'est point, toutefois, une fiction. Il en est parlé souvent sous le titre de *Vie de Marie-Antoinette*, et on voit prétendre, en certain endroit, que les *Essais historiques sur la vie de Marie-Antoinette,* dont j'ai parlé au début de ce livre, et les *Passe-tems de Marie-Antoinette* sont le même ouvrage (1) C'est ce qu'il n'est point permis d'affirmer aujourd'hui. Il est avéré que, vers 1781, la publication de ce pamphlet mit la police en émoi. En 1781, le lieutenant de police envoya, à Londres, l'agent Reçeveur pour en négocier l'achat et la destruction (2). Sur cette affaire, Brissot, le futur conventionnel, donne quelques détails, d'autant plus précieux à recueillir que, plus tard, en 1784, il fut lui-même mis à la Bastille, comme l'auteur présumé des *Passe-tems d'Antoinette.* Ce lui fournit l'occasion de dénoncer le véritable auteur : le marquis de Pelleport. « Il me parla un jour, dit Brissot, d'une *Vie de Marie-*
« *Antoinette,* que Reçeveur marchandait; je lui demandai si
« elle existait, s'il en était l'auteur ? Il me répondit que j'étais
« trop honnête homme pour qu'il put me faire de pareilles
« confidences, et je ne lui en parlai plus que pour l'engager à
« renoncer à ce trafic qui tôt ou tard causerait les malheurs de
« sa vie; il rit de ma prédiction, qui ne se vérifia que trop. »
De fait, attiré habilement en France, Pelleport fut mis à la Bastille, du 11 juillet 1784 au 3 octobre 1788. Quant aux *Passetems d'Antoinette,* « j'ai appris, conclut Brissot, que le marché

---

(1) « On a voulu racheter à tout prix un manuscrit intitulé les
« *Passe-tems d'Antoinette.* Il est vraisemblable que c'est ce que nous
« donnons sous un titre nouveau. » *Essais historiques sur la vie de Marie-Antoinette d'Autriche, reine de France, pour servir à l'histoire de cette princesse;* à Londres, 1789, in-18, p. 5.

(2) *La Bastille dévoilée...,* 3ᵉ livraison, p. 56.

« ne put se conclure (1). » Il en résulta que, sous ce titre du moins, le libelle ne passa pas la Manche et échappe aujourd'hui à l'examen de la critique qu'on en pourrait faire.

92

Le petit alphabet de la Cour; s. l., s. d., in-8°, 22 pp.

« Rare et curieux, » dit le *Catalogue de la bibliothèque de M. Alf. Begis...*, 2ᵉ partie, p. 52, n° 289. J'ignore ce pamphlet.

93

Le petit Charles IX ou Médicis justifiée.

Voyez le n° 8, article : *Antoinette d'Autriche ou dialogue entre Catherine de Médicis et Frédégonde.*

94

Pleurs et lamentations de Marie-Antoinette, dans la Tour du Temple, demandant à paraître à la barre de la Convention nationale, pour défendre son mari; s. l, [Paris], de l'imprimerie nationale, rue Percée; s. d. [1792], in-8°, 8 pp.

Signé : *Sylvain*. Ironique plaidoyer de Marie-Antoinette en faveur de Louis XVI. Exclusivement politique.

95

Porte-feuille d'un Talon rouge contenant des anecdotes galantes et secrettes de la cour de France; à Paris, de l'imprimerie du comte de Paradès, l'an 178*, in-12, 42 pp.

Sur l'auteur présumé de ce libelle, le comte de Paradès, le lecteur a trouvé des détails plus haut. Quant au pamphlet lui-même, je lui ai consacré des notices qu'on trouvera dans deux de mes précédents travaux sur Marie-Antoinette et son entourage (2). Je n'ai à signaler ici que les diverses réimpres-

---

(1) J.-P. Brissot, *Mémoires...*, édit. Perroud, tome I, p. 320.
(2) Cf. *Les pamphlets libertins contre Marie-Antoinette...*, pp. 307 et suiv. ; *Les maîtresses de Marie-Antoinette...*, pp. 201 et suiv. Ce dernier volume contient la réimpression de la première partie du *Porte-feuille d'un Talon rouge*.

sions de l'ouvrage, dont l'édition originale est devenue rare, car Manuel en a noté la destruction presque complète à la Bastille, le 13 mai 1782 (1). Voici le relevé des réimpressions modernes, devenues elles-mêmes peu communes.

96

Le Porte-feuille d'un Talon rouge, réimpression textuelle sur l'édition de 178*, suivie d'une note bibliographique; Neuchâtel, 1872, in-16.

Réimpression de Gay (2), tirée à 100 exemplaires.

97

Portefeuille d'un Talon rouge, contenant des anecdotes galantes et secrettes de la cour de France; Bruxelles, s. d., in-16, 59 pp.

Réimpression faite par l'éditeur Kistenmaeckers à 50 exemplaires sur papier couleur feu.

98

Le portefeuille d'un Talon rouge, contenant des anecdotes galantes et secrètes de la Cour de France; La Journée amoureuse ou les derniers plaisirs de M...-Ant..., comédie en trois actes, en prose; Paris, s. d. [1910], in-12, 171 pp.

L'introduction n'est pas signée. Cet ouvrage forme le septième volume de la collection *Le Coffret du bibliophile; pamphlets et tableaux de mœurs intimes,* tiré à 505 exemplaires pour la Bibliothèque des Curieux. C'est l'édition la plus nette et la mieux présentée qui ait paru du *Porte-feuille d'un Talon rouge.*

99

Le prix de ces dames et de ces demoiselles.

Ce pamphlet a-t-il jamais paru ? Jal, qui, le premier, l'a signalé, dit ne l'avoir vu qu'une fois. La description, assez

(1) Pierre Manuel, *La police de Paris dévoilée...*, tome I, p. 38.
(2) *Catalogue des livres, manuscrits et autographes composant la bibliothèque de feu M. Pochet-Deroche;* Paris, 1882, in-8°, p. 80, n° 753.

sommaire, qu'il en donne fait présumer qu'il était rédigé à la manière de ces petits almanachs scandaleux relatifs aux filles du Palais-Royal (1). Au reste, pour la bio-bibliographie de ce libelle, je suis forcé de m'en tenir uniquement au témoignage de Jal. Contant les souvenirs de ses années de jeunesse, il mentionne les maisons amies où il fut reçu lors d'un séjour à Brest. Parmi ces maisons se trouvait celle de M. Devaux, commandant l'artillerie de terre. Je laisse parler Jal : « M. Devaux avait
« été page chez le duc de Penthièvre (2) avec Florian, puis,
« attaché avec lui, attaché comme gentilhomme à ce prince
« bon et spirituel. Il savait toute la chronique du château de
« Sceaux, toutes les anecdotes de la dernière cour, et me les
« racontait avec beaucoup de charme. Et puis, il avait deux
« trésors qu'il avait la bonté de m'ouvrir : une collection curieuse
« de son ami Florian et une bibliothèque remplie de pamphlets
« et de livres secrets sur le grand monde de la dernière moitié
« du dernier siècle. C'était de quoi me satisfaire. Aussi, que de
« bonnes matinées je passai au milieu de ces vers, de cette
« prose, de ces étranges révélations ! Que de choses nouvelles
« pour moi, que de choses incroyables ! C'est là que je vis un
« étrange libelle dont je n'ai jamais pu retrouver un exem-
« plaire : *Le prix de ces dames et de ces demoiselles*. Cet
« abominable ouvrage contenait une liste assez longue de toutes
« les femmes d'une vertu suspecte ou d'une immoralité notoire,
« avec les signes, — vrais ou faux, — particuliers à chacune
« d'elles, et le prix insolent attribué à leur possession. La reine,
« — ce que je ne croirais pas si je ne l'avais vu, — la belle,
« noble et digne Antoinette figurait en tête de ce catalogue,
« grossi des noms des femmes les plus remarquées de la cour,
« des bourgeoises les plus jolies, des filles perdues et des
« actrices compromises, de la plus célèbre à la dernière des
« sauteuses de chez Nicolet (3). Ce travail, fruit du loisir de
« trois jeunes princes, rebutés, dit-on, par la reine, avait été
« imprimé au château de Chantilly et tiré à un très petit
« nombre d'exemplaires. M. le général Devaux gardait le sien

(1) J'ai réimprimé les plus curieux et les plus typiques de ces pamphlets dans le volume paru à la même librairie : *Les demoiselles d'amour du Palais-Royal*, Paris, MCMXI, in-8º.

(2) Faut-il rappeler ici que le duc de Penthièvre était le beau-père de la princesse de Lamballe, une des premières favorites de Marie-Antoinette ?

(3) « Jean-B. Nicolet avait ouvert, d'abord aux foires Saint-Germain « et Saint-Laurent, un théâtre qu'il établit ensuite sur le boulevard « du Temple, et auquel la comtesse Dubarry avait fait obtenir le « titre de Théâtre des grands danseurs du Roi. » — *Note de Jal*.

« comme un témoignage de la lâcheté de trois gentilshommes
« pour lesquels il avait gardé le plus profond mépris. Quand
« la Restauration fut arrivée, il cacha, brûla peut-être, le petit
« livre calomnieux, parce que deux des trois auteurs avaient
« leur place auprès du trône (1). »

100

Le procès de Marie-Antoinette mise au cachot pour tous ses crimes de lèse-nation au premier chef ; s. l. [Paris], **de l'imprimerie de P. Provost, rue Mazarine, n⁰ 1709 ; s. d. [1792], in-8⁰, 8 pp.**

Pamphlet politique ayant en tête une vignette représentant la guillotine, avec la légende : *J'attends.*

101

Procès criminel de Marie-Antoinette de Lorraine, archiduchesse d'Autriche, née à Vienne, le 2 novembre 1755, et veuve de Louis Capet, ci-devant roi des Français, condamnée à mort et exécutée sur la place de la Révolution, le 25ᵉ jour de vendémiaire, en vertu d'un jugement rendu par le Tribunal révolutionnaire établi le 10 mars pour juger définitivement et sans appel tous les conspirateurs ; suivi de son testament et de sa confession dernière ; à Paris, chez Denné, libraire, Palais de l'Égalité, n⁰ 94 et 95 ; la citoyenne Toubon, libraire, sous les galeries du Théâtre de la République, à côté du Passage vitré ; Cordier, imprimeur, rue de Sorbonne, dite Neuve Beaurepaire, n⁰ 382 ; l'an deuxième de la République Française [1793], in-8⁰, 116 pp.

C'est le compte rendu du procès de la Reine, avec un frontispice représentant la condamnée sur l'échafaud, accompagné de cette légende :

Antoinette lubrique, ainsi que Messaline,
Pour prix de ses forfaits gagne la guillotine.

L'*Introduction préliminaire,* pp. 3-8, constitue par sa virulence injurieuse un véritable pamphlet. Il en est de même de la

---

(1) A. Jal, *Souvenirs d'un homme de lettres...*, pp. 32, 33.

Confession et du *Testament,* annoncés sur le titre, qui manquent à tous les exemplaires que j'ai vus du *Procès criminel,* et qui ont fait l'objet d'une publication particulière, décrite plus haut, n° 33.

102

Le procès de Marie-Antoinette mise au cachot pour tous ses crimes de lèse-nation au premier chef; s. l. [Paris], de l'imprimerie de Provost; s. d. [1793], in-8°, 8 pp.

M. Tourneux, *Bibliographie de l'histoire de Paris pendant la Révolution française...,* tome I, p. 375, n° 4156.

103

Profitez-en; s. l. [Paris]; s. d. [1791], in-8°, 8 pp.

Signé : *Valette.* — Le titre de départ porte : *Un Romain aux français.* Contient une sanglante apostrophe à la Reine : « Que « l'Autrichienne, cette rivale des Faustines, des Messalines, qui « souilla le Trône et les Lys, qui joint à l'orgueil des Agrip- « pines l'avidité des Laïs, et qui est un des principaux auteurs « des maux qui vous affligent, que l'Autrichienne, dis-je, soit « enfermée pour le reste de ses jours, et qu'elle n'ait la moindre « communication au dehors. »

104

La Purification de Marie-Antoinette: Imprimerie royale; s. d., in-18.

« Pamphlet en vers dont je n'ai pu voir un exemplaire et « que je n'ai trouvé cité qu'au catalogue de la vente Jérôme « Bignon (1848), n° 2697. » M. Tourneux, *Bibliographie de l'histoire de Paris pendant la Révolution française...,* tome IV, p. 108, n° 21196.

105

Que ferons-nous de Marie-Antoinette qui, sans doute, inspire à son fils dans la prison du Temple la haine et la fureur qui la transportent contre le Peuple Français : et elle lui rend les honneurs qu'elle croit devoir à Louis XVII; s. l. [Paris], de l'imprimerie de Feret, rue du

Marché-Palu, vis-à-vis celle Notre-Dame ; s. d. [1793], in-8°, 8 pp.

Signé : *Par un vrai républicain.* — Libelle politique que j'ai réimprimé textuellement dans mon volume : *Les prisons de la Révolution...*, pp. 175-180.

106

La Reine dévoilée ou supplément au mémoire de Mde la comtesse de Valois de la Motte ; imprimé à Londres, 1789, in-8°, 144 pp.

Épigraphe : « Dis les malheurs des peuples et les fautes des « princes. » Voltaire. — Recueil de lettres galantes et politiques apocryphes, qui montrent Marie-Antoinette sous un jour naturellement peu avantageux. Une phrase de la préface paraît en attribuer la publication à Mme de la Motte. « La personne qui a recueilli ces lettres et qui les publie a commencé par être mise dans la confidence des intrigues qu'on va lire ; elle a fini ensuite par être la victime du pouvoir absolu dont elle avait favorisé les vices. » Un personnage a, cependant, réclamé la paternité de ce pamphlet. « Qu'on ouvre une brochure, écri- « vait-il en 1794, connue de toute la France, et intitulée *La* « *reine dévoilée*, et on y verra avec quel mépris j'y parlais de « cette femme dont les vices et les crimes ont si longtemps « fait le malheur de mon pays. Cet ouvrage, quoique ano- « nyme, m'appartient ; il fut imprimé à Niort, chez Lefranc, et « cent témoins constateront que j'en suis l'auteur (1). » Il s'appelait Piet-Chambelle et, en 1791, rédigeait les *Affiches patriotiques du département des Deux-Sèvres*. En 1794, il était ordonnateur à l'armée de l'Ouest. L'Empire en fit un inspecteur aux revues. Je le trouve, en 1806, vénérable de la loge maçonnique *La Vraie Harmonie*, battant maillet à l'orient de Poitiers (2). C'est là tout ce que je sais de lui. Son libelle est moins violent qu'il l'assure. Il est plus perfide dans la diffamation que grossier et nullement obscène. Il n'a été réimprimé à Paris qu'en contrefaçon. Voyez le numéro suivant.

(1) Piet-Chambelle, *Mémoire*, s. d., 1794, in-8°, p. 13. — Cf. mon volume *Les Pamphlets libertins contre Marie-Antoinette...*, p. 114.

(2) *Calendrier maçonnique à l'usage des loges de la correspondance du G∴ O∴ de France, pour l'an de la V∴ L∴ 5807 ;* Paris, s. d. [1806], in-12, p. 210.

107

Correspondance de la Reine avec d'illustres personnages; s. l. [Paris], 1790, petit in-12, 126 pp.

Le texte de cette édition ne diffère de la précédente que par l'adjonction d'une lettre de Marie-Antoinette au comte d'Artois, suivie de la réponse de celui-ci.

108

Rendez-vous tenus régulièrement chez la Reine par l'abbé Maury, Cazalès, Foucault...; [Paris]; [1789 ?], in-8°, 8 pp.

Catalogue de la bibliothèque de M. Alf. Begis..., 2ᵉ partie, p. 54, n° 305.

109

Reproches des enfans ci-devant royaux à leurs père et mère sur l'abolition de la Royauté en France, décrétée par la représentation du peuple souverain à la Convention nationale, et proclamée par la Commune de Paris; s. l. [Paris], de l'imprimerie de P. Provost de la rue Mazarine, n° 92; s. d. [1792], in-8°, 8 pp.

Dialogue dans lequel Louis XVI et le Dauphin reprochent à Marie-Antoinette d'avoir perdu la royauté par ses outrages à la nation. — Ce même pamphlet a eu deux autres éditions. Voyez les deux numéros suivants.

110

Les grands reproches des enfans ci-devant royaux à leurs père et mère, sur l'abolition de la Royauté en France, faite par la représentation du Peuple souverain à la Convention nationale; s. l. [Paris], de l'imprimerie de la Liberté, rue Mazarine, n° 92; s. d. [1792], in-8°, 8 pp.

111

Reproches des enfans ci-devant royaux à leurs père et mère, sur l'abolition de la Royauté en France, décrétée par la représentation du peuple souverain à la Conven-

tion nationale et proclamée par la Commune de Paris, suivi d'un dialogue entre P. Manuel et le ci-devant roi Louis XVI; à Paris, de l'imprimerie de Couriet; s. d. [1792], in-8°, 8 pp.

Édition suivie de quelques détails sur les habitudes du Roi à la Tour du Temple.

112

Républicains, guillotinez-moi ce jean-foutre de Louis XVI et cette putain de Marie-Antoinette, d'ici à quatre jours, si vous voulez avoir du pain, et vous, députés royalistes, lisez-moi et écoutez mes conseils, ou sinon vous serez raccourci; s. l. [Paris], de l'imprimerie de la République, rue de l'Égalité, n° 12; s. d. [1792], in-8°, 8 pp.

Le titre de départ porte : *par un commissaire national*. La fin du texte est signée : *par un vrai républicain, vrai patriote, vrai sans-culotte*. Le titre de ce pamphlet est un exact résumé de ses paragraphes virulents. Un d'eux est consacré à la « princesse lascive (*sic*) et perverse », que le « commissaire national » vitupère en ces termes : « Et toi, lubrique « Antoinette, femme plus odieuse et plus scélérate que les « Médicis, que les Messalines, n'espère point échapper à la ven-« geance du dieu de l'Achéron. Tu viendras errer des siècles « sur les bords du Stix, avec tes criminelles favorites et tes « lâches amants. Les Polignac, les Coignis, te précéderont dans « l'infernal manoire, ainsi que tous ceux qui auront assouvi « tes sales cupidités. Tu rendras compte des trésors de la France « que tu as prodigué à ton ambitieux frère, qui déjà gémit « sur les rives du Ténare; la guillotine est la récompense que « tu as mérité. »

113

Semonce de la Reine; s. l. [Paris], s. d. [1791-1792], in-8°, 8 pp.

J'ai, en tête de la réimpression de ce pamphlet dans mon volume *Les maîtresses de Marie-Antoinette...*, p. 244, placé une notice bibliographique, à laquelle je renvoie le lecteur. Une autre réimpression en a été faite par M. Jean Hervez, dans *Les galanteries à la cour de Louis XVI...*, pp. 194 et suiv.

SOIRÉES AMOUREUSES

DU GÉNÉRAL MOTTIER

ET

DE LA BELLE ANTOINETTE.

Par le PETIT ÉPAGNEUL DE L'AUTRICHIENNE.

Périssent ces beautés aux empires fatales,
Qui des nobles vertus indignement rivales,
Plongent les jours des rois dans l'oubli flétrissant,
Et n'osent s'illustrer qu'en les avilissant.

BRISÉIS, acte III, scène VI.
Par POINSINET DE SIVRI.

A PERSÉPOLIS,

A l'Enseigne de l'Astuce et de la Vertu délaissée.

1790.

114

Soirées amoureuses du général Mottier et de la belle Antoinette, par le petit épagneul de l'Autrichienne; à Persépolis, à l'enseigne de l'Astuce et de la Vertu délaissée; 1790, in-8°, 32 pp.

L'épigraphe se compose de quatre vers tirés de l'acte III, scène VI, de la *Briséis* de Poinsinet de Sivry. — L'ouvrage, divisé en trois soirées, se termine par cet avis de l'éditeur : « Ces trois premières soirées ne sont que le préambule des « grands secrets, qui seront révélés dans les suivantes, et des « tableaux piquants qu'elles offriront ; si elles plaisent au « public, nous lui donnerons incessamment la quatrième, la « cinquième et les autres de suite. » Le goût du public n'a point dû être flatté à l'extrême par ces trois soirées du début, car des autres promises, rien n'a paru. Sur son rôle auprès de la reine, voici comment s'explique l'indiscret épagneul : « Sans cesse sur les genoux, dans les bras, dans la couche « voluptueuse de la vive Antoinette, plus heureux que le cigne « de Leda, que la pluie d'or de Danaé et que le satyre « d'Antiope, je goûtois des plaisirs que tous les dieux de la « fable m'eussent enviés; combien de grands, de princes et de « rois eussent voulu être à ma place ! Que de baisers brûlans ! « que d'extases ravissantes ! quelles délices inexprimables « j'éprouvois et je faisois éprouver ! Que l'homme est aveugle « et fou dans son orgueil lorsqu'il nous refuse une âme ! Oh ! « que nous pourrions bien prouver l'injustice et l'absurdité de « ce système ! Quand ma langue parcouroit les secrets appas « de la reine des François qui, nue, aurait disputé la pomme « à celle de Gnide; quand mes regards avidement curieux « dévoroient chaque endroit de ce beau corps où, transporté, « j'aimois tant à multiplier mes hommages ; quand, enfin, je « voyois son sein palpitant du plaisir dont mes caresses inon- « doient ses sens, et ses yeux chargés de cette aimable rosée « que la volupté y répandoit, me prouver que la jouissance « qu'elle goûtoit étoit mon ouvrage : alors, mon cher Constitu- « tionnet (1), alors avec quel transport je sentois que les « hommes se trompent et que nous avons une âme qui vaut « bien celle dont ils sont si vains; c'étoit cette âme qui me « faisoit nager en des torrens d'ivresse; c'étoit cette âme, « enflammée par le délire le plus ardent, qui erroit, tantôt sur

---

(1) C'est le nom du chien de Mme de Lameth, auquel l'épagneul conte sa bonne et amoureuse fortune.

« les lèvres, tantôt sur la gorge, tantôt sur la cuisse, tantôt...
« Je brûle, mon ami, je brûle à ce souvenir plein d'attraits,
« un trouble impérieux maîtrise toutes mes facultés... Je suis
« hors d'état pour achever ce tableau, mais je ne le suis pas
« pour le sentir !... » C'est par La Fayette que l'épagneul est
supplanté. La jalousie seule, sans doute, lui fait dire que le
général « vit la terre promise et n'y put rentrer ». Sur cette
défaite se clôt la troisième soirée. Le tout a été réimprimé par
Gay. Voyez le numéro suivant.

115

Soirées amoureuses du général Mottier et de la belle Antoinette, pièce révolutionnaire réimprimée textuellement d'après l'édition originale et rarissime de 1790; Neuchâtel, 1872, in-16.

Tiré à 100 exemplaires.

116

Suite de Louis XVI et Antoinette traités comme ils le méritent.

Voyez le n° 81 ; article : *Louis XVI et Marie-Antoinette traités comme ils le méritent.*

117

Tels gens, tel encens; s. l. [Paris], s. d. [1789], in-8°, 27 pp.

Cette brochure est reliée, dans l'exemplaire de la Bibliothèque national (Lb[39], 2550) à la suite d'une manière de petit journal dont elle paraît la continuation : *Le Confident patriote ou révélation aussi utile qu'intéressante de tout ce qui se passe, dans le mystère, à la Cour, à l'Assemblée nationale, à l'Hôtel-de-Ville de Paris et dans tous les pays qu'habitent les ennemis de la liberté françoise;* s. l. [Paris], de l'imprimerie des Amis de la liberté, et se trouve au pays des bon (sic) Patriotes, à l'enseigne de la Sincérité; 1789, in-8°, 8 pp. — Dans l'un comme dans l'autre de ces libelles, Marie-Antoinette est violemment maltraitée. Le dernier écrit sur elle : « François ! vous étiez digne d'une meilleure R...e; n'espérez pas adoucir le cœur de cette farouche Allemande; non, la chose est impossible; j'aimerois mieux avoir à combattre la férocité d'un tigre ou d'une lionne à qui j'aurois enlevé ses petits, qu'à me mettre en garde contre la vengeance d'une femme que je n'aurois pas même offensée, mais à qui j'aurois eu le malheur de ne pas plaire. »

118

La tentation d'Antoinette et de son cochon dans la Tour du Temple; s. l. [Paris], de l'imprimerie du *Journal du soir*, rue de Chartres; s. d. [1792], in-8°, 8 pp.

Petit libelle et quasi incompréhensible, qui se termine par différents couplets. Le dernier est dénué de mansuétude pour la Reine. C'est le roi qui chante sur un air connu :

> *Antoinette est la seule*
> *Qui brava mon pouvoir.*
> *Aujourd'hui la bégueule*
> *S'en meurt de désespoir.*
> *L'espérance sournoise*
> *Toujours la trompera*
> *La liberté françoise*
> *Jamais ne périra.*

119

Testament de Marie-Antoinette d'Autriche, ci-devant reine de France, fait et rédigé dans son cabinet à Saint-Cloud; s. l. [Paris], de l'imprimerie Legros, rue Saint-Jacques; s. d. [1790], in-8°, 8 pp.

Réimprimé par R. Veze, *Les Galanteries à la Cour de Louis XVI*..., pp. 205 et suiv.

120

Têtes à prix, suivi de la liste de toutes les personnes avec lesquelles la Reine a eu des liaisons de débauches; par ordre exprès de l'Assemblée des Feuillans; à Paris, de l'imprimerie de Pierre-Sans-Peur, rue de la Reine Blanche, faux-bourg Saint-Marceau; 1792, in-8°, 28 pp.

L'article que consacre cette brochure à la reine est bref : « MARIE-ANTOINETTE D'AUTRICHE : reine de France. Mauvaise « fille, mauvaise épouse, mauvaise reine, mauvaise mère. » Injures bénignes quand on les compare à celles que nous avons déjà eu l'occasion de signaler! La liste des amants et maîtresses de Marie-Antoinette qui clôt le libelle est bien connue, quasi classique, et a été de nombreuses fois réimprimée. — Voyez le numéro suivant.

121

Têtes à prix et liste de toutes les personnes avec lesquelles la Reine a eu des liaisons de débauche, suivi d'une autre pièce révolutionnaire intitulée : *Description de la ménagerie d'animaux vivants* ; avec notice bibliographique ; Neuchâtel, mars 1874, pet. in-12.

Réimpression de Gay à 100 exemplaires.

122

Vaudeville curieux de la comédie du Bordel national.

Voyez le n° 12, article : *Bordel national.*

123

Vente nationale de la ménagerie royale, de tous les animaux vivans et bêtes féroces établie aux Thuilleries : conformément aux décrets qui ordonnent la vente des biens nationaux on exposera sous huitaine les animaux de la ménagerie de Versailles tranférée aux Thuileries (sic) ; s. l. [Paris], de l'imprimerie des Patriotes ; s. d. [1792], in-8°, 8 pp.

Signé : *F. Dantalle.* — Pamphlet rédigé sur le modèle de la *Chasse aux bêtes puantes,* cité plus haut (n° 28). Mais ici, l'article consacré à Marie-Antoinette est plus agressif et plus grossier encore. Il est de même plus important. Je le donne ici *in extenso,* puisqu'il motive la citation de la brochure où il parut.

LA FEMELLE DU ROYAL-VETO

« Les plus grands naturalistes depuis Pline, jusqu'à Buffon
« et d'Aubanton, ont fait les plus exactes recherches sur les
« caractères des animaux féroces. Pline attribue l'humeur san-
« guinaire du tygre à sa soif continuelle, comme l'ardeur (*sic*)
« désagréable du bouc provient et du serré de son poil et de
« son tempérament lubrique ; ce dernier animal semble avoir
« communiqué et sa puanteur et ses passions chaudes à la
« femelle du Royal-Veto.

« Ce monstre, que nous décrivons, a été trouvé dans la
« garde-robe de l'Impératrice Marie-Thérèse, à Vienne. On ne
« sait point précisément de quels animaux elle provient. Les
« uns prétendent qu'elle est née d'une Hyanne et d'un Tygre ;
« d'autres qu'elle eut pour père un Taureau et pour mère une
« Guenon de la grande espèce, appelée les Mandrilles ; mais
« quelle que soit son origine, cet animal est très curieux. Il
« est d'une grande taille, roux de tout poil ; il a une fort belle
« crinière, le front large et élevé, le nez aquilin, les yeux bleus,
« la gueule ordinaire, il tient de l'homme des bois, par la
« figure ; comme le mâle, il n'a point de queue, mais il sup-
« plée au défaut de la nature, en adoptant indifféremment
« toutes celles qu'on lui présente. Il a le regard et le port inso-
« lent, ou négligé et lascif.

« On le fit venir de Vienne, sous le règne de Louis Quinze,
« pour l'accoupler avec le Royal-Veto. Soit impuissance, soit
« défaut de chaleur, ou incompatibilité de nature ou d'espèce,
« le Veto ne fit rien ; cependant un Dogue allemand avait, à
« Vienne, couvert la femelle.

« On prit le parti de la lâcher dans les bois de Versailles
« avec son mâle et plusieurs autres animaux... elle fut bientôt
« pleine, et mit bas trois êtres, dont le premier fut empoi-
« sonné... Il était contre-fait, mais il annonçait trop de dou-
« ceur ; peut-être l'aurait-on dressé à être utile à l'homme ;
« mais on le tua... et ce qu'il y a de remarquable, c'est que ce
« malheureux animal fut abandonné de sa mère quand sa
« maladie devint sérieuse.

« Marie-Antoinette, c'est ainsi qu'on nomme ce monstre, n'a
« donc que des vices et aucune vertu. Elle aime le sang et ne
« cesse d'occuper toutes les bêtes qu'elle s'approprie, à lui pro-
« curer de la chair humaine. On pourrait lui mettre une muse-
« lière et l'apprivoiser, en suivant cette méthode : vingt coups
« d'étrivières par heure, du pain, de l'eau, et un peu de gras-
« double.

« Il ne faudrait pas s'arrêter à une ruse qu'elle met en usage
« toutes les fois qu'elle se voit menacée, ou qu'elle sent qu'elle
« fait mal ; elle prend son fils entre ses pattes et le présente ;
« il faut alors ménager le petit, frapper sur la mère, jusqu'à
« tems qu'elle puisse devenir plus tranquille. »

Les autres articles sont consacrés au Royal-Veto, bête au
« mufle rouge », aux « yeux bêtes », aux « bajoues pendantes »,
au Delphinus, « jeune animal qui a quelque chose d'intéres-
« sant et de prévenant en sa faveur » ; à Madame Royale, qui
« annonce tous les vices de sa mère » ; à Victoire et Adélaïde
Veto, tantes du Roi, « deux vieilles bêtes » ; à Élisabeth Veto,

« femelle aussi méchante que jolie », et enfin au comte de Provence, « horrible bête » qui tient du bœuf, du rhinocéros, du loup et de l'hyène. Il est difficile d'accumuler en moins de pages autant de virulentes injures.

124

Vie de Marie-Antoinette d'Autriche, femme du dernier tyran des Français, depuis son arrivée en France jusqu'à sa mort; ornée de gravures; Paris, Maison Égalité, seconde année de la République, 4 parties en 3 tomes in-18.

Je n'ai point vu ce pamphlet. D'après M. Maurice Tourneux, *Bibliographie de l'histoire de Paris pendant la Révolution Française...,* tome IV, p. 91, n° 21054, j'en donne ici la description.

Tome I, 1 f. et 130 pp.; tome II, 1 f. et 130 pp.; tome III, 1 f. et 138 pp. Chaque tome a un frontispice : portrait de la reine, la reine devant le tribunal révolutionnaire, la reine sur l'échafaud. « Parmi les témoins à charge du procès d'Hébert, ajoute
« M. Tourneux, figure une femme Dubois, née Quingrez, qui
« tenait, boulevard du Temple, un cabinet de lecture et une
« officine de pamphlets. Dans sa déposition, faite en l'absence
« ou peut-être après la mort du véritable intéressé, elle désigne
« comme victime des escroqueries d'Hébert, un citoyen Boisset,
« son « pensionnaire », qui travaillait (en 1790) à une *Vie de*
« *Marie-Antoinette.* Ce publiciste, demeuré tout à fait obscur,
« qu'il ne faut pas confondre avec Joseph-Antoine Boisset,
« député de la Drôme à la Convention nationale, est très pro-
« bablement l'auteur du libelle décrit ici et qui a été parfois
« attribué à Hébert lui-même. »

125

Vie privée, libertine et scandaleuse de Marie-Antoinette.

Voyez le n° 35; article : *La cour de Louis XVI dévoilée.*

126

Le vrai caractère de Marie-Antoinette; s. l. [Paris], de l'imprimerie de Momoro, premier imprimeur de la liberté nationale, rue de la Harpe; s. d. [1792], in-8°, 8 pp.

Pamphlet donnant d'ironiques conseils à la reine.

« LE PÈRE DUCHESNE »
CONTRE
MARIE-ANTOINETTE

Voici le complément indispensable à la bibliographie des pamphlets contre la Reine. Sans doute, ce ne sont point des libelles au sens propre que le bibliographe doit attacher à ce mot, mais, constituant un ensemble, sous un titre différent à chaque fois, ils peuvent être signalés ici comme documents complémentaires. Plus haut nous avons vu le scandale que créaient ces feuilles d'Hébert parmi des passants bien intentionnés et les désagréments qui en résultaient quelquefois pour le rédacteur. Plus tard, la Terreur venue, les plaignants seront les agents de la police secrète, qui signaleront les « termes durs » de certains titres du *Père Duchesne*. Leur oreille jacobine en était souventes fois outragée. On en jugera d'après les numéros suivants, que je relève dans le bon travail de Brunet (1), et dont les quelques lignes de titre constituent à elles seules le délit d'outrage à la majesté de la reine et à la pudeur de la femme. Clairs et nets, ils se peuvent passer d'observations explicatives.

1

Le Père Duchesne à la toilette de la Reine ou détail des vérités qu'il lui a apprises, et les bons conseils qu'il lui a donnés.

Numéro du journal d'Hébert non chiffré.

2

Les bons avis du Père Duchesne à la femme du Roi et sa grande colère contre les jean-foutres qui lui conseillent de partir et d'enlever le Dauphin.

N° 36 du journal.

---

(1) Charles Brunet, *Le « Père Duchesne » d'Hébert...*, passim.

3

Entretien bougrement intéressant du Père Duchesne avec la femme du Roi au sujet de la Constitution ; sa grande colère contre les jean-foutres qui l'engagent à foutre la France sens-dessus dessous.

N° 71 du journal.

4

Le tête-à-tête du Père Duchesne avec la Reine, dans lequel elle lui a découvert ses plus secrètes pensées et sa satisfaction de toutes les marques de respect et d'attachement que tous les Français donnent maintenant au roi et à sa famille.

N° 80 du journal.

5

Grande colère du Père Duchesne et sa démission de la place de ministre des affaires étrangères que le Roi lui avait donnée ; sa grande dispute avec la femme du roi, parce qu'il a voulu l'empêcher de se mêler des affaires de l'État, et l'avertissement qu'il donne à tous les bons citoyens de se tenir sur leurs gardes, à cause du coup de chien qui se prépare.

N° 93 du journal.

6

Grande colère du Père Duchesne contre tous les coups de chien que Monsieur et Madame Veto préparent à la nation, et la conspiration du ministre, des marchands de sucre et des accapareurs contre l'Assemblée nationale.

N° 107 du journal.

7

La visite du Père Duchesne au Roi pour lui faire sanctionner le décret qui confisque les biens des émigrants ; sa grande colère contre Madame Veto qui voulait encore envoyer le décret à l'épicier d'André pour envelopper son poivre.

N° 110 du journal.

8

Grande colère du Père Duchesne contre Madame Veto qui lui a offert une pension sur la liste civile, pour endormir le peuple et le tromper, afin de rétablir la noblesse et de ramener l'ancien régime.

N° 115 du journal.

9

L'arrestation du Père Duchesne par les ordres de Madame Veto; son procès et son interrogatoire devant le juge Brid'oison; sa grande joie d'avoir vu tous les sansculottes prendre sa défense et s'armer de leurs piques pour le délivrer des griffes des mouchards; grand jugement par lequel il est reconnu un brave bougre et qui ordonne de lui rendre la liberté.

N° 116 du journal. — C'est dans ce numéro qu'Hébert raconte la saisie de son n° 115. Sur cette affaire, voyez plus haut les détails que je donne d'après le procès-verbal découvert par Brunet.

10

La grande joie du Père Duchesne d'avoir fait mettre les pouces à Madame Veto, dans une visite secrète qu'elle lui a rendue, pour faire sa paix avec lui, en lui présentant deux ministres jacobins; les bons avis qu'il lui a donnés pour l'engager à vivre, si elle peut, en honnête femme, et ne plus foutre son nez dans les affaires de l'État.

N° 119 du journal.

11

Les grands préparatifs du Père Duchesne pour recevoir les Suisses de Château-Vieux; la grande ribotte qu'il leur prépare pour les consoler de tous les tourments qu'ils ont enduré pour la liberté; sa grande joie de voir

Madame Veto manger du fromage le jour où ces braves bougres seront conduits en triomphe dans Paris ; invitation à tous les sans-culottes, à tous les bonnets de laine, à l'armée des piques de profiter de cette occasion pour purifier le Champ-de-Mars.

N° 120 du journal.

12

La grande colère du Père Duchesne contre les valets et les mouchards de Mme Veto, qui veulent empêcher la fête que les bons citoyens préparent pour recevoir les Suisses de Château-Vieux ; sa grande consigne à tous les sans-culottes pour qu'ils aiguissent leurs piques pour foutre le Tour aux aristocrates qui veulent troubler cette fête.

N° 122 du journal.

13

Oui, foutre, ça ira ! ou la réception du Père Duchesne aux soldats de Château-Vieux ; la grande ribotte qu'ils ont faite ensemble au faubourg Saint-Antoine ; l'ordre qu'il a donné de fabriquer dix milles piques d'une nouvelle forme pour foutre le tour aux mouchards de Madame Veto et aux aristocrates qui se disposent à troubler la fête que le peuple prépare, et qui aura lieu malgré la liste civile et les fripons qu'elle soudoie.

N° 124 du journal.

14

La grande joie du Père Duchesne d'avoir donné un pied de nez à tous les jean-foutres qui voulaient empêcher la fête des soldats de Château-Vieux ; sa grande ribotte avec tous les braves sans-culottes ; son déguisement en médecin pour aller rendre visite à Madame Veto, qui se mourait d'une indigestion pour avoir trop mangé de fromage ; sa grande colère en voyant les mines allongées de tous les viédasses qui l'entouraient, et qui lui conseillaient, pour se guérir, d'aller prendre l'air de Montmedi.

Nº 125 du journal.

15

Le Réveil-matin du Père Duchesne ou sa grande colère de voir les patriotes les bras croisés, quand les jeanfoutres de feuillants, d'accord avec Madame Veto, veulent renverser la Constitution, et font arrêter les meilleurs citoyens par une bande de mouchards et de scélérats qu'ils soudoient.

Nº 134 du journal.

16

La promenade du Père Duchesne à Bagatelle pour s'informer du comité autrichien ; sa rencontre avec Madame Veto qui lui a fait sa confession générale, et dit son *mea culpa* d'avoir manqué le fameux coup de chien qu'elle nous préparait ; nouvelle conspiration des feuillants et des aristocrates pour mettre Paris aux abois par la famine et la guerre civile.

Nº 136 du journal.

17

Le déménagement du comité autrichien ou la grande colère du Père Duchesne en faisant la conduite de Grenoble aux feuillants, aux aristocrates, à tous les jeanfoutres qui conspiraient contre le peuple, et qui voulaient égorger tous les bons citoyens ; sa grande joie en voyant les pleurs et les lamentations de Madame Veto, lorsqu'on a arrêté le chef de ses mouchards.

Nº 138 du journal.

18

La grande colère du Père Duchesne contre Madame Veto qui a fait rafle de tous les ministres patriotes et qui se prépare à aller prendre l'air de Montmédi avec Dumouriez ; les bons avis du Père Duchesne à l'Assemblée nationale pour faire rebrousser chemin à la daronne et l'envoyer à Orléans, avec tous les traîtres et les ennemis du peuple.

No 143 du journal.

19

La grande colère du Père Duchesne contre le foutu Capon qui a assassiné le brave Grangeneuve; sa grande visite à la tête de braves sans-culottes, pour savoir de ses nouvelles; leur entretien bougrement patriotique, et le grand serment du Père Duchesne de servir de sentinelle à tous les députés patriotes auxquels Madame Veto et les aristocrates veulent faire passer le goût du pain.

No 144 du journal.

20

La grande joie du Père Duchesne de ce que l'Assemblée nationale a fait mettre les pouces à Madame Veto et au comité autrichien et qu'à leur barbe et à leur nez tous nos lurons des départements vont arriver pour la fédération; sa grande colère contre le général Courbette et son compagnon Lameth, qui s'entendent comme larrons en foire avec les Autrichiens, et qui ont saigné du nez quand il a fallu se donner un coup de peigne. Son départ pour les frontières à la tête des braves sans-culottes, pour venger l'honneur de la nation, et tirer vengeance des jean-foutres qui ont mis le feu à Courtray.

No 150 du journal.

21

La grande colère du Père Duchesne en apprenant la conspiration du comité Autrichien, pour amener le Roi à Rouen et y établir les deux chambres; son départ à la tête des fédérés et des braves sans-culottes pour empêcher les manigances de Madame Veto, en foutant le tour aux Autrichiens, aux Prussiens et au général Courbette.

No 157 du journal.

22

La grande colère du Père Duchesne au sujet des insultes qui ont été faites aux braves Marseillais par les valets de Madame Veto ; sa grande joie de ce qu'ils ont fait mettre les pouces aux grenadiers de la Vierge Marie, qui veulent exciter la guerre civile dans Paris, afin de faire partir Monsieur et Madame Veto, et de les conduire avec les vétotiers de l'Assemblée nationale dans la ville de Rouen.

N° 159 du journal.

23

La grande colère du Père Duchesne de voir que le savon de la blanchisseuse autrichienne a rendu le traître Blondinet (1) aussi blanc que la neige ; ses bons avis aux braves bougres de l'Assemblée nationale pour qu'ils montrent les dents aux royalistes et aux Feuillants, et les empêchent de laver la race Veto avec une semblable lessive.

N° 162 du journal.

24

Le Père Duchesne nommé gardien de la Tour du Temple pour surveiller la ménagerie royale ; sa grande colère contre la femme Capet qui voulait se faire enlever avec le gros Louis, par Lafayette et les chevaliers du poignard, pour aller prendre possession du royaume de Coblentz ; sa grande joie de ce que la municipalité a fait rafle de toutes les coquines qui entouraient Madame Veto, qui ne peut plus conspirer maintenant qu'avec les chauves-souris.

N° 164 du journal.

25

La grande colère du Père Duchesne après avoir entendu le roi de Coblentz et sa femme méditer de nou-

(1) Le général Lafayette.

veaux coups de chien pour assiéger Paris et le réduire à la famine; sa grande dispute avec la femme Capet, qui se vante d'avoir sous peu de temps la clef des champs, de faire livrer toutes les villes frontières comme celle de Longwy, et d'empêcher la Convention nationale de s'assembler.

N° 166 du journal.

26

La grande colère du Père Duchesne de ce que le jugement de l'ogre Capet s'en va en eau de boudin; sa grande visite à la Tour du Temple, pour mettre ordre dans les dépenses de la ménagerie, sa grande joie d'avoir vu Mme Veto en pamoison lorsqu'on lui a annoncé l'antienne de la suppression de la royauté.

N° 173 du journal.

27

La grande joie du Père Duchesne de voir que la Convention nationale va, sous peu de jours, charger le citoyen Samson de travailler la marchandise de l'ivrogne Capet et de la guenon d'Autriche; ses bons avis à la nation pour qu'elle se débarrasse du petit louveteau qui est né de ce vilain couple.

N° 180 du journal.

28

La grande joie du Père Duchesne au sujet de la prise de Bruxelles; ses bons avis aux braves sans-culottes pour qu'ils foutent le tour aux Autrichiens du dedans, tandis que nos braves volontaires font danser la carmagnole à ceux du dehors; sa grande dénonciation contre une bande d'aristocrates qui a pour chef l'empoisonneur Figaro, et qui veut remettre sur le trône le petit avorton, ci-devant dauphin royal, arlequin cousu de pièces et de morceaux, dont la mère ne connaît pas le père.

N° 191 du journal.

29

La grande colère du Père Duchesne d'entendre dire à tous les coins de rues que le cochon du Temple est sur la litière, qu'il a pris un bouillon de pape, tandis qu'il boit, mange et ronfle comme de coutume ; son déguisement en médecin pour aller tâter le pouls à l'Autrichienne, et lui tirer les vers du nez ; leur entretien secret, dans lequel le gros ivrogne et sa femme lui ont fait connaître la véritable cause de leur mal.

N° 192 du journal.

30

La grande confession de la femme Capet au Père Duchesne qui lui a fait dire ses gros et ses petits péchés sans lui donner l'absolution ; sa grande joie d'avoir entendu en secret ses lamentations, tandis qu'au vis-à-vis de ceux qui l'environnent elle fait contre fortune bon cœur.

N° 194 du journal.

31

La grande colère du Père Duchesne après avoir entendu l'interrogatoire de l'ivrogne Capet et les réponses de normand qu'il a faites à la Convention ; la grande désolation de l'Autrichienne en songeant qu'on va raccourcir son gros cocu, et qu'autant lui pend à l'oreille ; testament du ci-devant roi et les dons qu'il fait aux aristocrates, aux feuillants, aux Brissotins et même au Père Duchesne.

N° 200 du journal.

32

La grande colère du Père Duchesne en apprenant le mariage du pape avec la veuve Capet et celui du législateur Manuel avec la Babet gros cul, sœur de Louis le guillotiné ; sa grande joie de voir que tous les brigands couronnés qui se préparent à fondre sur la France, jouent

ADDITION

Je prie le lecteur de vouloir bien intercaler entre les n°ˢ 66 et 67 de cette bibliographie le pamphlet suivant, que je n'ai retrouvé que pendant la correction des épreuves de mon volume :

67 bis

L'Iscariote de la France ou le député autrichien; s. l. [Paris], octobre 1789, in-8°, 16 pp.

Pamphlet anodin où l'Assemblée nationale, la Cour, les ministres et la municipalité sont pris à partie en même temps que la Reine.

TABLE DES MATIÈRES

                                                  Pages

Introduction 1

PREMIÈRE PARTIE
Les pamphlets, la police et leurs romans comiques.

I
L'INTROUVABLE PAMPHLET

Sur quoi se basent les premières attaques contre Marie-Antoinette. — *Le Lever de l'aurore* et les noëls des *Mémoires secrets*. — Conduite de la reine à l'époque de leur publication. — Analyse d'un pamphlet contre Marie-Thérèse et sa fille. — Beaumarchais le dénonce. — Il s'offre à le racheter. — Circonstances extraordinaires de cette affaire. — Le juif Angelucci. — Les brigands. — Marie-Thérèse n'est pas dupe de ce roman de l'escroc. — Beaumarchais arrêté. — En le relâchant, on lui donne 25,000 francs. — Mensonges de Figaro. — Singulière mansuétude de Marie-Antoinette à l'égard de l'auteur du *Barbier de Séville*. 13

II
UN BRELAN DE COQUINS

Théveneau de Morande, greluchon, escroc, sodomiste. — Un maître-chanteur de taille. — Ses mésaventures judiciaires. — Exploits de Morande à Londres. — Ses libelles. — *Les mémoires secrets d'une femme publique*. — Curieuse correspondance apocryphe sur ce pamphlet. — Beaumarchais règle l'affaire du rachat du manuscrit. — Reçu de coups de bâton donné par Théveneau. — Morande mouchard et journaliste. — Sa fin. — La Fitte, marquis de Pelleport. — *Le diable dans un bénitier* et son histoire. — Le comte de Paradès. — Un mouchard escroc. — Part de ce trio déshonoré dans les pamphlets contre Marie-Antoinette. — Duperie du *Porte-feuille d'un talon rouge* 33 de leur reste et se brûlent à la chandelle ; ses bons avis à toutes les nations pour qu'elles exterminent les rois, les empereurs et tous les mangeurs d'hommes qui nous font la guerre.

N° 217 du journal.

33

La grande joie du Père Duchesne en apprenant que les marchands de sucre et les accapareurs de Marseille ont été forcés de mettre les pouces, et d'ouvrir les portes de cette ville aux troupes de la république qui y sont entrées en triomphe ; sa grande motion pour que le fonctionnaire Sanson joue bientôt à la boule avec la tête de la louve autrichienne et celle de Brissot, de Vergniaud, du calotin Fauchet et des autres scélérats qui voulaient détruire la sans-culotterie.

N° 280 du journal.

34

La grande ronde du Père Duchesne dans les prisons, pour passer en revue tous les aristocrates, tous les royalistes, tous les Brissotins qui sifflent la linotte ; sa grande colère de voir que l'on se fout du peuple en allongeant la courroie au sujet du jugement de Brissot, de la veuve Capet, du prêtre Fauchet, de Vergniaud, de Gensonné, du borgne Manuel et de tous les autres scélérats qui voulaient dépécer la République, et en vendre les lambeaux au roi Georges Dandin, au Mandrin de Prusse et au Cartouche de Vienne.

N° 287 du journal.

35

La grande colère du Père Duchesne de voir que l'on cherche midi à quatorze heures pour juger la tigresse d'Autriche, et que l'on demande des pièces pour la condamner, tandis que, si on lui rendait justice, elle devrait être hachée comme chair à pâté pour tout le sang qu'elle a fait répandre ; ses bons avis aux sans-culottes pour qu'ils soient unis comme frères, attendu que les aristocrates, les royalistes, les prêtres, les gros marchands, les riches fermiers et les accapareurs se tiennent tous par la main pour nous manigancer un nouveau coup de chien.

N° 296 du journal.

36

La grande joie du Père Duchesne au sujet du racourcissement de la louve autrichienne, convaincue d'avoir miné la France, et d'avoir voulu faire égorger le peuple, pour le remercier de tout le bien qu'il lui avait fait ; ses bons avis aux braves sans-culottes d'être sur pied pour donner la chasse aux muscadins déguisés et aux fausses poissardes qui se disposent à crier grâce, quand la guenon paraîtra dans le vis-à-vis de maître Samson.

N° 298 du journal.

37

La plus grande de toutes les joies du Père Duchesne après avoir vu, de ses propres yeux, la tête du Veto femelle séparée de son foutu col de grue ; grand détail sur l'interrogatoire et le jugement de la louve autrichienne, et sa grande colère contre les deux avocats du diable qui ont osé plaider la cause de cette guenon.

N° 299 du journal.

ADDITION

Je prie le lecteur de vouloir bien intercaler entre les n°⁸ 66 et 67 de cette bibliographie le pamphlet suivant, que je n'ai retrouvé que pendant la correction des épreuves de mon volume :

67 bis

L'Iscariote de la France ou le député autrichien; s. l. [Paris], octobre 1789, in-8°, 16 pp.

Pamphlet anodin où l'Assemblée nationale, la Cour, les ministres et la municipalité sont pris à partie en même temps que la Reine.

TABLE DES MATIÈRES

                                                  Pages

Introduction   1

PREMIÈRE PARTIE

Les pamphlets, la police et leurs romans comiques.

I

L'INTROUVABLE PAMPHLET

Sur quoi se basent les premières attaques contre Marie-Antoinette. — *Le Lever de l'aurore* et les noëls des *Mémoires secrets*. — Conduite de la reine à l'époque de leur publication. — Analyse d'un pamphlet contre Marie-Thérèse et sa fille. — Beaumarchais le dénonce. — Il s'offre à le racheter. — Circonstances extraordinaires de cette affaire. — Le juif Angelucci. — Les brigands. — Marie-Thérèse n'est pas dupe de ce roman de l'escroc. — Beaumarchais arrêté. — En le relâchant, on lui donne 25,000 francs. — Mensonges de Figaro. — Singulière mansuétude de Marie-Antoinette à l'égard de l'auteur du *Barbier de Séville*.   13

II

UN BRELAN DE COQUINS

Théveneau de Morande, greluchon, escroc, sodomiste. — Un maître-chanteur de taille. — Ses mésaventures judiciaires. — Exploits de Morande à Londres. — Ses libelles. — *Les mémoires secrets d'une femme publique*. — Curieuse correspondance apocryphe sur ce pamphlet. — Beaumarchais règle l'affaire du rachat du manuscrit. — Reçu de coups de bâton donné par Théveneau. — Morande mouchard et journaliste. — Sa fin. — La Fitte, marquis de Pelleport. — *Le diable dans un bénitier* et son histoire. — Le comte de Paradès. — Un mouchard escroc. — Part de ce trio déshonoré dans les pamphlets contre Marie-Antoinette. — Duperie du *Porte-feuille d'un talon rouge*   33

III
LES DAMNÉS DU LIBELLE

Les pamphlétaires réfugiés à Londres. — Leur vie obscure et misérable. — Un libraire spécialiste des libelles : Boissière. — Quelques-uns de ses fournisseurs. — Le moine Imbert de Boudeaux auteur de la *Chronique scandaleuse*. — Son emprisonnement. — De même que son frère, il est de la police. — Une édition du *Portier des Chartreux* dans la chapelle du roi, à Versailles. — Mayeur de Saint-Paul et l'*Autrichienne en goguette*. — Les libellistes princiers. — Les brochures composées dans des caves. — Brissot pamphlétaire. — Une accusation du bibliophile Jacob. — Sa réputation. — Autour des *Essais historiques sur la vie de Marie-Antoinette*. — Les pamphlets populaires et les pamphlets officiels sur la mort de la reine 55

IV
LE ROMAN COMIQUE DE LA POLICE

Le ministère français et les réfugiés. — Rôle de la police. — Escroquerie de l'agent d'Anouilh. — L'inspecteur Receveur lui fait rendre gorge. — Importance du sieur Receveur. — Son passé. — L'expédition policière de mars 1783. — Tour que les libellistes jouent au policier. — Les comptes — et contes — fantastiques de Receveur. — Résultat de sa mission. — Dédain du ministère pour les libelles. — Surveillance qui est exercée sur les imprimés. — Les pamphlets et la police au début de la Révolution. — Une plainte contre le *Père Duchesne*. — Le dernier refuge des libelles : les maisons de prostitution. — L'Enfer de la bibliothèque nationale. — Documents à ajouter aux renseignements de Parent-Duchâtelet 79

V
DEUX POLICIERS PAMPHLÉTAIRES

Après les policiers escrocs, les policiers libellistes. — L'aventure du sieur Goupil. — Il compose un pamphlet qu'il découvre et achète. — Incertitudes des *Mémoires secrets* sur sa culpabilité. — Témoignage de M*me* Campan. — Fin de Goupil et de sa femme. — L'affaire de l'inspecteur Jaquet de la Douay. — Un mouchard de haut vol. — Son intimité avec le lieutenant de police. — Il se spécialise dans les libelles. — Curieuses informations des *Mémoires secrets*. — On le croit clandestinement exécuté à la Bastille. — Ses complices. — Il est transféré à Charenton et libéré cinq jours avant la prise de la Bastille. — La Terreur le guillotine. — Jugement qu'il convient de porter sur les libellistes contre la reine 99

DEUXIÈME PARTIE
Dans l'enfer des pamphlets.
(Réimpression intégrale de quatre pamphlets rarissimes contre Marie-Antoinette.)

	Pages
I. — *Vérités dédiées à Marie-Antoinette.*	
Notice bibliographique	117
II. — *Confession dernière et testament de Marie-Antoinette.*	
Notice bibliographique	125
III. — *Le branle des capucins.*	
Notice bibliographique	149
IV. — *Vie privée, libertine et scandaleuse de Marie-Antoinette.*	
Notice bibliographique	169

TROISIÈME PARTIE
Bibliographie critique et analytique des pamphlets politiques, galants ou obscènes contre Marie-Antoinette.

Notice	275
Bibliographie	277
Le Père Duchesne contre Marie-Antoinette	351

BIBLIOTHÈQUE DES CURIEUX
4, rue de Furstenberg — PARIS

Extrait du Catalogue

Les Maîtres de l'Amour

Collection unique des œuvres les plus remarquables des littératures anciennes et modernes traitant des choses de l'amour.

Dissertations amoureuses de Lucien . . . . 5 fr.
L'Œuvre du Divin Arétin (2 vol.) chaque vol. . . 7 50
L'Œuvre du Marquis de Sade 7 50
L'Œuvre du Comte de Mirabeau 7 50
L'Œuvre du Chevalier Andréa de Nerciat 7 50
L'Œuvre de Giorgio Baffo 7 50
L'Œuvre libertine de Nicolas Chorier (J. Meursius) 7 50
L'Œuvre libertine des poètes du XIXe siècle . . . 7 50
Le Théâtre d'amour au XVIIIe siècle 7 50
Le Livre d'amour de l'Orient (1re partie) 7 50
L'Œuvre des Conteurs libertins de l'Italie (XVIIIe siècle) 7 50

L'Œuvre de John Cleland (Mémoires de Fanny Hill)	7 50
L'Œuvre de Restif de la Bretonne (1re partie) . .	7 50
L'Œuvre des Conteurs libertins de l'Italie (xve siècle)	7 50
L'Œuvre libertine de l'Abbé de Voisenon	7 50
L'Œuvre libertine de Crébillon le fils	7 50
Le Livre d'amour des Anciens	7 50

Le Coffret du Bibliophile

Jolis volumes in-18 carré tirés sur papier d'Arches à 500 exemplaires numérotés et réservés aux souscripteurs.

Les Anandrynes (Confession de Mlle Sapho) . . .	6 fr.
Le Petit Neveu de Grécourt	6 »
Anecdotes pour l'histoire secrète des Ebugors . .	6 »
Julie philosophe (Histoire d'une citoyenne active et libertine), 2 vol	12 »
Correspondance de Mme Gourdan, dite « la Comtesse »	6 »
Parapilla. — La F.....manie	6 »
Portefeuille d'un Talon Rouge (La Journée amoureuse)	6 »
Un été à la campagne (G. D.)	6 »
Les Cannevas de la Pâris	6 »
Souvenirs d'une cocodette	6 »
Le Zoppino	6 »
La Belle Alsacienne	6 »

Le Joujou des Demoiselles . . . . 6 »
Lettres amoureuses d'un Frère à son élève . . . 6 »
Thérèse philosophe . . . . 6 »

Chroniques Libertines

Recueil des « indiscrétions » les plus suggestives des chroniqueurs, des pamphlétaires, des libellistes, des chansonniers, à travers les siècles.

Les Demoiselles d'amour du Palais-Royal, par
   H. Fleischmann . . . . 6 »
La vie libertine de Mlle Clairon, dite « Frétillon » . . . . 6 »
Les Amours de la Reine Margot, par J. Hervez . . 6 »
*Mémoires libertins de la Comtesse Valois de la
   Mothe (Affaire du Collier)* . . . . 6 »
Marie-Antoinette libertine, par H. Fleischmann . 6 »
*Chronique scandaleuse et Chronique arétine au
   XVIIIe siècle,* par B. de Villeneuve . . . . . . 6 »

La France Galante

Mignons et courtisanes au XVIe siècle, par
   Jean Hervez. . . . . 15 fr.
La Polygamie sacrée au XVIe siècle . . . . . . 15 »
*Madame de Polignac et la Cour galante de Marie-
   Antoinette,* par H. Fleischmann . . . . 12 »

Chroniques du XVIIIe Siècle

PAR JEAN HERVEZ

D'après les Mémoires du temps, les Rapports de police, les Libelles, les Pamphlets, les Satires, les Chansons.

I. *La Régence galante*. . . . . 15 fr.
II. *Les Maîtresses de Louis XV*. . . . . 15 »
III. *La Galanterie parisienne sous Louis XV*. . 15 »
IV. *Le Parc aux Cerfs et les Petites Maisons galantes de Paris* . . . . 15 »
V. *Les Galanteries à la Cour de Louis XVI*. . 15 »
VI. *Maisons d'amour et Filles de joie* . . . . . 15 »

Souscription à la Série complète :

Les 6 volumes sur papier simili-hollande . . . 72 fr.
— sur papier japon. . . . . 200 »

Le Catalogue est envoyé franco sur demande

BIBLIOTHÈQUE DES CURIEUX
4, Rue de Furstenberg. — PARIS

CHRONIQUES LIBERTINES

Recueil des « indiscrétions » les plus suggestives des Chroniqueurs, des Pamphlétaires, des Libellistes, des Chansonniers, à travers les Siècles.

PREMIÈRE SÉRIE : 6 VOLUMES

par Hector Fleischmann

par Jean Hervez

par Hector Fleischmann

Chaque volume in-8° carré, de plus de 300 pages, orné de frontispices et culs-de-lampe, et d'illustrations hors texte. **6 francs**
5 exemplaires sur japon impérial .... **15 francs**
10 exemplaires sur papier d'Arches .... **10 francs**

Prospectus détaillé sur demande

CHRONIQUES LIBERTINES

Hector Fleischmann

Marie-Antoinette libertine

PARIS

BIBLIOTHÈQUE DES CURIEUX

MCMXI

Original en couleur
NF Z 43-120-8

www.ingramcontent.com/pod-product-compliance
Lightning Source LLC
Chambersburg PA
CBHW050541170426
43201CB00011B/1509